Mônica de Castro

Meu amor pela literatura existe desde os meus tempos de menina, e foi nos poemas de Manuel Bandeira que lapidei ainda mais a sensibilidade da minha alma. Gostava de escrever poemas, contos, textos diversos, e cheguei a ganhar um concurso de poesia aos treze anos, na cidade do Rio de Janeiro, onde nasci, em 1962. Ao mesmo tempo, minha mediunidade despertou, e adotei o espiritismo como bálsamo do meu coração.

Meu desejo sempre foi o de ser escritora. Mas a vida nos leva por caminhos diferentes, sempre em nosso benefício, e acabei me formando em Direito e passando num concurso para o Ministério Público do Trabalho. Anos depois, após o nascimento do meu filho, senti a primeira inspiração. Comecei a escrever um pouco a cada dia e, ao terminar o romance, recebi a psicografia, do Leonel, que abre o meu primeiro livro, *Uma história de ontem*, e nele se apresenta. Foi preciso uma boa dose de desprendimento para escrever sem questionar e aceitar a interferência do espírito. Hoje, Leonel é parte fundamental da minha vida.

Não escrevo para viver. Escrevo porque gosto e porque acredito estar levando algum bem para as pessoas. E é esse sentimento que me faz querer escrever cada vez mais. É pelas pessoas que vale a pena escrever. Pelos leitores, que estão em busca de algo, além do aqui e agora, e que acreditam no poder da fé, do autoconhecimento e do amor, como caminhos seguros para a transformação do Ser. Acredito que nós todos podemos trabalhar pelo aperfeiçoamento moral da humanidade para construir um mundo melhor.

Leonel

Leonel é um espírito muito querido do meu coração. Sei que nasceu e viveu algumas encarnações na Inglaterra. Em *Segredos da Alma*, ele narra um pouco da sua história. Não foi um escritor famoso. Era boêmio, mas tinha tanta dignidade que logo despertou para os verdadeiros valores do espírito, e hoje está em condições de transmitir mensagens de otimismo e amorosidade.

Há algum tempo, Leonel mostrou-se para mim na casa espírita, em um momento de profundo recolhimento e reflexão. Fisicamente, é um rapaz bonito. Cabelos negros, cheios, com feições delicadas e olhos azuis. Estatura mediana, magro, veio vestido com calça e bata brancas, descalço e com ar tranquilo. Tinha um rosto tão sereno, que me contagiou. Ali, ele me disse coisas que modificaram para sempre o meu modo de encarar a vida.

Sua proposta é a do crescimento e da disseminação do amor. É para isso que trabalha, é nisso que acredita e me faz também acreditar. E o instrumento que ele encontrou para a realização desse propósito, no momento, foi a psicografia. Assim como eu, Leonel escreve por amor a si mesmo e ao próximo.

Considero Leonel um espírito com enorme sabedoria e inigualável capacidade de amar. Um ser em evolução que conhece o caminho para o crescimento e sabe onde está a fonte do discernimento e da moral. Uma alma que cresce por meio do esforço próprio, do reconhecimento de suas imperfeições e da busca incessante do domínio sobre si mesmo. E é nisso, acima de tudo, que reside o seu valor.

Coordenação de arte: Marcio Lipari
Capa e Projeto gráfico: Vitor Belícia
Diagramação: Priscilla Andrade
Preparação: Maria Glória Nolla Pires
Revisão: Sandra Garcia Custódio

1ª edição — 2ª impressão
10.000 exemplares — outubro 2012

Dados Internacionais de Catalogação na Publicação (CIP)
(Câmara Brasileira do Livro, SP, Brasil)

Leonel (Espírito).
Virando o jogo / pelo espírito Leonel [psicografado por]
Mônica de Castro. — São Paulo :
Centro de Estudos Vida & Consciência Editora, 2012.

ISBN 978-85-7722-214-8

1. Espiritismo 2. Psicografia 3. Romance espírita
I. Castro, Mônica de. I I. Título.

12-06156 CDD-133.9

Índices para catálogo sistemático:
1. Romance espírita : Espiritismo 133.9

Este livro adota as regras do novo acordo ortográfico (2009).

Editora Vida & Consciência
Rua Agostinho Gomes, 2.312 – São Paulo – SP – Brasil
CEP 04206-001
editora@vidaeconsciencia.com.br
www.vidaeconsciencia.com.br

VIRANDO O JOGO

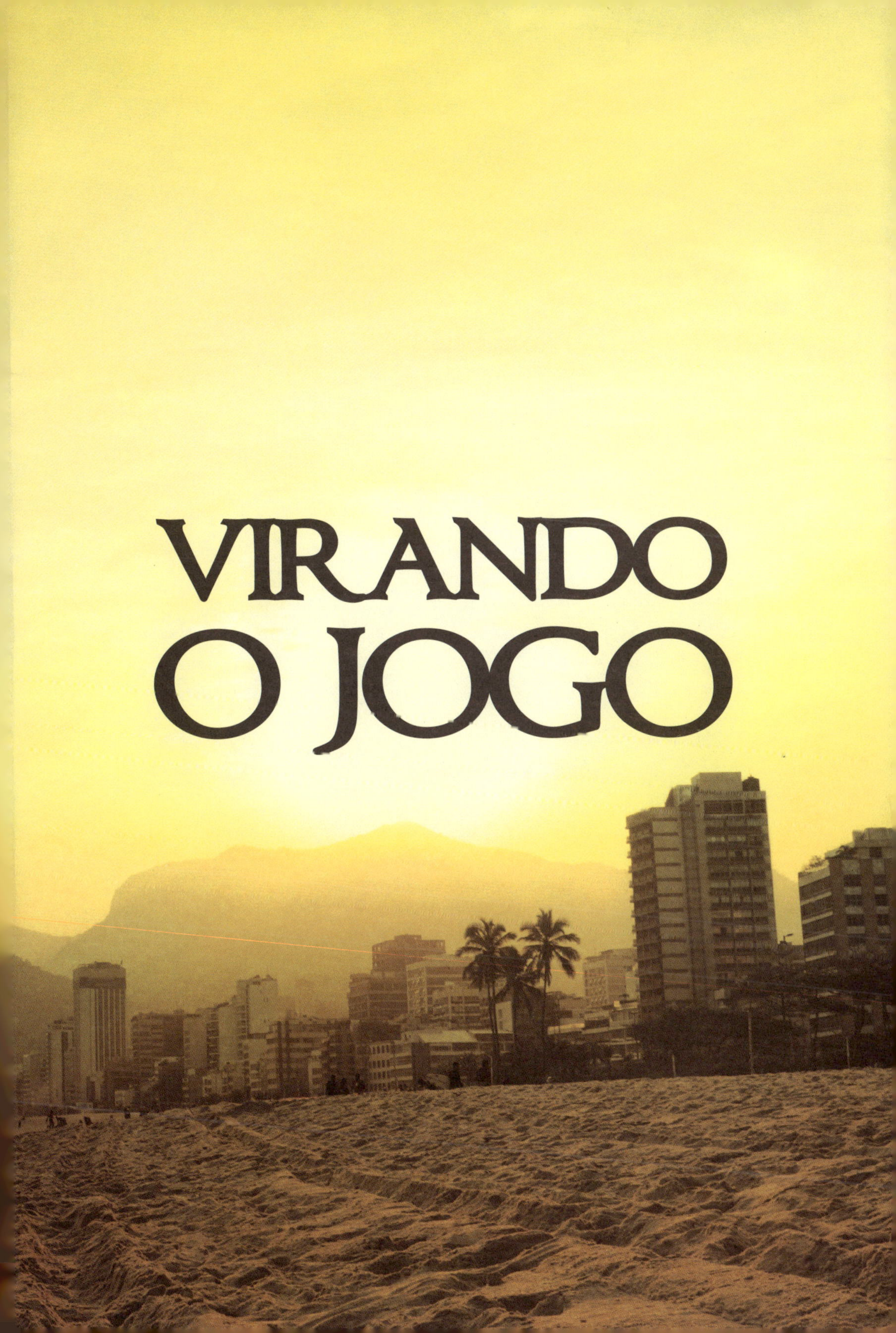

Capítulo 1

Parecia que muitos anos haviam-se passado desde a primeira vez em que trafegara por aquelas ruas. Passagens obscuras, vielas malcheirosas, becos assustadores projetavam sombras indistinguíveis nas paredes nuas. O lugar era horrível. Já nem se lembrava mais de como fora parar naquele submundo. Ali era seu lar.

Mizael caminhava de cabeça baixa, pensando na vida que levara até então. Tudo o que fizera fora cometer crimes: roubar, matar, estuprar. Não sabia fazer outra coisa. Por mais que compreendesse que era errado, todo o seu corpo vibrava quando sentia escorrer nas mãos o sangue dos inocentes. Era algo que o enchia de prazer, era o alento que lhe dava ânimo. Pena que, algumas vezes, reconhecia, na intimidade do ser, uma insinuação de cansaço.

Ouviu um ruído estrondoso e olhou para o céu, sem conseguir vê-lo. Havia tantas nuvens pesadas que só o que pôde distinguir foi uma massa disforme de vapor gris. Em algum lugar por detrás daquele teto de chumbo, provavelmente, o sol devia brilhar.

Apressou o passo. Queria chegar logo à casa de Atílio. A reunião fora marcada às pressas, ele não sabia do que se tratava. Intuía que era algo importante, do contrário, Atílio não teria mandado o maltrapilho do Damien à sua casa com tanta pressa.

Quando lá chegou, logo notou uma movimentação nervosa. Todos entravam e saíam atarantados, vestindo uniformes negros, carregando armas pesadas. Era comum, em grandes operações, aquele alvoroço no bando. A quadrilha de Atílio era muito competente no que fazia. Bandidos e assassinos, todos tinham uma missão a cumprir. Poucos eram os que falhavam, e Mizael nem gostava de pensar no que acontecia aos que não cumpriam bem suas tarefas.

— Até que enfim! — exclamou Damien, logo que o viu entrar. — Mais um pouco e Atílio mandaria buscá-lo pelos cabelos.

— Não enche, feioso — rebateu Mizael, irritado.

Damien apertou os punhos, doido de vontade de acertar um murro na cara de Mizael. Mas não podia. Ele era intocável, o preferido do chefe. Pessoa da mais alta confiança, tinha praticamente todos os poderes que Atílio atribuíra a si mesmo.

— Você pensa que tem o rei na barriga, não é? — disse Damien com raiva. — Só porque é o queridinho do chefão acha que é melhor do que todo mundo?

— Por que não dá o fora, palhaço? Ou prefere que eu lhe dê uma lição?

— Um dia, isso vai mudar. Atílio ainda há de ver quem você é.

— Quem eu sou não lhe diz respeito. Você tem apenas que obedecer. A Atílio e a mim.

— Você pode enganar Atílio e os outros, mas a mim não engana. Conheço tipos como você.

— Devo sentir medo de você? — desdenhou. — Ponha-se no seu lugar, verme, ou sou capaz de esmagá-lo com meus punhos. Saia da minha frente, asqueroso. Ande! Chispe!

Engolindo a raiva, Damien se afastou. Até a chegada de Mizael, ele e Atílio eram como irmãos. Realizaram muitas ações juntos, envolvendo-se em roubos, assassinatos e muito mais. Não havia quem não os temesse. Foram anos dedicados ao crime, sempre escapando da polícia, ludibriando a justiça. Mas o cerco foi apertando, até o dia em que não lhes restou alternativa a não ser fugir e refugiar-se ali. O local não era dos mais agradáveis. Era sujo, feio, fedorento, mas pelo menos ficava fora do alcance de vigilantes e soldados.

De repente, Mizael apareceu. Ele não fazia parte do bando original, mas conquistou a confiança de Atílio tão logo chegou. Tinha um jeito arrogante, frio, audacioso. Muito diferente dele, que, apesar de corajoso, era também servil. Mizael, não. Obedecia sem se mostrar subserviente.

Mizael não se juntou ao bando de imediato. Atílio já o conhecia, seus feitos no mundo do crime eram famosos. Mandou chamá-lo à sua presença, ofereceu-lhe um lugar na quadrilha. Mizael não só recusou, como também o desafiou. Queria tomar seu posto de poder. Atílio deu ordens para que ninguém os interrompesse e trancou-se com ele em seu gabinete. Horas depois, quando saíram, já não havia mais animosidade entre eles. Pareciam velhos conhecidos.

Aos poucos, Mizael foi subindo na hierarquia do bando, impressionando o chefe com suas façanhas inteligentes, audazes, intrépidas. Mizael não tinha medo de nada. Nunca tivera nem medo de morrer.

Com a projeção de Mizael, Damien começou a decair. Era bom para executar planos, contudo, não sabia planejá-los. Mizael, por sua vez, era excelente estrategista. Seus planos sempre surtiam efeito. Tanto que Atílio passou a confiar mais nele do que em qualquer outro. Dizia que Mizael o havia conquistado pela inteligência.

Havia algo mais naquela amizade. Damien sabia, sentia uma energia diferente fluindo entre eles. Uma camaradagem além do normal, uma simpatia tão forte que levava Atílio a defender Mizael em qualquer situação, justificando cada um dos raros erros que cometia.

Essas lembranças só faziam aumentar o ódio de Damien por Mizael. Relegado a segundo plano, Damien foi obrigado a aceitar se transformar no capacho de Atílio e do próprio Mizael. Por tudo isso, tinha motivos mais do que suficientes para odiá-lo e não acreditar nele.

De longe, Damien observava cada passo de Mizael, mordendo os lábios para conter a fúria. Mizael entrou calmamente na sala de Atílio, passando no meio dos comparsas que bajulavam o chefe. Muitos o olharam com antipatia, outros com medo.

— Mandou me chamar? — indagou ele, aproximando-se de Atílio.

Atílio estudava um documento e levantou os olhos quando ouviu sua voz. O sorriso que lhe deu poderia parecer gutural a quem não o conhecesse, mas Mizael sabia que aquele era um gesto cortês.

— Sente-se — ordenou Atílio. — Tenho algo muito importante a lhe dizer.

Sem nem desconfiar do que se tratava, Mizael sentou-se defronte dele. A um olhar de Atílio, todos foram embora. Quando o último comparsa fechou a porta, Atílio encarou Mizael e começou a falar:

— Temos estado juntos por muitos anos, não é mesmo?

— Sim.

— Durante todo esse tempo, sei o quanto você me foi leal.

— É verdade.

— Tão leal que é o único em quem confio para executar a missão que tenho em mente.

— Missão? — interessou-se. — Do que se trata?

— É uma missão especial e muito perigosa. Não sei se você vai gostar.

— Por que não?

— Você terá que nos deixar por uns tempos.

— Deixar vocês? — surpreendeu-se. — Não compreendo.

— Você já deve ter notado que o mundo está mudando. E creio que, daqui para a frente, as mudanças serão ainda maiores. A situação no Oriente Médio[1] anda complicada. A coisa lá está preta.

— E daí? O que temos com isso? Não vá me dizer que quer se juntar ao Saddam Hussein!

---

1 Refere-se à guerra Irã-Iraque, entre 1980 e 1988.

— Deixe de besteiras, Mizael! Não é nada disso, por óbvio. Mas você tem que convir que ele é uma inspiração.

— Inspiração para quê? Por acaso vamos virar terroristas?

— É claro que não. Quero apenas que você perceba que, em todas as partes do mundo, há gente interessada na solidificação do poder. Como nós. Temos que conquistar nosso lugar no mundo através da força.

— Tudo bem. Mas como?

— Aí é que você vai entrar. O momento é propício a novas e ousadas ações.

— Que tipo de ações?

— Ações inesperadas, que surpreendam o inimigo em sua mais pura inocência.

— Por acaso você está planejando alguma guerra? — espantou-se. — Ficou maluco? Há muitos soldados por aí, bem armados e dispostos a tudo para nos deter.

— E daí, Mizael? Desde quando isso foi problema para nós? Mas não se preocupe. Não é a uma luta armada que estou me referindo.

— Continuo sem entender.

— Você, que é tão inteligente, não conseguiu ainda descobrir?

— Sou inteligente, mas não sou adivinho. Não vejo o que mais podemos fazer além do que já fazemos. Como disse, só nos falta uma associação com o terrorismo.

— Terrorismo é coisa lá para os Estados Unidos. Não funciona no Brasil. E depois, não seguimos ideologia alguma. Não, Mizael, não quero nada com esses fanáticos. Refiro-me a uma infiltração.

— Mas nós já fazemos isso! Quantos de nós temos influência até sobre políticos e juízes?

— Não é desse tipo de infiltração que estou falando. Já foi o tempo em que só uma ação silenciosa surtia resultados. Precisamos de uma investida mais efetiva. Uma guerra está sendo preparada para o futuro e não podemos ficar de fora.

— Essa guerra a que você se refere não é uma luta armada, certo? — Atílio assentiu e Mizael continuou: — Se não vamos vencer o inimigo pela força, então, só pode ser pela inteligência. É isso?

— Mais ou menos. Precisamos nos expandir para além desses horizontes, ter uma atuação mais efetiva.

— Muito bem. O que quer que eu faça?

— Vai me obedecer sem questionar?

Uma imperceptível hesitação trespassou o coração de Mizael, mas ele manteve a postura firme e afirmou categoricamente:

— Você sabe que sim. Seja qual for a missão que eu tenha que desempenhar, estarei pronto para ela.

— Excelente! Não esperava outra coisa de você.

— E então? Vai ou não me dizer do que se trata?

Atílio fixou nele os olhos naturalmente ofuscados pela ira e disparou sem rodeios:

— Você vai reencarnar.

Capítulo 2

A estrada era de lama, mas perfeitamente visível naquele mundo de sombras. Por onde passavam, Josué e Uriel iam derramando uma luz branca, bastante suave, sobre o caminho, de forma a iluminá-lo sem espantar nem intimidar os habitantes daquela parte do submundo astral.

— Tem certeza de que é por aqui? — indagou Uriel, um pouco assustado.

— Certeza absoluta — confirmou Josué. — E você não precisa ter medo. Nada vai nos acontecer.

— Devíamos ter trazido a polícia astral, você não acha?

— Para quê? Para assustá-los ainda mais? Ninguém aqui está sendo perseguido.

— Esse lugar é horrível — lamentou o outro, reparando nos seres aparentemente dementados que vagavam por ali. — O que leva esses espíritos a viverem assim?

— Culpa, orgulho, medo, ódio, inveja... muitas coisas.

— Pensei que o umbral fosse reservado aos maus, corruptos, assassinos e coisas do gênero.

— O umbral não é reservado para ninguém. Cada um desses espíritos escreveu a própria sorte.

— Como?

— Pela semelhança de vibração mental e emocional, o que dá forma ao pensamento. O ambiente plasmado é o resultado do somatório dos muitos pensamentos e sentimentos desprendidos pelos espíritos. A matéria resultante dos pensamentos de ódio, por exemplo, pode se agrupar para formar uma ravina árida, assim como pensamentos de amor plasmariam um jardim.

— Não há punição em ser enviado para cá?

— A punição, quem impõe é o próprio espírito, na medida em que é ele quem cria os pontos de magnetismo que o atraem para cá. Isso é só mais uma ilusão gerada pela mente doentia, porque todo mal, seja ele qual for, é uma doença instalada na alma. Criada a ilusão, o espírito se aprisiona a ela, ou porque não acredita merecer coisa diferente, ou porque é tão empedernido que ignora a existência de um mundo melhor.

— Até quando ele permanece nessa ilusão?

— Até ganhar compreensão e perceber que não precisa estar aqui. Veja, chegamos.

Do ponto onde estavam, avistaram uma espécie de ilha em meio ao lamaçal, onde uma luzinha muito fraca tornava visível o corpo de um homem todo vestido de negro. Sem passagem para alcançar a ilhota, Josué não viu outro jeito senão levitar.

— Vamos bem devagar, quase tocando a água — avisou. — Não queremos incomodar os outros.

— Não podemos levar mais alguns? — sugeriu Uriel, penalizado com um grupo de mulheres maltrapilhas, cheias de feridas, que os olhavam com olhar de súplica.

— Elas não querem realmente ir — esclareceu ele. — Pensam em sair, mas a vontade não é verdadeira. Tanto que, se você lhes estender a mão, ao invés de virem com você, tentarão puxá-lo para elas. Sua crença interior fará explodir sentimentos como a inveja, o ódio, a violência. Mas não se preocupe. No momento certo, elas pedirão ajuda.

Em silêncio, Uriel endereçou-lhes uma pequena oração, que fez surgir sobre suas cabeças uma luminosidade calmante.

Elas não viram a luz se acender, mas conseguiram se aquietar e adormeceram.

— Muito bem — elogiou Josué. — Quando nada podemos fazer, sempre resta a oração, que, ao contrário do que muitos imaginam, é muita coisa.

De mãos dadas com Uriel, Josué ergueu o corpo sutilmente, apenas alguns centímetros acima do lamaceiro. Atravessaram-no rapidamente, sem chamar a atenção de ninguém. Em poucos segundos alcançaram a pequena ilha, onde um homem jazia adormecido, envolto em claridade bruxuleante. Quando os dois pousaram junto a ele, o espírito abriu os olhos, levantando-se de um salto.

— Não é possível! — exclamou impressionado. — Não é que vocês vieram mesmo?

— Viemos atendendo ao seu chamado — respondeu Josué, fixando nele os olhos penetrantes. — Em que podemos ajudá-lo?

O outro desviou o olhar, temendo que os olhos de Josué lessem o interior de sua alma. Estava confuso, sem saber como agir. Pela primeira vez em muitos séculos, via-se diante de espíritos de luz.

— Eu... — balbuciou, tentando encontrar as palavras certas. — Pensei se não poderiam me ajudar a sair daqui.

— É o que você quer? — continuou Josué, perfurando a mente do espírito, que assentiu incomodado. — Tem certeza?

Por pouco ele não desistiu, com medo de ser desmascarado. Mas não podia, tinha ordens a cumprir. Atílio ficaria muito decepcionado se ele desse para trás. Haviam ensaiado aquele momento muitas vezes, treinando a mente para ocultar a verdade. Mas agora, frente a frente com aquele espírito de uma simplicidade tocante, sentia-se inseguro, impressionado com seu imenso poder.

— Como se chama? — era a voz de Uriel.

— O quê? — tornou espantado.

— Seu nome.

— É Mizael.

— Muito bem, Mizael — falou Josué, ainda como se estivesse lendo em sua mente. — Por que quer sair daqui?

Uriel olhou-o espantado. Parecia-lhe óbvio o motivo pelo qual um espírito gostaria de sair daquela treva assustadora. Contudo, conhecia Josué havia bastante tempo para não questionar suas atitudes.

— Eu... — gaguejou Mizael. — Estou cansado daqui. Só o que vejo é miséria, sofrimento, maldade. Não quero mais viver assim.

— E o que pretende quando sair?

— Gostaria de reencarnar — afirmou ele, agora com uma segurança que julgara perdida. — Quero uma nova chance, uma oportunidade para me modificar e corrigir os meus erros.

— Pode ser que você consiga essa oportunidade, mas os erros a que você se refere somente serão reformulados mediante sua vontade de agir conforme o bem.

— É... é isso que quero.

— Tem certeza?

— Absoluta. O tempo em que vivi aqui me levou ao arrependimento de meus atos. Se reencarnar, talvez consiga uma melhora.

— Quais foram esses atos, exatamente?

— Eu matei, roubei, estuprei, entre delitos menores. Quando desencarnei, continuei a serviço do mal. Ingressei numa horda de espíritos malignos, que atuam na esfera terrena inspirando bandidos, traficantes, policiais, juízes, agentes do governo, funcionários públicos e políticos corruptos. Estamos em toda parte onde o crime tenha condições de se desenvolver.

— Sei. E agora quer mudar?

— Isso mesmo. Cheguei à conclusão de que isso é errado.

— O que o levou a pensar assim?

— Reflexão e arrependimento. De que valem anos de poder nas sombras se não posso ser feliz?

— Você não se julga feliz?

Com aquelas perguntas, Josué levava Mizael a refletir sobre suas atitudes, mesmo que ele não quisesse. Ao falar sobre seus crimes, ia deles tomando consciência.

— Estou preso a minha própria imagem — desabafou ele, com cautela, mas sinceridade. — O que fui em vida determinou meu destino aqui. Quando morri, apenas troquei de lugar, mas continuei agindo conforme sempre agia, só que agora com mais liberdade, sem medo de ser capturado pela polícia da matéria. É claro que os soldados do astral, por vezes, também me perseguiam. Mas fui esperto, sempre fugi deles.

— Desculpe-me dizer isso, Mizael, mas você não me parece muito arrependido. Sinto até um certo orgulho nas suas palavras.

— Você tem razão, em parte. Eu fui orgulhoso, mas não quero mais ser assim. Será que não tenho direito a uma nova chance?

— Todos têm direito a uma nova chance, mas você deve ficar sabendo que esta será sua última.

— Como assim? Quer dizer que, se eu não obtiver sucesso, estarei condenado para sempre? Não poderei mais reencarnar?

— Não neste planeta. Há alguns anos que os seres da Terra estão recebendo essa última chance. Todos, sem exceção, terão direito à derradeira tentativa. O planeta se prepara para uma grande transformação, que será sentida com mais intensidade logo nos primeiros anos do próximo milênio. A humanidade está alcançando um grau de maturidade espiritual que favorece a modificação planetária, elevando a Terra a um lugar de renovação interior e exterior. Os que não acompanharem essas mudanças, por seu magnetismo próprio, serão atraídos para um mundo primitivo, onde, através do trabalho árduo, terão que aprender a construir as civilizações, dando início às primeiras raças de outro planeta.

Mizael assustou-se. Atílio não havia lhe falado nada sobre outros planetas.

— Que mundo é esse? — questionou preocupado.

— Existem mundos distantes, em outras galáxias, em situação ainda menos avançada do que o nosso. Assim como nos primórdios da vida na Terra, necessitam de seres que patrocinem o seu desenvolvimento, já que os nativos estão em estágio ainda muito rudimentar de inteligência. Um desses mundos, cuja atmosfera espessa formará um campo magnético capaz de atrair espíritos em igual densidade fluídica, foi reservado para receber os imigrantes da Terra. Esses espíritos, ao desencarnar, perderão a sintonia com o campo energético do planeta, sentirão um rompimento em seus corpos, que não mais tolerarão a proximidade do envoltório atmosférico da Terra. De forma natural e gradativa, permanecerão adormecidos até que esse novo mundo esteja em condições de recebê-los, dando-lhes a oportunidade de desenvolver suas faculdades intelectuais e morais nas primeiras eras de outro planeta.

— Primeiras eras? Na idade da pedra, você quer dizer?

— Isso, eu não sei. Cada mundo tem sua própria história, seu ritmo próprio de crescimento. O progresso vai depender dos que lá encarnarem, assim como aconteceu com a Terra, que já recebeu os habitantes de outros planetas em condições de evoluir[2].

— Você está me assustando.

— Por quê? Não pense que você terá como fugir desse fato. Todos os que você conhece passarão por isso, a não ser que prefiram saltar a reencarnação e seguir diretamente para esse outro mundo.

— Não tenho a menor intenção de virar homem de Neanderthal[3] — afirmou acabrunhado.

— Nem deve. Pelo que pude perceber, você é um ser bastante inteligente. Não gostaria de contribuir com a sua inteligência para a melhora deste mundo?

— Não sei. Acho que você está indo longe demais. Não pensei em nada disso. Só o que quero é sair daqui e uma oportunidade de me modificar. É um assunto meu comigo mesmo.

— Parece que você não me entendeu. Todos que reencarnarem estarão usufruindo essa última chance, quer queiram, quer não. Não é uma escolha pessoal, é uma necessidade mundial.

---

2 Para maior compreensão, ler *Os Exilados da Capela*, de Edgard Armond.

3 Habitante da Europa e do oeste da Ásia, entre 300.000 e 29.000 anos atrás, aproximadamente.

Você pode viver a sua vida como bem quiser, mas eu tenho o dever de alertá-lo sobre isso.

Mizael estava realmente preocupado. Aquela novidade o deixara com medo. Não queria virar homem das cavernas. Contudo, tinha um dever a cumprir. E quem garantia que aquele espírito estava falando a verdade? Ele podia estar tentando enganá-lo para que fizesse o que ele queria.

— Tudo bem, chefe — falou, com uma certa ironia. — Vou arriscar.

Sem dizer nada, Josué estendeu a mão para ele. Com a outra, segurou a mão de Uriel, espantado demais para falar. Em uma fração de segundos, esvaneceram no ar, mas Mizael ainda teve tempo de registrar o olhar indecifrável de Josué, cujo sorriso enigmático não permitia desvendar o futuro.

Capítulo 3

No caminho de volta do trabalho, Geórgia pensava nos problemas da escola pública em que lecionava. Sem verbas para a reforma, as aulas eram ministradas em salas sem reboco nem pintura, cheirando a mofo, as carteiras quebradas, os banheiros danificados. Em meio a tudo isso, as crianças compareciam à escola de olho, principalmente, na merenda, muitas vezes a única refeição que faziam o dia inteiro.

Geórgia amava seu trabalho. Desde pequena, indagada sobre a profissão que gostaria de seguir, não hesitava em dizer que queria ser professora. Como gostava de crianças, escolheu a classe de alfabetização, na qual poderia ensinar logo as primeiras letras. Amava o jeito como os pequenos encaravam as novidades, suas ideias ingênuas, sua curiosidade natural pela descoberta da leitura. Geórgia procurava incentivá-los como podia. Comprava livrinhos baratos, em feiras, para mostrar às crianças, mantinha sempre cheia a caixa de lápis de cor e não descuidava da arrumação da sala, tentando mantê-la asseada, com desenhos pregados em murais espalhados pelas paredes, para esconder os buracos e descascados.

Aproximava-se da esquina de sua rua quando foi abordada por Júlio, amigo de infância e namorado de muitos anos.

— Olá, minha linda — cumprimentou ele, dando-lhe um leve beijo nos lábios. — Como foi o seu dia?

— Mais ou menos. A escola está ruindo, e fica cada vez mais difícil manter as crianças em sala. Quando chove, alaga tudo.

— A diretora ainda não conseguiu a verba?

— Está uma dificuldade. Estamos fazendo o possível para manter a escola funcionando. Tenho medo de que, se não conseguirmos o dinheiro, tenhamos que fechar.

— Não fique assim, minha linda. Sei que tudo irá se resolver.

— Você é um amor, Júlio. Sempre me apoiando. Também acredito que as coisas irão melhorar, de uma maneira ou de outra. Acho que a vida sempre atua para nos favorecer.

— Eu não iria tão longe — gracejou ele. — Você e suas filosofias espirituais. Vai entender...

— Adoro ler sobre as coisas do espírito. Você devia ler também. Ia lhe fazer bem e o ajudaria a compreender melhor a vida.

— Não tenho tempo — ele a estreitou com amorosidade e concluiu: — Mas ainda tenho um tempo antes de voltar ao trabalho. Quer almoçar comigo?

— Vamos almoçar lá em casa. Mamãe não vai se incomodar.

Abraçadinhos, caminharam juntos até a casa de Geórgia, onde Cléia acabara de colocar a mesa. A mãe de Geórgia ficara viúva fazia quase dois anos e, desde então, vivia exclusivamente para a filha. O marido, aposentado da Rede Ferroviária Federal, deixara-lhe uma pensão razoável, com a qual, somada aos vencimentos de Geórgia, iam vivendo.

Júlio, por sua vez, estudante de economia e caixa num banco privado, não via a hora de ser promovido a tesoureiro. Seu nome era um dos mais cotados para o cargo, ao qual concorria com mais outros dois colegas. Tinha certeza, contudo, de que os anos de esforço no banco seriam recompensados, pois o gerente já lhe adiantara que suas chances eram grandes.

— Depois que for promovido, podemos nos casar — afirmou ele, segurando a mão de Geórgia e olhando de soslaio para Cléia.

Cléia serviu o almoço e sentou-se com eles. Como de costume, fizeram uma oração de agradecimento, para só então começarem a comer.

— Acho muito justo — disse por fim, ante o olhar ansioso dos jovens. — Geórgia já vai fazer vinte e um anos. Está mais do que na hora.

— Quer dizer então que você concorda? — exultou a filha.

— Por que não haveria de concordar? Você e Júlio estão namorando há bastante tempo. Não esperaria outra coisa de vocês.

— Oh! Mãe!

— Minha promoção deve sair até o final desta semana — afirmou Júlio. — Seu Anselmo praticamente me garantiu que será minha.

— Muito merecido, meu filho — concordou Cléia. — Você é um rapaz trabalhador e honesto. Sempre deu o sangue por aquele banco. E vocês pretendem marcar a data para quando?

— Depois da minha formatura. Talvez lá para março. Isso nos dará tempo de alugar uma casa e preparar o enxoval.

Cléia fitou a filha com uma certa decepção.

— Pensei que vocês fossem morar aqui. A casa é grande e posso ceder o meu quarto para vocês. Eu me ajeitaria muito bem no de Geórgia.

— Sei que a senhora gostaria que ficássemos juntos — disse Júlio. — Mas queremos ter o nosso cantinho.

— E vamos morar por aqui, mãe — prometeu Geórgia. — Você não vai ficar sozinha.

— Está certo, desculpem-me. Que tolice a minha. Não levem em conta o que eu disse. Sei que vocês querem e merecem ter a casa de vocês. Podem contar comigo para o que for preciso.

— Eu sabia, dona Cléia. A senhora é maravilhosa!

— Sei, sei. Agora comam. Daqui a pouco acaba a hora do seu almoço e você não deve se atrasar, para não prejudicar a promoção.

— Ainda bem que a agência fica aqui perto — disse Geórgia. — Assim podemos passar mais tempo juntos.

Terminado o almoço, Júlio voltou ao banco, deixando Geórgia ocupada com suas aulas. Lá chegando, foi recebido por Anselmo, que o chamou à sua mesa.

— Meus parabéns, rapaz — foi logo dizendo, estendendo-lhe a mão. — Sabia que o cargo seria seu.

— A resposta já veio? — surpreendeu-se. — Fui promovido?

— A partir de agora, você é o mais novo tesoureiro da agência.

— Tão rápido! Pensei que a diretoria ainda fosse estudar um pouco mais as nossas fichas.

— Sabe o que é, Júlio? Você era o mais cotado mesmo. Está terminando a faculdade, e um diploma de economia é sempre bem-vindo. O João não tem experiência, e o Tácio está se divorciando.

— E daí? O que isso tem a ver?

— Nada, a princípio. Só que a cabeça dele ficou muito tumultuada, e não queremos pessoas desorientadas nem desatentas no trabalho, não é mesmo?

— Ele foi mandado embora?

— Ainda não. Estou tentando lhe dar uma chance. Mas ele faltou ontem e hoje chegou atrasado. Se continuar assim, não terei saída a não ser dispensá-lo.

Júlio silenciou. Não lhe parecia correto dispensar o colega só porque estava enfrentando problemas pessoais, contudo, achou melhor não se envolver. Ainda bem que sua vida pessoal melhorava a cada dia, ainda mais agora, com a perspectiva do casamento.

— Geórgia e eu vamos nos casar — afirmou de repente, para agradar o chefe.

— Não me diga! Você faz muito bem. Ganha a promoção e logo ajeita a vida. Muito bem, meu rapaz. O casamento é a melhor maneira de manter a cabeça de um homem centrada no trabalho. Desde que ele não se envolva em aventuras, é claro.

Embora Júlio não concordasse com aquela posição, não disse nada. Não era boa ideia contrariar Anselmo. Ao contrário, queria estar de bem com ele.

— Também penso assim — mentiu. — Geórgia e eu somos pessoas conservadoras, muito ligadas à família. Dificilmente o senhor irá me ver de cabeça virada por causa de problemas pessoais. E o meu casamento, se Deus quiser, há de ser para sempre.

— Assim é que se fala, Júlio. Mostra que você é digno, tem caráter. Depois, com os filhos, sua felicidade estará completa.

— Realmente. Geórgia é louca por crianças.

— Ainda bem. Evitará de acontecer com você o que aconteceu com o Tácio.

— Como assim?

— Ele está se divorciando porque descobriu que a mulher o traiu — confidenciou. — Um absurdo. Coisa de gente à toa. Por causa disso, ficou desnorteado. É no que dá deixar a mulher solta, sem filhos para ocupá-la.

— O senhor acha que a mulher deve cuidar só da casa e dos filhos?

— É o desejável, porém, nos dias de hoje, concordo que nem sempre é possível. Mas acho que as mulheres não deviam escolher profissões que as afastem muito tempo do lar. Criança precisa da mãe.

— Geórgia é professora.

— Profissão ideal para uma mulher, você não acha?

— Acho — falou sem convicção.

— Bem, hora de trabalhar. Por enquanto, até que um novo caixa seja designado para o seu lugar, você exercerá as duas funções. Tudo bem?

— Tudo bem.

— Acha que dá conta?

— É claro. Eu já vinha, informalmente, fazendo o serviço de tesoureiro desde que o Roberto se demitiu.

— Muito bem. Confio em você para essa nova tarefa. Quanto ao casamento, faço questão de lhe dar um presente à altura.

— Não precisa, seu Anselmo. A promoção era tudo o que eu mais desejava.

— Nada disso. Você merece. Geórgia é a moça ideal para se casar. Você fez boa escolha.

Disso Júlio não tinha dúvidas. Geórgia era sossegada, prestativa, amiga, meiga, leal... Podia passar o dia enumerando as qualidades dela. Teriam uma vida perfeita.

Apesar de tudo, sentiu pena de Tácio. Júlio não achava que ele merecesse ser despedido justo no momento em que talvez mais precisasse do trabalho. Mas não ousou contrariar Anselmo. Era lamentável que Tácio perdesse a promoção e o emprego, no entanto, mais lamentável ainda seria se ele se visse na mesma situação. Pelo menos Geórgia era uma moça direita, recatada, jamais lhe daria o desgosto de envolver-se com outro homem. Aquela humilhação, tinha certeza de que nunca iria passar.

Capítulo 4

Com a proximidade das festas de fim de ano, um churrasco de confraternização foi marcado num clube próximo, contando com a participação de todos da agência. Na hora do amigo-oculto, a troca de presentes seguiu tranquila e engraçada, com as pessoas fazendo mímica para adivinhar quem era o sorteado.

Depois das brincadeiras, Júlio foi sentar-se à sombra de uma mangueira, com seu pratinho de plástico recheado de carne e farofa. Procurou Geórgia com os olhos, mas ela conversava com Bianca sobre as melhores lojas onde comprar seu enxoval. A irmã de Bianca se casara recentemente, e ela fora uma das responsáveis pela organização do chá de panela e da festa.

Distraía-se admirando a namorada quando Tácio se aproximou sem fazer barulho, segurando na mão trêmula uma latinha de cerveja. Júlio só percebeu sua chegada quando ele se sentou a seu lado à mesa de madeira.

— Tudo bem, Júlio? — indagou, visivelmente embriagado.

— Tudo — foi a resposta lacônica, carregada de constrangimento.

— Não tive ainda tempo de parabenizá-lo pela promoção.

— Hã... obrigado.

— Com certeza, foi merecida — Tácio o encarava, embaraçando-o cada vez mais. — Acho que você a mereceu muito mais do que eu.

— Não se trata disso, Tácio.

— Você mereceu essa promoção, sim. Ao passo que eu, só o que consegui foi um aviso prévio.

— O quê?! — surpreendeu-se.

— Você não sabia?

— Não.

— Pois é. Seu Anselmo me botou na rua porque disse que eu estava sendo relapso. Relapso, eu, imagine... Depois de quase vinte anos de trabalho, pela primeira vez cheguei atrasado uns dias e faltei a outros. E isso porque estou atravessando problemas pessoais.

— Sinto muito, Tácio. Foi uma injustiça.

— E ele ainda queria me aplicar uma justa causa. Desídia, disse ele. Mostrou-me os atrasos e faltas injustificadas, ameaçando-me. Fiquei nervoso. Imagine um homem como eu, com quase quarenta anos, ser despedido por justa causa. Já vai ser difícil arranjar outro emprego com a minha idade. Com essa mancha no meu currículo, então, seria impossível.

— Sei que é lamentável, mas pelo menos ele lhe deu o aviso prévio. Não o deixou na pior.

— Ele me deu o aviso prévio?! Não, meu caro, creio que você não compreendeu. Ele me forçou a dar o aviso prévio para a empresa.

— Mentira!

— Não é mentira. Fui forçado a pedir demissão para não levar a justa causa. Ele fez tudo certinho, o desgraçado. Me deu um monte de advertências e uma suspensão, lembra? — Júlio assentiu. — Depois, afirmou que já estava bem armado para a justa causa. Minha única saída foi pedir demissão. E, para me humilhar ainda mais, está me fazendo cumprir o aviso prévio.

— Sinto muito.

— Sente? Por que sentiria? Você ganhou a promoção, vai se casar com uma moça linda. Eu, por outro lado, estou na pior. Minha mulher me deixou por um garotão de vinte e três anos, surfista, o cabelo dourado de parafina. Sem contar as dívidas. Ela quis comprar roupas novas, sapatos, um aparelho de som e uma televisão, e o idiota aqui abriu um crediário na Mesbla[4] para ela. Em meu nome, apesar de ela trabalhar. E não é só. O maior sonho dela era ter um anel de diamantes. Lá fui eu para o centro da cidade comprar o tal anel na joalheria que ela escolheu, parcelado em doze vezes, um caminhão de juros! E tudo isso para quê? Para ela aproveitar com o playboyzinho, que nem ao menos trabalha. E agora, Júlio, me diga: sem emprego, como vou fazer para pagar tudo isso?

— Por que não conversa com seu Anselmo e pede para ele voltar atrás?

— Pensa que já não fiz isso? Por que acha que vim a esse churrasco idiota? Para me confraternizar com meus futuros ex-colegas de trabalho? Não. Vim para ver se conseguia convencer seu Anselmo a rasgar o tal aviso prévio. Sabe o que ele me disse? — Júlio meneou a cabeça. — Que já está consumado. Não depende dele. Foi uma decisão da diretoria. Sei que é mentira. Se ele quisesse, poderia voltar atrás.

Tácio entornou a cerveja de um só gole e começou a chorar, causando mais constrangimento ainda em Júlio, misturado com piedade. Imaginava o que faria sem emprego naqueles tempos difíceis, em que arranjar trabalho era quase impossível, principalmente num mercado fechado para os mais velhos.

— Eu lamento, Tácio. Se tiver alguma coisa que eu possa fazer para ajudar...

— Tem.

— O quê?

— Você pode falar com seu Anselmo. Sei que ele o admira, tem você na mais alta conta. Talvez, vindo de um empregado exemplar feito você, ele mude de ideia.

— Eu?! Ele não vai me ouvir.

---

4 Loja de departamentos, hoje extinta.

— Vai, sim.

— Não posso fazer isso, Tácio. Seu Anselmo é uma pessoa de difícil trato.

— Está certo — falou desanimado. — Eu devia saber que é assim que funciona. Cada um que cuide de si, não é mesmo? Quando estamos bem, os outros que se danem.

— Não é isso. É que acabei de ser promovido. Não sei se cairia bem um pedido desses com tão pouco tempo de promoção.

— Não sabe se cairia bem? Que diabo de covardia é essa?

— Por favor, Tácio, não me peça isso. Olhe, se está precisando, posso lhe emprestar uma quantia...

— Não quero o seu dinheiro! — bradou, levantando-se, agora bastante alterado. — Nem sua piedade, nem suas migalhas. Estou lhe pedindo um favor. Será que você não pode me fazer um favor?

Tácio falava alto, gesticulando freneticamente, logo chamando a atenção dos outros. Pensando que eles brigavam, muitos se aproximaram, tentando contornar a situação.

— Vamos lá, gente, parem com isso — pediu um.

Deixem disso — falou outro.

— Calem a boca! — esbravejou Tácio, completamente alterado pela bebida. — Seus hipócritas! Todos vocês são uns falsos, mentirosos! Estão com peninha do velho desempregado aqui, é?

— Ninguém está com peninha — afirmou um colega.

— Não estão? Pensam que não sei o que falam pelas minhas costas? Coitado do corno, chifrado pela mulher e ainda por cima desempregado!

O silêncio foi geral. Muitos nem sabiam que Tácio fora traído pela mulher. Apesar de Anselmo ser partidário da fofoca, não era com todos que tinha intimidade para tocar no assunto. Até então, o gerente permanecera neutro, observando de longe os acontecimentos. Mas, quando Tácio tentou esmurrar um dos colegas, achou que já era hora de intervir:

— Chega, Tácio! Acabou! A partir de hoje, você não precisa mais voltar à agência. Está dispensado do cumprimento do resto do aviso prévio. Aguarde em casa o telegrama, marcando dia e hora para homologar sua rescisão.

Era a humilhação final. Tácio teve vontade de esganar Anselmo e os colegas. Ninguém lhe deu apoio, muito menos Júlio, que chegou a virar o rosto para o outro lado. Tácio encarou-o com ódio, direcionando seu olhar febril para Geórgia que, assustada, grudara-se ao braço do namorado.

— O que está acontecendo? — sussurrou ela ao ouvido dele.

Júlio não respondeu. Apertou a mão dela, instintivamente tentando protegê-la da chuva de ódio do outro.

— Vá embora, Tácio, já falei! — continuou Anselmo. — Ou quer que mande colocá-lo para fora?

Dois homens parrudos, que trabalhavam como seguranças no banco, já se haviam postado ao lado de Tácio, apenas aguardando um sinal de Anselmo para agir.

— O quê? — esganiçou-se ele. — Vai mandar estes brutamontes me expulsarem? Vai usar de violência para não ouvir a verdade?

Os seguranças saíram arrastando Tácio em direção ao portão do clube. Foi um horror. Ele gritava, esperneava, chutava a esmo, tentando se desvencilhar de seus captores. Não conseguiu. Enquanto era levado para fora, todos permaneceram estáticos, mudos de assombro, assistindo à cena inusitada que jamais imaginariam presenciar naquele dia de confraternização.

— Você vai ver, Júlio! — ainda o ouviram praguejar. — Espere até sua linda noivinha começar a lhe botar chifres! Corja de bandidos! Safados! Canalhas...!

A voz de Tácio foi sumindo, à medida que era levado pelos seguranças para fora do clube. Atravessado o portão, os dois o empurraram com brutalidade, e ele caiu de rosto no chão. Ao começar a erguer-se, um filete de sangue escorria de seu nariz que, com o baque, parecia ter-se quebrado. Ao ver o resultado inesperado, os homens hesitaram, fazendo menção de ir em sua direção, mas Tácio não lhes deu tempo. Levantou-se, cambaleando em razão da bebida, e disparou, trôpego, pela calçada.

Capítulo 5

Fazia um lindo dia de sol na cidade astral, onde as flores, mais perfumadas e coloridas do que as cultivadas no mundo físico, enchiam o ar de um aroma e uma luminosidade sem igual. Da janela de sua sala, coberta por uma forração branca e suave, Josué fitava alguns recém-chegados, imaginando o destino que caberia a cada um. Ao ouvir batidas na porta, disse sem se virar:

— Entre.

Sem tempo para cumprimentos ou explicações, Uriel entrou apressado, falando aos borbotões:

— Mizael está dando trabalho de novo. Agora cismou que quer uma pinga. Como dissemos que aqui não temos essas coisas, ficou incontrolável. Empurrou os enfermeiros e saiu batendo a porta. Está perambulando por aí, sabe-se lá para onde foi.

— Não se preocupe — confortou Josué. — Ele não vai longe. Tem uma missão a cumprir.

— Missão? Como assim?

Voltando-se para ele, Josué convidou-o a sentar.

— Mizael pensa que é esperto e que não sei o que lhe vai no coração.

— E o que seria?

— O espírito a quem ele deve obediência o incumbiu de reencarnar para auxiliar na propagação das forças contrárias à luz do bem. Pensa que, fazendo retornar à Terra um ser maligno, conseguirá disseminar ainda mais a violência e o terror, com os quais pretende solidificar seu poder.

— Meu Deus, Josué! — horrorizou-se. — Isso é terrível. Precisamos impedir.

— Impedir? Não. Se pudéssemos impedir toda criatura ignorante e seduzida pela ilusão do mal de reencarnar, como permitiríamos que ela crescesse?

— Mas Josué, o que ele pretende é daninho.

— É claro que é. Quantos seres daninhos você conhece que habitam hoje o orbe? E a nenhum deles foi negada essa chance.

— Mas é diferente. Eles vão iludidos, pensando que vão se modificar. Quando chegam lá, os prazeres os envolvem a tal ponto que se esquecem do compromisso.

— Alguns, sim. Outros partem daqui certos de que darão continuidade à vida desregrada e sem limites que levavam antes. Desses, alguns reincidem na ilusão. Outros são surpreendidos por fatores inimagináveis e realmente se modificam.

— Que fatores?

— O amor, a bondade, a fé. Sem saber que estão preparados, são tocados por eles.

— Você está dizendo que há espíritos que reencarnam deliberadamente pensando em fazer o mal?

— Exatamente. É instintivo, eles não aprenderam a revelar sua verdadeira natureza, que é sempre boa.

— Mas e as pessoas que cruzarem seus caminhos? Não serão prejudicadas por eles?

— Cada um determina seu destino, que a todo instante pode ser modificado. Mas, para aqueles que ainda acreditam que sofrer é a única forma de purificação, faz-se necessário que algo ou alguém provoque uma situação que leve ao sofrimento. Para cada obra, uma ferramenta adequada, ou então, nada se realiza. Assim é tanto para as boas obras como para as desagradáveis. Quando duas ou mais pessoas se envolvem em situações de adversidade que levam à violência ou ao desgaste emocional, nem sempre estão ligadas por liames pretéritos de inimizade. Às vezes, só o que se quer é dar vazão aos instintos perniciosos, o que leva muitas pessoas a aceitar infligir o mal a outrem, tornando-se ferramentas na construção da dor. Embora não haja laços anteriores unindo o suposto agressor à suposta vítima, corre-se o risco de esses laços surgirem, caso falte ao ofendido a compreensão de suas próprias escolhas.

— E você acha que Mizael será um desses?

— Vejo nele uma grande possibilidade de enveredar pela senda dolorosa do crime, já que é esse o seu objetivo. Mas também reconheço uma chance para o amor.

— Como?

— Se você reparou bem, houve momentos, quando o resgatamos daquele submundo, em que ele se impressionou com a nossa conversa e titubeou em seus propósitos. Isso demonstra que, lá no fundo, em algum lugar de sua essência, ele está pronto para fazer cintilar a centelha que recebeu de Deus. Ou, em outras palavras, para fazer brotar em si mesmo a semente da regeneração.

— É. Ele disse mesmo que queria se modificar.

— Embora o fizesse pensando que nos enganava, na verdade, estava enganando a si próprio, pois foram de sua boca que saíram as palavras de reflexão.

— Mizael vai reencarnar provavelmente num meio que facilitará o ingresso no crime. Quem terá forças para dissuadi-lo desse intento?

— Ninguém. Só ele mesmo poderá modificar suas tendências. Todavia, como lhe falei, há uma chance para o amor.

— Não estou entendendo muito bem. Quem o amará tanto a ponto de levá-lo a querer mudar de vida?

— Primeiramente, sua mãe. Mais tarde, a mulher por quem se apaixonar.

Uriel já ia retrucar com outra pergunta quando a porta se abriu num rompante. Mizael entrou carrancudo, chutando uma poltrona à sua passagem.

— Mas que droga! — bufou. — Que lugar é esse que não tem nada de bom para a gente beber?

— Tem água fresca e límpida — esclareceu Josué. — É tudo de que você precisa, já que, de verdade, não precisamos de nada.

— Não fale por meio de charadas, por favor — rebateu mal-humorado. — Não compreendo essa baboseira.

A um olhar de Josué, Uriel saiu sem ser notado, fechando a porta em silêncio.

— Você sabe que é livre para fazer o que quiser — disse Josué. — Mas lembre-se de que a sua liberdade está limitada pelo direito do próximo. Chutar e xingar lhe é permitido, se é de seu agrado. Contudo, aqui é minha casa, e é meu direito ser respeitado em meus limites.

Mizael abaixou os olhos, envergonhado. Havia tanto poder no olhar e nas palavras daquele homem que era difícil confrontá-lo.

— Desculpe — falou acabrunhado.

— Não precisa se desculpar. Basta agir com educação e respeito, ao menos na presença daqueles para quem tais formas de comportamento têm valor.

— Ou seja, que eu guarde a minha rispidez para os boçais da treva de onde saí.

— É você quem está dizendo — fez uma pausa e prosseguiu: — Soube que você fugiu. Quer falar sobre isso?

— Não.

— Tudo bem. Então, o que o traz aqui?

Era quase impossível mentir para Josué, o que levava Mizael a um esforço supremo para ocultar-lhe suas reais intenções. Segundo parecia, Josué não as captara.

— Quando é que vou reencarnar? — perguntou de supetão, irritado por depender de Josué para voltar ao mundo.

Lendo-lhe os pensamentos, Josué logo esclareceu:

— Você deve se perguntar por que os seres das trevas não conseguem fazer reencarnar seus discípulos — Mizael sentiu um estremecimento, enquanto ouvia, paralisado, as elucidações do outro: — Porque esse conhecimento é nosso. A divindade suprema, que detém a sabedoria e o poder sobre todas as coisas, não permite que espíritos das sombras, por mais inteligentes que sejam, descubram esse mistério.

— Por quê? — interessou-se Mizael, mesmo sem querer.

— O verdadeiro poder pertence a Deus. O resto é ilusão. Espíritos menos esclarecidos, encarnados ou não, julgam-se poderosos porque aprenderam a dar forma às criações do próprio orgulho. Esse poder é efêmero, uma enganação dos sentidos. Todo aquele que se aproveita da força e do medo para alcançar objetivos torpes e egoístas se distancia do verdadeiro poder. Mas o que age conforme a sabedoria divina, mesmo sem saber, alimenta dentro de si uma parcela do poder de Deus, com a qual pode se impor no mundo, porque essa imposição será sempre na direção do bem.

Mizael estava abismado. Parecia que Josué, em alguns momentos, conhecia o mais profundo de seu íntimo. Como então não descobrira o que ele pretendia? Ou será que já sabia e fingia não saber?

— Você não pode negar o poder das trevas — defendeu inseguro.

— O poder das trevas é tão grande, que mesmo os mais empedernidos, com o tempo, fatalmente migrarão para a luz. O contrário não se dá.

Era verdade, ele sabia. Contudo, não queria admitir e prosseguiu com suas indagações:

— Você ainda não me esclareceu por que o conhecimento da reencarnação não pode ser descoberto pela treva, já que o mundo inteiro parece um grande inferno.

— Não é verdade. O mundo é um lugar bonito, cheio de cor e luz. O que falta é a humanidade reconhecê-las em si mesma, mas isso é o que está prestes a acontecer. Quando o ser humano realmente descobrir o seu poder, alimentado por ideias e sentimentos nobres, fará brotar de dentro de si a verdadeira iluminação.

— Muito bonito o que você diz, mas nada esclarecedor.

— Você quer porque quer saber o segredo da vida, não é mesmo? Depois de tudo o que falei, ainda não compreendeu?

— O quê?

— A inabalável força do mundo é o amor, e este não é facilmente encontrado na treva. Somente seres que vibram essa energia poderosa é que são capazes de elaborar os mecanismos da vida. Apenas o amor incondicional por todas as criaturas coloca o espírito em posição de criar novos corpos para uma nova existência. E, como lhe falei, tal sentimento é praticamente desconhecido no lugar de onde você veio.

— Então é isso? — desdenhou. — O segredo é o amor?

— Existe todo um laboratório genético voltado para a formação da vida, seja ela mineral, vegetal, animal ou hominal. Esse laboratório é operado por espíritos que têm domínio da ciência da matéria, tanto densa quanto sutil.

— Mas então existe um laboratório. Foi o que pensei.

— Não é um laboratório comum, e as práticas ali realizadas não podem ser ensinadas. Só os que já alcançaram, por mérito próprio, o amor puro e incondicional é que conseguem manipular máquinas e engrenagens. Para todos os outros, serão instrumentos inertes.

— Você consegue, se quiser?

— Não. Ainda não alcancei a elevação moral necessária. Falta-me o amor, indistintamente, por toda a humanidade.

Cada vez mais abismado, Mizael silenciou. Se um espírito da envergadura de Josué ainda não dispunha de poder e conhecimento suficientes para operar o maquinário da reencarnação, então, seria mesmo impossível para ele ou Atílio empreender tal operação. Tudo o que ele dissera levara Mizael à mais profunda reflexão sobre suas intenções. Atílio se julgava tão poderoso, mas jamais conseguira o domínio da vida. Por mais que tentasse, em seus subterrâneos, reproduzir essa tática, faltava-lhe o elemento principal, que era o amor. Questionava-se onde estaria, realmente, o poder.

— Voltando à minha pergunta — tornou Mizael, temendo a reação de Atílio caso ele fracassasse. — Quando vou reencarnar?

— Muito bem. Queria mesmo falar sobre isso com você. Infelizmente, não consegui ainda encontrar alguém que se disponha a recebê-lo como filho.

— Como é que é?

— Você sabe que precisa de pais para nascer, um homem e uma mulher.

— Engraçadinho. É lógico que sei.

— Pois é. Acontece que ninguém quer ser seu pai ou sua mãe.

— Como isso é possível?

— Parece que você colecionou muitos inimigos.

— E daí? A reencarnação não serve de reajuste? Então não seria uma ótima oportunidade para me reconciliar com meus desafetos?

— Desde que eles queiram. Mas, no momento, todos já estão vivendo as próprias vidas, têm outros planos.

— Não é possível! Alguém tem que sobrar.

— Não sobrou ninguém. Também, há quanto tempo você desencarnou?

— Eu? Sei lá. Acho que há bastante tempo.

Você não sabe, mas eu sei. Faz exatamente cento e vinte e sete anos que você deixou a Terra.

— Tanto assim?

— É. E nesse tempo, como era de se esperar, seus antigos conhecidos refizeram suas vidas, com novos propósitos de existência. No momento, não sobrou ninguém para repartir planos com você.

— Ora essa, mas que coisa! Como faço então?

— Tem um jeito, mas não sei se será de seu agrado.

— Que jeito?

— Você pode ser gerado num estupro.

— Estupro?! — horrorizou-se. — Eu, hein!

— Não sei por que o espanto. Quantas mulheres você já estuprou em vida? Quantas pensa que deixou grávidas e quantas dessas fizeram aborto? E os filhos que, porventura, você deixou órfãos no mundo?

— Nunca havia pensado nisso.

— Pois pense. Para você, seria uma ótima oportunidade, inclusive, de sentir o que eles sentiram.

— Não quero sentir nada. Não me interessa.

— Será que não? Não será válida essa experiência, para que você nunca mais pense em estuprar?

— O que você está me propondo é uma espécie de punição.

— Se você pensa assim, então é melhor não ir. Eu apenas sugeri porque acho que, no seu caso específico, é o jeito mais fácil de aprender.

— Por que no meu caso específico?

— Não me leve a mal, mas você é um espírito empedernido, que ainda não compreende a liberdade de escolha. E esse pode ser um bom momento para começar a exercitá-la.

— Ótimo. Se tenho liberdade de escolha, prefiro outra pessoa.

— Não tem ninguém. Mas você pode esperar mais alguns anos, até que alguém desencarne e entre em acerto com você.

— Não quero esperar. Já esperei muito.

— Então, Mizael, lamento, mas a única opção é essa.

— Conheço a mulher que será estuprada?

— Não.

— E o estuprador?

— Também não.

— Ainda por cima me arruma uma família de estranhos.

— Do que está reclamando? Na sua posição, devia dar-se por satisfeito de ainda encontrar alguém disposto a recebê-lo, mesmo nessas condições.

— O homem, o estuprador, o que acontecerá com ele?

— Não vai ficar com ela, se é o que quer saber.

— E a mulher concorda com isso?

— Concorda. E você tem sorte. Ela é uma moça amorosa, muito digna e carinhosa. Você estará em boas mãos.

— Se é assim, por que ela escolheu essa experiência tão ruim?

— Por razões que, no momento, não lhe dizem respeito. Então, Mizael? Qual a sua resposta? Você é livre para aceitar ou não, mas seja breve, porque há outros na fila. Assim como você, muitos espíritos desejam reencarnar e ficariam gratos por essa oportunidade.

— Tem mais gente querendo voltar? — Ele assentiu. — Assim?

— O que você acha? Muitos estão ansiosos para viver a última chance da qual lhe falei.

A proposta não era das melhores. As circunstâncias, desastrosas. Contudo, não tinha jeito. Ou ele aceitava, ou seria obrigado a retornar para junto de Atílio, porque ali é que não iria ficar. E Atílio ficaria furioso. Talvez até o expulsasse do bando.

— Está bem, então. Se essa é a única maneira, concordo.

— Ótimo. Vou agora mesmo cuidar dos preparativos. Precisaremos marcar um encontro entre você e seus pais, para acertarmos tudo, inclusive a data do estupro.

— Você vai acertar tudo? — indignou-se. — A mulher vai ser estuprada com hora marcada?

— Exatamente. Do contrário, como poderíamos preparar você para se ligar ao óvulo fecundado?

— Estou achando essa história um absurdo, mas enfim...

— Só uma coisa. Eles podem desistir no último minuto.

— Desistir? Como assim?

— O ser humano tem liberdade de escolha, e a todo momento pode optar por melhores caminhos. Se eles desistirem dessa experiência, a sua também perecerá.

— Devo então torcer para que eles se ferrem?

— Deve torcer para que o melhor aconteça. Seja o que for.

Capítulo 6

Ao contrário da cidade em que Mizael se encontrava, o astral habitado por Atílio quase nunca tinha luz. O clima era sempre sombrio, cinzento, fúnebre. Mesmo assim, ele estava acostumado ao ambiente, que considerava adequado ao seu temperamento forte.

Logo que Damien entrou, ele soltou os papéis que segurava e fitou-o com olhos vermelhos.

— Mandou me chamar, chefe? — indagou Damien.

— Recebi uma mensagem de Mizael — falou ele, um tanto ou quanto desatinado. — Não sei como, mas ele conseguiu direcionar suas ondas mentais para cá e eu as captei.

— E aí?

— Ele vai reencarnar em breve. Pelo que compreendi, será fruto de um estupro. Melhor assim. Vai deixá-lo com mais raiva.

Damien soltou uma gargalhada sem vontade e retrucou:

— O que quer que eu faça, chefe?

— Precisamos descobrir quem serão os pais dele. Mizael contou que eles têm a opção de desistir, o que não posso permitir.

— Quer que eu os influencie?

— Isso mesmo. De agora em diante, esta será sua incumbência. Descobrir quem são essas pessoas e garantir que a mulher seja estuprada. Depois, quando ela engravidar, quero que cuide para que nada de mau lhe aconteça. Mizael tem que nascer.

— Por que é tão importante que ele reencarne? Já tem tanta gente no mundo fazendo maldade! E nós estamos infiltrados em toda parte. Isso não basta?

— Dei a Mizael uma missão especial. Ele vai chefiar uma rede de narcotráfico, para enfraquecer cada vez mais a vontade humana de resistir ao mal. Com isso, vamos dominando o mundo aos poucos.

— Será que ele vai conseguir? Acho que tem muita gente brigando pelo poder lá na Terra, principalmente as quadrilhas de traficantes.

— É por isso que você não vai sair do lado dele. Não somos os únicos a enviar soldados. Muitos outros chefões da treva conseguem mandar subordinados. Mas Mizael é especial. Com a sua inteligência e audácia, poderá conquistar muito poder. Por isso, a sua função também é importante, Damien. Temos que garantir que o nosso bando seja o mais temido no nosso mundo. Do lado de cá, a luta pelo poder também é grande. Quem tiver mais comandados, encarnados ou desencarnados, será o grande poderoso, senhor da treva, rei dos subterrâneos astrais. É esse título que almejo para mim, como muitos outros também o ambicionam. Ser temido e respeitado por todos os comandantes, das diversas hordas das sombras. Ser rei. Quem não quer?

— É isso mesmo, chefe. O senhor, que é o mais poderoso de todos, vai conseguir. Tenho certeza.

— Isso vai depender do sucesso do nosso plano. Prepare-se, pois em breve Mizael se comunicará comigo novamente, informando-me dos nomes e do paradeiro dos pais. Agora vá. Deixe-me a sós para pensar em meu futuro de glórias.

Com um aceno de cabeça, Damien se despediu. Atílio nem percebeu o seu gesto, por isso não respondeu. Damien se ressentia de tudo o que acontecia entre Mizael e o chefe. Era para ele que Mizael mandava as mensagens. Tudo bem que ele não dominava completamente a arte da telepatia, mas isso porque Atílio desistira de ensinar-lhe, desde que Mizael aparecera. Conseguia ler pensamentos, mas só. Se tivesse domínio daquela técnica, poderia livrar o chefe da desagradável tarefa de ser surpreendido com as mensagens de Mizael. Seria ele o mensageiro das boas notícias, crescendo em importância e respeito.

Mas aquilo tudo era um sonho. Mizael se gabava de sua inteligência tanto quanto Atílio a reconhecia. Ninguém, talvez nem mesmo o chefe, tinha um intelecto tão aguçado. Como detestava Mizael, por isso e por muitas outras coisas! A ele cabiam todas as glórias. Enquanto Damien tinha de se contentar com as migalhas que o chefe deixava, Mizael se refestelava com o resultado das pilhagens astrais e os presentes que recebia de encarnados que o contratavam para trabalhos de magia.

Mizael era o encarregado da elaboração dos planos. Damien os executava. E os executava bem, só que ninguém reparava nem reconhecia. Apenas Mizael aparecia. Como isso o irritava! Se pudesse, faria algo a fim de que Mizael fracassasse em sua missão, só para que o chefe reconhecesse seu valor. Quem sabe assim não seria ele o eleito para, numa oportunidade futura, retornar ao planeta na posição de rei do narcotráfico?

Depois que Damien saiu, Atílio se entregou às próprias reflexões. Quando Mizael chegou ao bando, num primeiro momento, tentou provocá-lo. Depois, ao se recordar de que haviam sido irmãos em outra encarnação, aceitou-o com facilidade. Atílio ainda se recordava daquela vida... havia quanto tempo?

Pelo que lembrava, sua última encarnação se encerrara por volta de 1730, época em que vivera com Mizael. Atílio era um homem arrogante, sempre fora. Irascível, orgulhoso, implacável. Nunca amara ninguém, a não ser um irmão mais moço, que criara como se fosse seu filho. Por isso, ao descobrir que Mizael se apaixonara pela mulher que ele desejava, Atílio abriu mão dela. Fora o único gesto de renúncia que tivera em toda a sua vida.

Mizael desencarnou e voltou ao mundo, mas ele permaneceu na treva, onde aos poucos iniciava seu processo de ascendência dentro da hierarquia astral. Mais tarde, quando Mizael retornou de sua última encarnação, Atílio acolheu-o novamente como o irmão que sempre fora. Auxiliara-o a se lembrar dos fatos e tudo ficara bem. Nunca mais pensaram ou falaram na mulher que fora amada por ambos e que nenhum deles jamais pôde ter.

Agora, estranhamente, Atílio pegava-se pensando em Nora. Há muito não tinha notícias dela, mas imaginava que ela devia estar bem longe daquele lugar. Nora sempre fora uma boa moça, tão boa que não conseguira suportar as crueldades de Mizael. Por mais que o amasse, ao descobrir que sua fortuna provinha do sangue de inocentes, rejeitou sua proposta de casamento e sumiu no mundo.

Aquelas eram lembranças estranhas, perdidas na passagem dos muitos séculos. Pelos cálculos de Atílio, deviam estar em algum momento entre 1983 e 1985. Era tempo demais para permanecer em um mesmo lugar. Mas o poder das trevas é inebriante. Quem o conquista reluta em largá-lo.

Do outro lado do astral, Mizael também pensava em Nora. Tal qual Atílio, imaginava que havia muito a esquecera. Na verdade, não a tinha esquecido. Deixara sua lembrança adormecida em algum lugar de sua mente. De uma hora para outra, porém, a imagem de Nora surgiu em seus pensamentos, causando-lhe uma inquietação desconcertante, uma saudade incontrolável. A todo momento, pegava-se pensando nela, imaginando o que teria sido feito de sua vida.

Em alguns dias, tudo estava programado. Mizael surpreendeu-se com a aura de tranquilidade e amor de sua futura mãe, tentando reconhecer nela possíveis traços de Nora. Não conseguiu. Se ela e Nora fossem a mesma pessoa, nada mais havia que ele pudesse identificar. Quanto ao pai, não simpatizou com ele, embora procurasse não dizer nada que lhe desagradasse, com medo de que ele mudasse de ideia.

Pouco havia se passado desde a reunião em que Mizael conhecera seus futuros pais. Em breve, Josué o levaria às portas do laboratório, onde ele seria entregue aos espíritos responsáveis por moldar seus futuros corpos físico, astral e mental. Dali, partiria para uma espécie de adormecimento, no qual, aos poucos, os átomos de seu atual corpo fluídico seriam remodelados para se adaptar ao novo físico do bebê. Nesse processo, a memória seria elevada ao corpo causal, que contém o registro de todas as experiências vividas pelo espírito.

Tudo isso fora explicado a Mizael, para que ele não se assustasse no momento da preparação nem se deixasse perturbar por apreensões ou medo do fracasso. Por mais que soubesse que já havia passado por aquele momento outras vezes, parecia a primeira vez. Pensando nessas coisas, caminhava de um lado para outro pelos jardins que circundavam o alojamento que lhe fora destinado.

Tudo ali era tão limpo, claro, refrescante. Tão diferente do submundo invisível em que vivera desde sua última encarnação. Mas não era para ele. Não podia se deixar seduzir por aquele bem-estar ilusório. Seu mundo era outro. Ele não fora feito para a paz. Era um homem de ação e guerra.

— Mesmo um homem de guerra pode lutar pelo bem.

A voz soou atrás dele. Uma voz feminina, suave, envolvente. Mizael virou-se apressado, embasbacado com a linda jovem vestida de amarelo parada diante dele.

— Perdão, mocinha — balbuciou ele, estudando seu rosto desconhecido, mas, de alguma forma, familiar. — O que foi que disse?

— Disse que mesmo um homem de guerra pode lutar pelo bem.

— Por que diz isso?

— Não era em que estava pensando? Que era um homem de ação e guerra?

— É feio ler o pensamento dos outros — aborreceu-se. — Não lhe ensinaram isso aqui?

— Tem razão, perdoe-me. Mas é que você pensava tão alto que ficou difícil não ouvir.

Mizael estava encantado. Tão encantado que não queria dizer nada que a afastasse dele. Sentiu uma espécie de formigamento, algo comum em momentos de grande emoção.

— Conheço-a de algum lugar? — perguntou ele, olhando-a com desconfiança e ansiedade.

— Quem sabe?

— Acho que a conheço — afirmou hesitante. — Mas não é possível que você seja quem estou pensando. Está tão diferente...

— Quem não muda através dos anos? Você também não me parece o mesmo, embora eu saiba que é.

— Você me conhece? Quem é você?

Aproximando os lábios do ouvido dele, num sopro delicado e morno, ela sussurrou com doçura:

— Nora.

Virou-lhe as costas lentamente, deixando-o aturdido, sem ação, uma infinidade de pensamentos contraditórios atravessando seu cérebro.

Capítulo 7

Geórgia ainda tentava compreender o ocorrido no churrasco de confraternização do banco. Não conhecia Tácio nem sabia de sua história. Impressionara-a o episódio, sentira uma piedade natural por aquele homem que, aparentemente, sofria.

— Deixe isso para lá, minha linda — pediu Júlio. — Tácio estava desequilibrado.

— Isso eu percebi. Mas por quê?

— Ele descobriu que a mulher o traía e perdeu o emprego.

— Coitado!

— Também tenho pena, mas não posso fazer nada. Quis emprestar-lhe dinheiro, porém ele recusou.

— Será que não podemos convidá-lo para sair? Talvez, conversando, consigamos levar-lhe um pouco de conforto.

— Você tem cada ideia, Geórgia! Tenho pena do Tácio, mas não sou babá de marmanjo.

— Não é uma questão de ser babá. É de ser solidário.

— Não dá. O Tácio é muito orgulhoso, não vai aceitar. Nem eu tenho jeito para isso.

— Às vezes, só o que as pessoas precisam é de um pouco de atenção.

— Que ele já teve demais com o escândalo que aprontou. Não houve quem não comentasse. E agora, todo mundo no banco já sabe que ele é corno.

— Não fale assim.

— Mas é verdade — ele aproximou-se e pousou-lhe um beijo suave nos lábios, acrescentando com ardor: — Não vejo a hora de nos casarmos e termos o nosso cantinho.

— Também eu. Amo-o demais.

— Você não faria isso comigo, não é?

— Isso o quê?

— Trair-me.

— É claro que não.

— Mesmo se você se apaixonasse por outra pessoa?

— Se eu me apaixonasse por outra pessoa, o que não creio ser possível, você seria o primeiro a saber. E você? Faria o mesmo por mim?

— Eu nunca vou me apaixonar por outra. Nunca vou deixar você.

— Mesmo que eu fique velha e gorda?

— Mesmo assim. Nada neste mundo me faria deixar você. Nada. Você é a mulher que eu amo. Jamais faria como a mulher do Tácio, que o trocou por um garotão. Eu nunca a trocaria por garotinha alguma. Nós vamos envelhecer juntos.

Beijaram-se apaixonadamente, certos de seu amor recíproco.

— Agora vou voltar para o trabalho — anunciou ele. — Minha hora de almoço terminou.

— Está certo. Não se esqueça de que hoje começo aquele curso de educação infantil.

— Não vou me esquecer. Irei buscá-la à saída. Não quero você andando sozinha à noite, principalmente porque tem que passar por aquela praça de maconheiros.

Júlio deixou-a a contragosto. Amava-a tanto que não queria se separar dela. Pensava em Tácio, em como estaria se virando para levar avante a vida.

Nesse mesmo instante, Tácio experimentava, pela primeira vez, uma carreirinha de cocaína. Nunca fora ligado em drogas, contudo, diante das circunstâncias, talvez o ajudassem. Inalada a substância, atirou-se na cama, à espera de que algo acontecesse. Menos de dois minutos depois, foi acometido por uma sensação de euforia que o deixou aceso. Levantou-se rapidamente, sentindo-se bem-disposto, revigorado em suas energias.

Assim estimulado, saiu para a rua, caminhando de peito estufado, seguro de si. Ao cruzar com pessoas do sexo oposto, sentiu o desejo aflorar, chegando mesmo a soltar piadinhas sem graça para as mulheres. A cada resposta indignada, o desejo aumentava, levando Tácio a ansiar, desesperadamente, por uma noite de sexo.

O pouco dinheiro que lhe restara gastou quase todo com a cocaína. Remexendo nos bolsos, conseguiu juntar alguns trocados. Não sabia se seria suficiente para bancar uma garota de programa, mas precisava desesperadamente de sexo. O jeito era se virar na Vila Mimosa[5].

Tomou um ônibus lotado, enrolando para ficar parado perto da porta traseira, por onde entravam os passageiros. Ao chegar à Praça da Bandeira, preparou-se para saltar. Quando o motorista abriu a porta, desceu correndo as escadas, empurrando uma senhora que vinha subindo, quase derrubando-a ao chão.

A carreira foi tão inopinada que o trocador não teve reação. Mesmo que desejasse, não conseguiria alcançar o homem, ainda mais com o ônibus cheio daquele jeito. Deixou para lá. Aquela não era uma prática incomum, e ele não era pago para correr atrás de malandro.

Tácio atravessou correndo a avenida de alto movimento, até chegar à Vila. Lá, escolheu a esmo uma boate, onde logo uma mulher começou a provocá-lo. Sem maiores rodeios, subiu com

5 Famosa zona de meretrício do Rio de Janeiro, iniciou suas atividades na área do Mangue, estando agora situada na Praça da Bandeira.

ela para o quarto, surpreendendo-se quando ela lhe ofereceu outra carreirinha de coca.

Pensou em recusar, mas o efeito da dose anterior começava a se dissipar, fazendo retornar a depressão, ainda mais intensa do que antes. Com medo de cair novamente naquele estado de melancolia incontornável, não teve dúvidas. Aceitou a oferta da moça e com ela se drogou novamente. Logo a euforia se fez sentir, o vigor reacendeu com mais intensidade, induzindo-o ao sexo animal e sádico. Tácio fez coisas com as quais jamais havia sonhado, batendo na menina com uma certa violência, que o deixava ainda mais excitado.

Ao terminar, sentia-se satisfeito, completo, ainda eufórico sob o efeito da droga. A moça não reclamou, acostumada a clientes brutos. Ele pagou e foi embora, sem haver trocado uma única palavra com ela durante todo aquele tempo.

A caminho de casa, o efeito da cocaína foi aos poucos desaparecendo, fazendo ressurgirem os problemas. Tácio não tinha agora nem mais um tostão. Precisava desesperadamente de dinheiro para pagar as contas, o crediário, o aluguel, o condomínio. Pensar em sua miséria deixou-o ainda mais nervoso, e logo veio a ideia. E se experimentasse só mais um pouquinho da droga? Melhor não. Embora tivesse certeza de que não se viciaria, preferiu não arriscar.

Anselmo já devia ter ligado para marcarem a data da homologação de sua rescisão contratual. Será que ele ia aguardar até o término do prazo do aviso prévio para fazer isso? Se fosse assim, ele ainda teria que aguardar mais umas duas semanas. Como faria para sobreviver, se nem o salário do mês Anselmo lhe pagara?

Pensando em Anselmo, a raiva o consumiu. Agora livre do efeito da droga, viu a irritação aumentar, misturando-se a momentos de depressão em que só o que sentia era vontade de morrer. Sem se dar conta, caminhando a esmo, alcançou a agência bancária onde trabalhara. Como era fim de expediente, logo seus ex-colegas começaram a sair.

Tácio nem sabia o que o mantinha ali, mas o fato é que uma curiosidade mórbida de ver os inimigos, como agora chamava Júlio e Anselmo, o fez ficar. Parado na porta do banco, olhava fixamente para dentro, preocupando, inclusive, os seguranças que o haviam posto para fora do clube. Viu Bianca passar, com seu corpo benfeito e provocativo, arrependendo-se de não ter dado em cima dela, acreditando em fidelidade. Para quê? Bianca bem que lhe lançava uns olhares significativos, mas o idiota, por causa da esposa, fingia não perceber.

Um pouco mais tarde, Júlio surgiu em companhia de Anselmo, cochichando e gargalhando alto. Na certa, falavam dele, riam pelas suas costas, achincalhando seu nome, chamando-o de corno. Júlio foi o primeiro a vê-lo e hesitou. Anselmo, por sua vez, não estava com disposição para aturar fracassados. Deu um tapinha nas costas de Júlio, entrou em seu carro e foi embora.

A Júlio não restou opção senão falar com Tácio. Como o caminho de sua casa ficava na direção em que o outro estava, não teve como evitar passar perto dele. Júlio fez um cumprimento com a cabeça, seguindo adiante na esperança de não ser seguido. Foi exatamente o que Tácio fez.

— Não fala mais com os amigos? — indagou.

— Eu falei, Tácio. É que estou com pressa. Geórgia está me esperando.

— Vocês vão se casar? — Júlio assentiu. — Quando?

— Em maio. Mas ficaremos noivos mês que vem.

— Que bonito — ironizou. — Vou ser convidado?

Já arrependido de ter comentado sobre o casamento e o noivado, Júlio tentou desconversar:

— Perdoe-me, Tácio, mas estou realmente com pressa. Outra hora a gente se fala.

Tácio rilhou os dentes de ódio, sentindo uma ânsia quase incontrolável de cocaína. Estranhou aquela necessidade premente em tão pouco tempo de uso, mas não era possível que estivesse viciado. Não tão depressa. Contudo, a vontade foi aumentando, levando-o a desejar apenas mais uma carreirinha. Só mais uma. Podia parar quando quisesse. Sem que percebesse, começava a se encaminhar para o vício.

— Você pode me emprestar uns trocados? — pegou-se perguntando a Júlio, que já se afastava.

O outro estacou e abriu a carteira, dela retirando algumas notas. Estendeu-as para Tácio, que as pegou sem contar.

— É tudo que tenho — informou Júlio.

— Valeu, cara. Você me salvou.

Embora não tivesse culpa de nada, Júlio se sentia culpado por ter conseguido a promoção, enquanto Tácio fora despedido. Ele realmente estava numa pior. Tinha dívidas para saldar e nenhum salário. Se Anselmo ao menos fizesse aquela homologação... Mas o gerente, com raiva, tornara-se irredutível. Só faria a homologação ao final do aviso prévio.

De posse do dinheiro, Tácio correu até a boca de fumo, lá conseguindo uma dose razoável de coca. O entorpecente deixou-o aparentemente mais firme em suas convicções, levando-o a crer que seus problemas financeiros seriam facilmente resolvidos. Em cima da mesa, as contas do mês se amontoavam, o carnê do crediário escondia-se embaixo da papelada. Nada foi pago. Nada importava. Tácio sentia-se forte e poderoso, como se coisa alguma no mundo pudesse atingi-lo.

Não demorou muito para Tácio procurar Júlio novamente. Esperou-o na hora da saída, como já se tornava seu costume. Anselmo, para variar, despediu-se com seu usual tapinha nas costas de Júlio e entrou em seu carro, como se Tácio fosse um desconhecido.

Aos poucos, Tácio foi-se desligando de Anselmo, centrando-se mais em Júlio, de quem sempre obtinha alguns trocados para o consumo da droga. Júlio procurava não negar, pensando que o dinheiro servia para Tácio sobreviver até que saísse a homologação.

Finalmente, o dia tão aguardado chegou. Com o dinheiro da rescisão nas mãos, Tácio sentiu-se o todo-poderoso. Era bem menos do que ele esperava, mas daria para saldar algumas dívidas. Em casa, apanhou as contas de luz, gás e telefone, além do condomínio. Estavam todas atrasadas, tinha de pagá-las antes que começassem os cortes.

Com as contas na mão, desceu no elevador. Precisava de um banco para pagar tudo, mas não queria utilizar-se daquele em que trabalhara. Uma raiva surda o atingiu. Tinha ódio de bancos. Se pudesse, não pisaria mais numa agência bancária enquanto vivesse.

Pensando bem, por que tinha de gastar tudo no banco? Quem o obrigava a pagar as contas? Ninguém. Aquele dinheiro poderia ter melhor uso se ele o gastasse em coisas que lhe dessem prazer. E, naqueles tempos, o único prazer que encontrava estava nas carreiras de cocaína. Sim, era isso. Deixaria as contas para depois de satisfeita a vontade, que, sem que Tácio reconhecesse, ia se transformando em vício.

O dinheiro que ganhara durou pouco tempo, assim como não demorou muito para Tácio novamente procurar Júlio. Esperou-o na saída do banco, sem ligar para a evasão de Anselmo.

— Oi, Júlio.

— Oi, Tácio. Como estão as coisas?

— Vão indo.

— Espero que você tenha conseguido se reequilibrar com o dinheiro da rescisão.

— Você está brincando, não é? Aquele dinheiro não deu para nada.

— Como assim?

— Esqueceu-se de que Anselmo me fez pedir demissão? Isso reduziu o valor da minha indenização e me impossibilitou de levantar o Fundo[6].

---

6 Fundo de Garantia do Tempo de Serviço (FGTS). O pedido de demissão não está entre as causas autorizadas pela Lei 8.036/90 para levantamento dos valores depositados.

— Ao menos você não ganhou a justa causa — arriscou Júlio.

— Eu não merecia a justa causa — rebateu com ira. — Mas deixe isso para lá. Não foi para discutir questões trabalhistas que vim aqui. O que gostaria é de saber se você me pode emprestar mais algum.

— De novo?

— Estou duro, cara. As contas engoliram aquela miséria que recebi.

— Olhe, Tácio, está ficando difícil. Não ganho tanto assim para ficar emprestando. Compreendo a sua situação, mas preciso juntar dinheiro para o casamento.

— Ora, vamos, Júlio, só dessa vez. Prometo que será a última e que lhe pagarei assim que puder, com juros e correção.

Mesmo contrariado, Júlio assentiu. Sacou de novo a carteira e esvaziou-a nas mãos de Tácio.

— Lembre-se bem, é a última vez — alertou.

— Obrigado.

Dali, Tácio correu novamente à boca de fumo e de lá seguiu para a Vila Mimosa. Precisava desesperadamente de sexo.

Depois de buscar Geórgia no curso, Júlio seguiu para a casa dela, ainda preocupado com a atitude de Tácio.

— Boa-noite, dona Cléia — cumprimentou, sentando-se à mesa da cozinha.

— Boa-noite, meu filho. Aconteceu alguma coisa?

— É o Tácio. Já lhe falei dele.

— Ele lhe pediu dinheiro de novo?

— Isso mesmo.

— E você deu?

— O que poderia fazer? O homem está na pior.

— Dar dinheiro a ele não vai ajudar. O que ele precisa é procurar outro emprego.

— Também acho, mas ele já passou um pouco da idade.

— E daí? Isso não é justificativa para ficar pedindo.

— Não seja tão intransigente, mãe — censurou Geórgia, com serenidade. — Não sabemos o que vai no coração dos outros.

— Isso é. Mas não me parece certo um homem da idade desse Tácio pedir dinheiro ao Júlio. Se fosse seu pai, estaria engraxando sapatos na cidade, em vez de ficar reclamando da vida e explorando os outros.

— Nem todo mundo é como papai. As pessoas têm suas fraquezas. Não devemos julgar ninguém.

— Está certo, estou julgando e não devia. Mas você acha correto o Júlio ficar sustentando vagabundo?

Geórgia suspirou e não disse mais nada. Não adiantava discutir com a mãe quando ela já tinha uma ideia formada. No fundo, ela não deixava de ter uma certa razão. Tácio devia mesmo procurar outro emprego, e o papel de Júlio seria o de incentivá-lo, não de prover seu sustento. Emprestar dinheiro era até compreensível, mas o que Tácio estava fazendo virara exploração.

— Eu nem me lembro direito desse Tácio — divagou Geórgia. — Vi-o apenas uma vez no churrasco.

— Ele está horrível, você nem queira saber. Emagreceu, vive com os olhos fundos e vermelhos.

— Deve ser o sofrimento.

— Sofrimento, sei — rebateu Cléia. — Ele deve andar é bebendo para afogar as mágoas. E isso não resolve.

— Sua mãe tem razão, Geórgia. Não vou mais emprestar dinheiro a Tácio. Precisamos juntar tudo o que temos para montar nossa casa.

— Isso mesmo — elogiou Cléia. — Cuidem da vida de vocês, que é o mais importante. Vou rezar por Tácio, para que ele consiga se acertar na vida.

Decidido a não mais dar dinheiro a Tácio, Júlio sentiu um certo alívio. Nos dias que se seguiram, Tácio não o procurou, levando-o a pensar que cumpriria sua promessa. Todavia, na semana seguinte, ao sair do trabalho, lá estava ele de novo, ainda mais magro do que antes, uma hostilidade irreconhecível no olhar.

— Você está bem? — preocupou-se Júlio, assim que ele o abordou.

— Estou — rilhou os dentes.

Na verdade, Tácio não estava nada bem. A companhia de luz cortara sua energia. O gás havia muito se fora, mas não o incomodara tanto, já que ele quase não comia, satisfazendo-se com biscoitos e refrigerantes. O proprietário do apartamento ameaçava mover uma ação de despejo, cobrando os aluguéis e o condomínio em atraso. Por isso, nada podia estar bem. Mas ele não queria dividir aqueles problemas com Júlio. Precisava desesperadamente da coca, e Júlio era o único que poderia ajudá-lo.

— Que bom — falou Júlio. — Olhe, estou com um pouco de pressa e não posso conversar agora.

— Preciso de dinheiro — rosnou, apertando o braço do outro.

— Não posso mais emprestar — afirmou Júlio, evitando seu olhar.

— Por quê? Você tem.

— Não tenho, não. O que possuo é pouco e estou juntando para meu casamento.

— Não seja idiota! Para que quer se casar com uma vagabundinha que daqui a pouco irá lhe botar um belo par de chifres na testa?

— Não chame Geórgia de vagabunda! — irritou-se, puxando o braço com violência. — E não é só porque a sua mulher o traiu que todas as outras vão fazer a mesma coisa.

Tácio soltou uma gargalhada nervosa, acrescentando com uma ferocidade até então desconhecida:

— Você pensa que sua Geórgia lhe é fiel? Pois duvido muito que seja. Aposto como se deita com outros homens sem você saber.

Tácio descontava em Júlio sua frustração pelo casamento brutalmente rompido. Sob o efeito da droga, extravasava a fúria, o desespero o consumia. Precisava de mais.

— Vá embora, Tácio — disse Júlio, contendo-se para não lhe acertar um soco. — Não temos mais nada a conversar.

— Não! Preciso de dinheiro.

— O dinheiro acabou. Vá arranjar um emprego, que é a melhor coisa que você pode fazer.

— Você me deve isso! — exasperou-se. — Tomou o meu lugar no emprego.

— Não lhe devo nada. A promoção foi minha por merecimento. Ninguém mandou você fazer besteira.

— Que besteira eu fiz? Minha mulher me traiu. Tive culpa?

— Não me interessa. E fim de papo. Tenho mais o que fazer.

— Você não vai me deixar assim. Exijo que me empreste mais dinheiro.

— Emprestar? Que empréstimo o quê, se você nunca me pagou?

— Só dessa vez — suplicou ele, mudando o tom de voz. — É a última, prometo.

— Você já me prometeu isso antes. E olhe você aqui de novo.

Irritado, Júlio virou-lhe as costas. Não tinha mais por que continuar com aquela conversa. Afastava-se quando sentiu as mãos de Tácio sobre seus ombros, puxando-o violentamente de volta.

— Você não pode ir embora assim — falou. — Preciso de dinheiro.

— Solte-me, Tácio. Acabou!

Como Tácio não soltava, ao contrário, apertava seus ombros com mais e mais força, Júlio não viu outra saída a não ser desferir-lhe um murro na face. Nada de muito violento, mas devido ao estado lastimável em que o outro se encontrava, foi o suficiente para jogá-lo ao chão.

— Isso não vai ficar assim — Tácio ameaçou. — Você ainda há de me pagar por essa humilhação.

Sem dar resposta, Júlio rodou nos calcanhares, desatando pela rua quase a correr. Pensou que Tácio o seguiria novamente, mas ele nada fez. Júlio nem olhou para trás, seguindo às pressas para casa.

Tácio queria muito ir atrás dele para dar-lhe uma lição, mas todo seu corpo se ressentia com a falta da droga. Uma fissura cada vez mais premente o afligia, levava-o quase à loucura. Em desespero, viu afastar-se sua última esperança de obter dinheiro para satisfazer uma necessidade que ele não assumia como vício.

Cada vez mais aturdido, Tácio voltou para casa, pensando em como arranjar dinheiro. Entrou às cegas, tateando em busca do interruptor. Em vão, pois estava sem luz. Abriu a persiana, permitindo que a luminosidade do fim de tarde penetrasse no ambiente. Olhando ao redor, deu de cara com o antigo aparelho de som, já que o novo, a mulher levara. Para que precisava daquilo se já nem tinha mais energia para ligá-lo?

Sem nem pensar, passou a mão nele e saiu, direto para a boca de fumo. Não conseguiu muito num aparelho velho, mas o suficiente para saciá-lo por algumas horas. Ao menos até decidir sua próxima ação.

Na saída do curso, Geórgia aguardava a chegada de Júlio. Estava adorando as aulas. Era um curso de educação infantil à luz da teoria de Piaget[7]. Tinha esperanças de, mais tarde, ingressar na faculdade de pedagogia e, futuramente, conciliar a escola pública com um emprego no Centro Educacional Jean Piaget[8].

---

7 Jean Piaget (1896/1980) — especialista em psicologia evolutiva e epistemologia genética, filósofo e biólogo, considerado a maior autoridade no estudo do comportamento cognitivo.

8 http://www.jeanpiaget.com.br.

Júlio não se demorou. Apanhou-a pela mão, seguindo com ela para casa. Não era longe. O problema é que tinham de passar por uma praça muito perigosa, transformada em boca de fumo e ponto de encontro de maconheiros. A praça era malcuidada, escura, o mato crescia no lugar do jardim. Para passar por ela, havia duas possibilidades: um caminho maior, contornando-a, ou o caminho mais curto, atravessando-a e cruzando com viciados e traficantes.

No momento em que contornavam a praça, Tácio ergueu os olhos para o traficante que acabara de lhe vender a droga, vendo, por cima de seu ombro, duas figuras passando pela calçada do outro lado. Imediatamente reconheceu Júlio e Geórgia.

Tácio apanhou o pacotinho com a coca e esgueirou-se para o ponto mais escuro da praça, onde a lâmpada do poste fora quebrada para encobrir ações ilícitas. De lá, observou os dois, centrando a atenção na moça. Ela era linda, o corpo esbelto bem ajustado ao jeans, os seios despontando sob a camiseta de malha simples.

Na mesma hora, o desejo o consumiu. Precisava urgentemente acalmar o apelo do sexo. Ainda sob o efeito da carreirinha que cheirara antes de sair de casa, sentiu a ejaculação espontânea. Não havia ninguém por ali para saciar sua fúria sexual, apenas a noiva de Júlio, cuja visão, por si só, levava-o ao auge da excitação.

Na calçada, alheios à presença de Tácio, o casal de enamorados seguia seu rumo tranquilamente.

— Estou amando o curso, Júlio — ela comentou.

— Que bom, minha linda! Você é muito inteligente, vai longe.

— Estou pensando em fazer faculdade de pedagogia depois de nos casarmos. O que você acha?

— Acho ótimo — afirmou ele, lembrando-se dos conselhos de Anselmo, que o valorizaria ainda mais ao saber que sua esposa pensava em crescer na carreira do magistério.

— Podemos ter filhos mais tarde?

— Mais tarde quando?

— Depois que eu terminar a faculdade.

— Ah, Geórgia, não sei. E se demorar muito?

— Não vai demorar. Quatro anos, no máximo. É o tempo de nos firmarmos profissionalmente e podermos dar aos nossos filhos uma condição melhor de vida. O que você acha?

— Por esse lado, você tem razão.

— Então, tudo bem?

— Tudo bem.

Ele a abraçou fortemente, causando inveja em Tácio.

— Vá aproveitando — rugiu ele para si mesmo. — Mais dia, menos dia, essa felicidade vai acabar.

Com o peito transbordando de despeito, inveja e outros tantos sentimentos daninhos, Tácio saiu de seu esconderijo, ofegante do prazer que sentira só de olhar para Geórgia. Ainda era tempo de buscar alívio na Vila Mimosa. De nada adiantaria voltar para casa se nem tinha luz e o senhorio vivia batendo à sua porta. Até um oficial de justiça o procurara, levando uma citação para responder à ação de despejo, que ele ignorou.

Que a ação corresse à revelia, assim como à sua revelia corriam as desgraças de sua vida.

Capítulo 8

Damien abriu a porta da sala de Atílio e entrou com cuidado, para não o irritar. Fechou a porta, sentou-se à sua frente e esperou. Atílio vivia analisando relatórios que seus sequazes lhe enviavam regularmente, atento aos movimentos do mundo. Não podia descuidar um minuto, ou perderia o poder com que tanto sonhava. Quando terminou de ler o último relatório, soltou a papelada e encarou Damien.

— Você nem imagina como estamos progredindo. Nossos companheiros têm feito um excelente trabalho junto aos encarnados.

— Não poderia ser diferente, chefe, contando com a sua astúcia.

Atílio reconhecia os indícios da bajulação, mas não rebateu. Tinha em mente outros interesses.

— Muito bem. E o seu relatório?

— Estamos avançando. Já contatamos o casal, e tudo parece perfeito. Nenhum dos dois dá mostras de que pretende desistir.

— Ótimo. Mas nem por isso descuidem deles. Mantenham guarda dia e noite.

— Bom, isso é um pouco mais complicado do que parece. O homem é fácil, mas a moça...

— O que tem ela?

— Nunca vi uma aura tão radiante.

— Desde quando você vê aura? Sua visão estreita só consegue enxergar coisas sujas.

— Para o senhor ver — rebateu ele, engolindo a raiva pela humilhação. — Se eu, que nunca vejo nada, consegui perceber a aura da moça, imagine o quanto ela é especial.

— Conversa! Não acredito nisso. Todo mundo pode ser corrompido. Ela tem milhares de defeitos, só que ocultos. Trate logo de descobrir.

— O senhor não entendeu. Não posso. A sua aura nos cega, nos afasta. Nenhum de nós conseguiu se aproximar.

— Que coisa! — irritou-se. — Será que tem algum espírito de luz colado nela e vocês não veem?

— Pode ser.

— Ou será que é incompetência mesmo?

— Se não acredita em mim, por que não vai pessoalmente verificar?

— Está me desafiando? — rugiu Atílio, nesse momento parecendo mais alto e intimidador do que de costume.

— Em absoluto — Damien se encolheu. — Estou apenas tentando chamar sua atenção para o fato de que essa menina está fora do nosso alcance.

— Isso não é bom — ruminou ele após alguns minutos. — Uma pessoa assim pode comprometer nossos planos.

— Como?

— Luz é sinal de uma coisa: elevação moral e espiritual, o que dificulta a propagação do poder. Tenho medo dessa influência sobre Mizael.

— O senhor acha que a luz dela pode comprometer a missão de Mizael? — ele quase exultou, no fundo torcendo pelo fracasso do rival.

— Não sei. É possível que ela nos crie algum tipo de embaraço. Mas Mizael é forte, saberá resistir.

— Será, senhor?

— Você vai estar lá para garantir isso. Não permita que ele fraqueje, que se deixe envolver pela energia que mais tememos, porque é a que mais atrapalha os nossos planos.

— Que energia é essa?

— O amor, idiota! Podemos não gostar, reclamar e até menosprezá-lo. Mas eu não sou tolo nem ingênuo. Conheço o poder do amor genuíno. Agora vá. Tenho coisas importantes para fazer.

— Sim, senhor.

Quando Damien se preparava para sair, Atílio lançou sobre ele um olhar glacial que o paralisou.

— Tenha cuidado, Damien. Escolha bem de que lado quer estar. Quem é contra Mizael é também contra mim.

Um temor fez arrepiar seus pelos astrais. Seria possível que Atílio houvesse descoberto o que ele sentia?

— Eu... não compreendo, senhor... Não sou contra Mizael. Muito menos contra o senhor.

— Ótimo! Que continue assim.

Dessa vez, Damien saiu sem titubear, morrendo de medo de deixar visíveis seus pensamentos. É claro que Atílio sabia que ele detestava Mizael. Só não acreditava que ele tivesse coragem suficiente para traí-los. E não tinha. Se pudesse, Damien destruiria Mizael, mas jamais Atílio. Ele andava estranho, escabreado. Damien daria tudo para saber o que passava pela cabeça dele.

Não era algo que Atílio quisesse admitir. Nem gostava de pensar em suas desconfianças. Mas alguma coisa naquele plano parecia fora de lugar. A confiança que depositava em Mizael era total, contudo sentia-se inquieto. Era uma espécie de medo, uma sensação de perda irrevogável, definitiva. Seria possível que Mizael estivesse se deixando seduzir pelo lado da luz?

Sem contar que agora dera para cismar com Nora. Há tanto tempo não a via que, por vezes, esquecia-se de seu rosto. Ela agora devia ter outra aparência, pois uma pessoa como Nora não ficaria anos a fio em um lugar só. Tinha certeza de que ela já devia ter reencarnado ao menos umas duas vezes.

Atílio conhecia os mecanismos do destino, que tratava de aproximar pessoas com antigos elos de afeto. E se algo semelhante acontecesse com Mizael? Ele já ia ser filho de uma mulher iluminada. O que seria dele se, além da mãe, tivesse também uma mulher com o coração repleto de luz? Não. Aquilo não podia acontecer. Nora desaparecera, não se prestaria a sofrer ao lado de Mizael novamente. Ele possuía o maior poder. Ele iria vencer.

O pensamento insistente de Atílio alcançou a mente confusa de Mizael, dando-lhe uma vaga impressão dos acontecimentos. Se ele pudesse veria, do lado de fora das muralhas da cidade, uma pequena aglomeração de formas-pensamento tentando penetrar a barreira energética que a guarnecia. Como não era possível, permaneciam vagando a esmo, até se dissolverem.

Nada disso passava despercebido a Josué, que conhecia bem o significado daquelas formas. E, se Atílio mandava ondas mentais para serem captadas por Mizael, era óbvio que Mizael também as sentia. Os espíritos de luz, contudo, não permitiam que elas chegassem ao seu destino, de modo que apenas eles tinham acesso aos pensamentos de Atílio. E mesmo as poucas mensagens que Mizael enviava só passavam pelo filtro energético quando assim era permitido. Dali, nenhum pensamento entrava ou saía sem autorização ou controle.

Mesmo assim, a onda emocional que acompanhava os pensamentos de Atílio alcançava, embora com menor intensidade, o corpo fluídico de Mizael. Ele andava inquieto, arredio, assustado. Parecia temer uma ameaça invisível que nunca chegava.

Josué encontrou-o vagando sozinho pelas proximidades da muralha, atraído para lá pelas formas-pensamento que se chocavam contra ela e desapareciam. Embora não as visse nem soubesse de sua existência, pressentia uma presença no ar.

— Tudo bem com você? — perguntou Josué, acercando-se com cuidado.

— Sinto-me estranho, irrequieto. Será que é porque vou reencarnar?

— É possível. Muitos espíritos se sentem assim, com medo do que os aguarda na matéria.

— Você acha que é isso? Medo do fracasso?

Ele deu de ombros e retrucou:

— Pode ser.

— Não tenho medo de fracassar. Sei que vou conseguir o que desejo.

— E o que, exatamente, você deseja? — questionou Josué, encarando-o de forma penetrante.

O olhar de Josué, como sempre, o incomodou. Sentia-se desvendado por ele. Mesmo assim, abaixou os olhos e respondeu com uma naturalidade que não sentia:

— Você sabe. Quero levar uma vida normal, trabalhar, ser um bom chefe de família.

— Você ainda não me contou que profissão escolheu.

— Hum... Deixe ver... Gostaria de ser um bom administrador.

Não era exatamente mentira, já que, segundo ele, liderar o tráfico de drogas requeria uma boa dose de conhecimentos em administração. Josué compreendia os seus motivos, apiedando-se da ilusão do poder que ele, como muitos outros, alimentava cegamente.

— Você tem um intelecto muito aguçado — afirmou Josué. — Vou orar para que saiba utilizá-lo em benefício do seu aprimoramento.

Mizael não respondeu. O que poderia dizer àquele espírito que, embora nada falasse, parecia tudo saber?

— Tem algo que gostaria de perguntar — Mizael mudou de assunto. — Onde está Nora?

O olhar de compreensão do outro deu-lhe a certeza de que Josué sabia de quem ele estava falando. Com um sorriso enigmático, as mãos juntas sob a manga da túnica, arrematou:

— No momento oportuno.

Não ficou para esperar resposta. Simplesmente esvaneceu no ar, deixando Mizael embasbacado com sua falta de atenção. Irritado, deu as costas à muralha e caminhou de volta a seu alojamento, procurando Nora em todos os jardins por onde passava.

Aquele era o dia que ele há tanto aguardava. Finalmente, seria levado ao tão misterioso laboratório para reagrupamento de seus átomos astrais e modelação do novo corpo fluídico, que acompanharia a forma física tão cuidadosamente planejada e selecionada entre as possibilidades genéticas de seus pais.

Estava ansioso, com medo de sofrer ou sentir dor. Josué lhe assegurou que não sentiria nenhum desconforto, apenas uma leve perturbação decorrente da transição de planos e dos novos rumos de vida decididos.

— Posso desistir? — indagou ele, em sua última conversa.

— Pode, e sua mãe irá abortar.

— E se ela me abortar voluntariamente?

— O aborto, muitas vezes, é um risco que o espírito deve assumir para reencarnar. Mas sua mãe nos garantiu que não o fará e acredito nela.

— Está certo. Estou um pouco nervoso, mas estou pronto.

— O nervosismo é natural. A hora do estupro está próxima, assim como o momento em que se formará o tênue liame que o ligará à sua mãe.

— Meu corpo vai se colar ao dela?

— Não. Você permanecerá aqui, no leito do laboratório, até que se complete a gestação. Esse liame, que é um cordão fluídico, vai diminuindo à medida que a gravidez avança. No momento do nascimento, ele se romperá parcialmente, dando a você uma nova individualidade, distinta da de sua mãe, mas que só se completará por volta de seus sete anos de vida.

— É como um cordão umbilical?

— Exatamente. Assim como o cordão físico leva alimento da mãe para o bebê, o cordão fluídico leva o alimento que empreenderá a troca de energias entre vocês.

— Não tem uma história de cordão prateado? Onde é que ele entra?

— O cordão prateado é outro liame, também finíssimo, mas que serve para ligar seu corpo astral ao físico, enquanto perdurar a vida na matéria. Ele surgirá no momento em que seus corpos se unirem.

— Muito bem. Tudo combinado. Estou pronto.

— Só mais uma coisa antes de partirmos. Tenho uma surpresa para você.

— Uma surpresa?

Josué chegou para o lado, dando passagem à linda jovem que Mizael encontrara poucos dias antes.

— Nora! — exclamou ele, completamente aturdido. — Por onde esteve? Procurei você feito um louco.

— Em minha própria cidade astral.

— Você não mora aqui?

— Não.

— Nora vive em uma esfera um pouco acima da nossa — esclareceu Josué.

— Não me diga! Mas conte-me. Por onde andou, o que tem feito? Faz muito tempo que desencarnou?

— Não muito. Tive outras vidas depois daquela em que quase nos casamos. Mas nunca me esqueci de você.

— Nem eu. Eu a amava de verdade. Pena que você não conseguiu entender a minha... — ele ia dizer profissão, mas calou-se envergonhado, fitando Josué com espanto.

— Isso tudo ficou no passado — cortou ela. — Podemos planejar outro futuro.

— Como assim?

— Embora eu não precise, escolhi reencarnar para vivermos o que não conseguimos viver naquela época.

— Jura? Você faria isso por mim?

— Faria por nós, pois também o amo e quero ter a oportunidade de desenvolvermos juntos esse amor.

— Mal posso acreditar. Nada me deixaria mais feliz!

— Só tem uma coisa — ela mudou de tom, falando com seriedade acima do normal. — Como da outra vez, não vou tolerar que você enverede pelo caminho do crime. Você continua livre para fazer suas escolhas, mas eu também tenho liberdade para fazer as minhas.

— Como assim, Nora?

— Sabemos de tudo o que acontece aqui — intercedeu Josué. — Você é esperto, Mizael, mas ainda está muito distante da sabedoria divina. Seus planos de crime na Terra são conhecidos por nós.

Ele abriu a boca, estupefato, e retrucou embaraçado:

— Vocês sabem? Durante esse tempo todo, sempre souberam? — Josué assentiu. — Se é assim, por que permitiram? Por que estão me dando essa chance se sabem o que pretendo?

— Como você poderá crescer se nós não lhe dermos um crédito?

— Não é possível. Acha mesmo que eu mereço esse crédito? Que vou me transformar?

— Não sei. Mas tem uma chance, como todos os que voltam com ideias iguais ou piores do que a sua.

— Não posso acreditar que isso esteja acontecendo. Passei esse tempo todo aqui fazendo papel de idiota.

— Por que diz isso? Não conseguiu o que queria?

— Mas vocês sabem! — afirmou ele, incrédulo. — De tudo?

— Tudo. Seus planos para ingressar no crime e no tráfico de drogas, com a cooperação de Atílio.

— Conhecem Atílio?

— Por certo.

— Fui ludibriado! Deixem-me ir embora. Não quero mais participar dessa farsa.

— Farsa? Quem de nós finge ser algo que não é?

— Vocês estão me mandando de volta à Terra porque acham que vão me manipular para que eu vire bonzinho. Querem que eu sirva de cobaia para seus estudos de regeneração?

— Você não é mais especial do que ninguém para se tornar objeto de estudos. É como todos os outros que por aqui passaram com a mesma ilusão que você. A todos, demos o mesmo tratamento, a mesma atenção, as mesmas esperanças. Muitos retornaram bem-sucedidos, modificados em sua essência. Outros continuaram na mesma. E você não pode ser tão ingênuo a ponto de imaginar que ninguém descobriria seus propósitos torpes. Você desconfiava que eu sabia e aceitou minha ajuda mesmo assim, porque, no fundo, o que realmente quer é uma chance de se modificar.

— Você está errado. Só o que pretendo é viver a minha vida do jeito que eu quiser.

— Mizael — era a voz doce de Nora. — Ouça o que Josué está dizendo. Ninguém vai tentar demovê-lo de seus projetos. Suas atitudes dependem só da sua consciência.

— Vocês não vão tentar me impedir?

— Não — afirmou Josué categoricamente. — Você tem liberdade de escolha, mas se aprisionará às consequências das que forem malfeitas.

— Isso é problema meu!

— Por certo.

— Quero estar com você de novo, Mizael — declarou Nora. — Para vivermos a vida que não tivemos oportunidade de viver. Não sabe que eu o amo? O destino nos separou porque fizemos escolhas incompatíveis, mas nada impede que agora façamos coincidir nossos propósitos.

Ele olhou para ela, sentindo retornar a força do sentimento que uma vez os unira, esquecendo-se de Josué por alguns momentos.

— Você estaria disposta a me seguir?

— Você estaria disposto a mudar em nome do nosso amor?

— Você está jogando com as palavras, Nora. Sempre desejei estar com você.

— Pois essa é a nossa chance. O que lhe peço é uma mudança de atitude que só trará benefícios a você.

— O que me pede é quase impossível. Não é da minha natureza ser bonzinho.

— Você fala tanto em ser bonzinho. Mas o que é ser bonzinho para você?

— Sei lá! Ser puxa-saco, amiguinho, solícito, subserviente, fazer tudo o que os outros querem.

— Ser bonzinho é agir com amor. Apenas isso. Será que você não é capaz de amar?

— Amo você. Só.

— Já é um começo.

— Não faça isso comigo, Nora, pelo amor de Deus. Perdê-la novamente me traria uma dor insuportável.

— Não tem que ser assim. Podemos ser felizes juntos.

— Está se esquecendo de Atílio. Tenho um compromisso com ele.

— Atílio não descansará até que você cumpra o que lhe prometeu — alertou Josué. — Mas o poder que ele pensa ter não é nada comparado ao poder do amor.

— Amor, amor — desdenhou. — É só nisso que sabe falar?

— Isso não é o mais importante? — replicou Nora. — Não é o que todos querem?

— O que eu quero é poder.

— Já conversamos sobre isso — tornou Josué. — Mas, pelo que percebo, você não acreditou em mim.

Mizael não disse nada, impacientando-se com aquela conversa. Tinha vontade de desistir e fugir dali, de volta ao seu submundo de sombras, mas a presença de Nora o paralisava, deixando-o cada vez mais confuso, inseguro.

— Vou reconquistá-la — avisou ele, segurando a mão dela. — Volte comigo e tudo farei para ficarmos juntos.

— Você sabe o que tem que fazer — disse ela.

— Você vai?

— Vou. Daqui a alguns anos, estarei de volta.

— Seremos felizes então. Vai ser fácil, você vai ver.

— Não tão fácil, mas, se assim fosse, não valeria a pena.

Mizael não entendeu o último comentário dela, mas não teve tempo de perguntar, porque Uriel entrou apressado, dizendo com euforia:

— Está na hora!

— Do estupro? — surpreendeu-se Mizael.

— Ainda não. Mas já está tudo pronto no laboratório para recebê-lo. Se você não for agora, não terá tempo de se preparar, e há outros pretendentes aguardando.

— E então? — perguntou Josué. — Você vai ou não?

Ele hesitou pouquíssimos minutos antes de responder:

— Eu vou. Mas vai ser do meu jeito. E você vai ser minha.

— Você sabe o que tem que fazer, Mizael — disse Nora. — Se reincidir no crime, me perderá de novo.

— Não vou perdê-la.

A última frase dele tinha duplo sentido. Mizael queria que Nora achasse que ele não a perderia porque se esforçaria para mudar, quando o que ele pensava era que ela seria dele a qualquer custo. Os dois, contudo, sabiam a verdade.

Ao lado de Josué e Uriel, ele seguiu a caminho do laboratório. Parados na porta, Uriel foi o primeiro a dar-lhe um abraço fraterno.

— Boa sorte! — desejou de coração.

— Obrigado.

— Estaremos orando por você — falou Josué. — Sabe que pode contar conosco sempre que precisar, mesmo quando as hordas de Atílio o estiverem envolvendo.

— Obrigado — disse ele, mais para ver-se livre de Josué do que pensando em procurá-lo. — E adeus.

— Até breve — acrescentou Josué, abraçando-o também.

Ao se virar para a rampa de acesso ao laboratório, Mizael sentiu o que realmente era medo. Havia tantas programações para sua vida que temeu não dar conta de tudo. As incumbências de Atílio eram as que mais o estimulavam, mas as ponderações de Josué o haviam balançado. E, para completar, Nora surgira para dividir seu coração entre o amor e o poder. Não era uma disputa justa.

Capítulo 9

Júlio e Geórgia acabavam de sair do cinema, comentando sobre o filme enquanto caminhavam.

— Achei a história engraçada — disse ele. — Uma bobeira, mas divertida.

— Já pensou se houvesse fantasmas[9] assim? — gracejou ela. — Seria um horror!

Chegaram à porta da casa de Geórgia e pararam. Júlio levou a mão da namorada aos lábios e disse com uma certa tristeza:

— Bom, minha linda, tenho que ir. Viajo cedo amanhã.

— A que horas sai o seu voo?

— Às sete e meia. Terei que madrugar no aeroporto.

— É melhor você ir dormir.

— Estou preocupado com você, Geórgia. Não quero que volte sozinha à noite por aquela praça.

— Deixe de bobagens, Júlio. Sei me cuidar.

— Ali fica cheio de marginais. Acho melhor você dar a volta pelo outro lado da calçada.

— Tudo bem, se vai fazer você se sentir mais tranquilo. Apesar de ter que dar uma volta maior, não me custa nada.

---

9 Referência ao filme *Os caça-fantasmas*, de 1984.

— Obrigado. Não me perdoaria se algo lhe acontecesse.

— Nada vai me acontecer. Vá sossegado para o seu congresso e volte correndo. Estarei aguardando você.

A despedida foi demorada, mas não teve jeito. A contragosto, Júlio separou-se de Geórgia. Passaria a semana toda em São Paulo, num congresso de gestão financeira para o qual Anselmo o indicara, alertando-o de sua importância se desejasse, no futuro, concorrer a uma promoção para a área financeira do banco, onde trabalharia com empréstimos e financiamentos. Uma oportunidade que não poderia perder, principalmente agora que iria casar-se e constituir uma família.

Fazia algumas semanas que Tácio acompanhava a rotina de Geórgia, vendo-a passar pela calçada da praça sempre acompanhada de Júlio. Postado debaixo do poste sem luz, punha-se a cobiçá-la, a cocaína lhe subindo à cabeça, provocando a imediata ereção. Era um desejo tão intenso que não podia controlar. Dali, corria à Vila Mimosa, descarregando nas meninas o ardor de sua fúria.

A vida de Tácio estava um caos. Não tinha mais luz nem gás no apartamento e havia duas ações contra ele: da financeira e do proprietário. Não respondera a nenhuma delas. Com tudo o que estava acontecendo, onde arranjaria dinheiro para pagar um advogado? Não possuía nada de valor que pudesse penhorar para saldar suas dívidas. Os poucos móveis e utensílios que tinha haviam sido quase todos vendidos para comprar cocaína.

Enquanto não era condenado, ia vivendo, até que o pusessem na rua. Aí então pensaria no que fazer. Talvez virasse mendigo, talvez assaltante. Não, nem isso poderia ser, já que não tinha condições nem de comprar uma arma. Podia puxar carros. Sim, era isso. Os toca-fitas estavam em alta, davam sempre um bom dinheiro. Não lhe importava onde iria dormir. O que não podia era ficar sem a droga.

Estava pensando assim quando avistou, do outro lado da rua, Geórgia, que caminhava sozinha. No princípio, pensou que se tratasse de uma ilusão causada pela droga, mas depois se certificou de que não era. Realmente, o que via era a noivinha de Júlio, toda gostosa em seu jeans apertado. O desejo de sempre retornou com toda fúria. Passou a língua nos lábios, imaginando que era o corpo de Geórgia.

Estranhou vê-la passar sozinha, imaginando se não teria brigado com o namorado. Queria desesperadamente tocá-la, contudo ela estava longe, inacessível. Consultou os bolsos, à procura de alguma migalha, mas eles estavam vazios. Naquele dia, teria de se virar sozinho, o que fez ali mesmo, já que não tinha nem dinheiro para correr à Vila Mimosa.

Na outra noite, o mesmo aconteceu, como na seguinte e na próxima. Ela vinha sozinha, do outro lado, fora de seu alcance. Junto a ele, Damien quase desesperava, vendo perder-se a oportunidade de induzir o outro ao ato criminoso. Até que, na sexta-feira, a sorte pareceu obrar a seu favor. Pouco antes da hora de Geórgia passar, um vendaval atingiu a cidade, fazendo escurecer o céu com a ameaça de chuva.

A ventania levantava areia, arrastava folhas, sacudia as árvores com fúria. Os olhos de Tácio ardiam com a poeira, quase levando-o a desistir. Todos os outros haviam ido embora, deixando a praça praticamente deserta. Apenas ele permanecia, como presa de um desejo insano.

Geórgia despontou na rua em frente, paralisando todos os seus músculos. Inesperadamente, em vez de dar a volta na praça, ela atravessou a rua correndo, preparando-se para cruzá-la, provavelmente para encurtar o caminho e escapar da tempestade que se aproximava. Olhou de um lado a outro, para ver se havia algum suspeito por perto. Não viu ninguém. Nem Tácio, que se ocultara nas sombras.

Sentindo-se segura, Geórgia avançou. Prometera a Júlio que não andaria por ali, mas não tinha tempo de dar a volta se quisesse chegar em casa antes da chuva. Geórgia tentou passar o mais longe possível dos arbustos descuidados, procurando traçar uma linha reta até o outro lado.

De longe, Tácio a acompanhava, sedento, ávido. Em seus pensamentos, um torvelinho de ideias infames o assaltava. Tão infames que ele não se reconheceu. Queria muito transar com ela, contudo nunca usara de força para dormir com ninguém.

A seu lado, impaciente, Damien não dava trégua. Sabia que aquela era a oportunidade que esperava. Tácio não devia deixar passar a única chance de ter sob seu corpo o corpo jovem de Geórgia.

— Veja como ela é gostosa, apetitosa — estimulava Damien. — Imagine-se transando com ela, beijando sua boca, tocando seus seios, seu sexo.

Tácio passava a língua nos lábios, imaginando as cenas que Damien descrevia, seguindo-a, imperceptível. Ele ouvia a voz do espírito, contudo não sabia de onde vinha. Chegava a vê-lo em alguns momentos, mas sua mente confusa não o distinguia. Ele queria e não queria colocar as mãos em Geórgia. Seria bem feito para Júlio, um castigo pela humilhação, uma prova da infidelidade dela, mas também uma covardia.

Temendo perder a presa, a um sinal de Damien, o espírito de uma mulher se aproximou. Parecia meio demente, maltrapilha, drogada feito Tácio, mas executou bem suas ordens. Colado a Tácio, o espírito pôs-se a acariciá-lo, excitando-o ainda mais. A respiração ofegante, o corpo ardendo de um desejo descomunal, doentio, Tácio não conseguiu mais se conter. De um salto, cortou a frente de Geórgia, que soltou um grito de pavor.

— Aonde vai, gatinha? — perguntou ele, os olhos caídos, a boca constantemente umedecida pela língua ávida de prazer.

— Com licença, moço — pediu ela, sentindo o pânico se avizinhar, maldizendo-se por ter mudado de caminho.

— Por que a pressa? Alguém a espera?

Apesar de aquele rosto lhe parecer familiar, Geórgia não o reconheceu. Estava escuro, não conseguia enxergar direito, mas teve a sensação de que já o havia visto antes. Devia ser um dos muitos desocupados que vagabundeavam por ali. Pensando nisso, sentiu medo. Encolheu-se toda, apertou a bolsa e retrucou, tentando aparentar naturalidade:

— Eu... sim, meu noivo me espera. Olhe, ele vai vir me procurar se eu me atrasar.

— Faz uma semana que a vejo passar por aqui sozinha. Tem certeza de que tem um noivo?

— Por favor, moço, deixe-me ir.

— Vou deixar. Depois de conversarmos.

— Não posso conversar. Logo, logo, vai chover.

Geórgia preferiu não falar mais nada. Deu um passo à frente e tentou passar por ele, mas não teve tempo. Com extrema força, Tácio agarrou-a pelos punhos, virando-a rapidamente e enlaçando-a por trás.

— Solte-me! — gritou ela. — Socorro! Socorro!

O uivo do vento impedia a propagação do som, de forma que ninguém a ouviu gritar. A fragilidade dela, a certeza de que executava um ato de covardia contra uma menina que nada tinha a ver com seus problemas o fizeram hesitar. Sabia que não era certo o que estava fazendo. Por pouco não a soltou. Mas as investidas de Damien e do espírito da mulher, aliadas aos efeitos da droga, transformavam seu desejo em uma espécie de loucura insaciável.

Tácio não pensou em nada, não viu mais nada. Deitou Geórgia no chão com violência e arrancou-lhe o jeans com uma habilidade extrema. Ela se debatia, tentando se soltar, gritando feito louca. Para silenciá-la, Tácio desferiu-lhe vários murros no rosto, sem pensar que a estava machucando. Geórgia não desmaiou, mas sentiu o corpo esmorecer, os sentidos afrouxarem, levando-a a uma semi-inconsciência, forte o bastante para paralisá-la, mas insuficiente para que ela não percebesse o que estava acontecendo.

Jogada ao chão, sem se mover, Geórgia deixou-se subjugar pela criatura que se deitara sobre ela. Não parecia um homem. Por vezes, era como se um monstro a possuísse, com suas garras de fogo a ferir-lhe a carne. O vaivém do corpo dele sobre o dela não lhe causou apenas dor, mas uma humilhação sem precedentes, uma espécie de mutilação do ser, cindido pela figura grotesca de um torturador sem alma.

Por diversas vezes, ele a possuiu, insaciável, brutal. Quando por fim a largou, ela já não distinguia nada ao redor. Dolorida, machucada, aviltada, cerrou os olhos, sentindo-se desfalecer.

Capítulo 10

Tácio nem se recordava de como chegou em casa. Lembrava-se de ter violentado a noiva de Júlio, mas o horror que se seguiu apagara sua memória. Como fora capaz de um ato daqueles? Desesperado, corroído pelo remorso, atirou-se no soalho, chorando angustiado. Jamais poderia perdoar-se pelo que fizera. Como se deixara levar pelos instintos, a tal ponto que perdera o controle sobre si mesmo?

Aturdido, atirou-se sob o chuveiro, pensando que a água fria pudesse lavar sua consciência. Em vez disso, trouxe-lhe uma clareza estupenda. A todo instante, Tácio via e revia o corpo ferido e ultrajado de Geórgia, sentia na boca o sal de suas lágrimas, ouvia seu pranto desesperado. Em outros tempos, Tácio teria criticado, com horror, um crime como aquele. Agora, via-se autor da mesma infâmia que teria condenado.

Quando saiu do chuveiro, a mente estava límpida, livre dos efeitos deletérios da droga. Desacostumado da liberdade, fruto da ausência da coca, Tácio buscou-a novamente. Abriu a gaveta, segurou a trouxinha, preparou a carreira. Com o canudo improvisado, abaixou-se para cheirá-la, quando uma onda de arrependimento atingiu-o em cheio.

Atormentado pela culpa, virou a mesinha, espalhando o pó pelo chão. Sentou-se, abraçando os joelhos, chorando desconsolado.

Por que fizera aquilo, por quê? E se Geórgia o tivesse reconhecido? Se contasse a Júlio o que ele fizera, o que lhe aconteceria? Seria preso, viraria mulherzinha dos outros presidiários na cadeia. Ou pior, Tácio poderia matá-lo.

O medo da punição só fez aumentar seu remorso. De uma forma ou de outra, acreditava que ela viria, em qualquer caso, causando-lhe dor. Mas a dor não seria tão intensa quanto a que ele, momentos antes, infligira naquela moça inocente.

A solução seria fugir, mas fugir para onde? Não tinha família nem amigos, nem ninguém. Não tinha para onde ir. Tinha de ficar e enfrentar. Mas enfrentar como? Tácio delirava, a confusão mental o consumia. O jeito era aliviar a tensão com a coca. Engatinhando, foi ao encontro da gaveta virada, à procura do pó. Não havia nenhum. Esparramara a última trouxinha que lhe restava.

Em pânico, esfregou a palma da mão pelo chão, lambendo-a na esperança de ter arrastado um pouco da coca. Mas o pó que veio era, em sua maioria, de sujeira, e a pouca droga ali misturada não foi suficiente para transmitir-lhe o efeito desejado. O que fazer? Precisava, desesperadamente, de uma cheirada.

Nada mais lhe restava para vender. De seu, só o que tinha era o corpo. A ideia lhe trouxe desgosto, Tácio não gostava de homens. A fissura, no entanto, era maior. Depois de alguns minutos de hesitação, enxugou as lágrimas, vestiu-se e saiu.

Não conhecia muito os redutos gays, contudo ouvira histórias de lugares onde tudo acontecia. O banheiro da Central[10] era um deles. Não tinha dinheiro nem para o ônibus, mas acabou conseguindo uns trocados depois de amedrontar um casal de velhinhos com a sua figura assustadora.

Foi mais fácil do que ele imaginara. Logo de cara, um sujeito fortão o abordou, confundindo-o com um michê. Em troca de uma boa quantia, fez tudo o que o homem lhe pediu.

---

10 Estação de trem Central do Brasil.

Estava tão desesperado pela coca que nem conseguiu esperar até chegar em casa. O próprio sujeito lhe indicou um traficante por ali, perto da Central.

A muito custo, Tácio conseguiu se controlar para não cheirar no meio da rua. Com a droga no bolso, partiu desabalado para casa. Assim que entrou, preparou a carreira avidamente. Como o dinheiro fora bastante, comprou cerca de meio grama, disposto a cheirar tudo de uma só vez.

Ao aspirar a droga pura[11], sentiu-a diretamente em seu cérebro. Pensou que uma euforia fortificante o retiraria da depressão, mas, para sua surpresa, não foi o que aconteceu. Primeiro veio uma agitação desconhecida, voraz, inquietante.

Um suor frio umedeceu rapidamente toda a sua pele, enquanto visões estranhas desfilavam diante de seus olhos. Um homem encostado na parede, braços cruzados, olhava para ele sem qualquer expressão. Junto a ele, uma mulher rota, maltrapilha, presenteou-o com um sorriso desdentado.

Tácio estremeceu. Julgava-se vítima de um delírio, sem saber que entrara em contato direto com o astral a seu redor. Ali, deu de cara com Damien e sua criada. Não o conhecia, contudo, ele não lhe parecia estranho[12]. Damien o seguira desde o momento do estupro, curioso para saber o que aconteceria com ele.

De repente, a respiração de Tácio pareceu descompassar. Batidas aceleradas davam a impressão de que o coração estava prestes a disparar peito afora. Em poucos segundos, Tácio perdeu o controle e desabou no chão, a boca espumando, repetidos espasmos sacolejando seu corpo. Uma dor aguda, inenarrável,

11 Quanto mais pura a cocaína, maior a possibilidade de overdose. Nesse caso, a quantidade necessária varia entre as pessoas, situando a dose fatal entre 0,2 e 1,5 grama.

12 Muitos dos delírios causados pelo uso da cocaína e outras drogas provêm do contato com o mundo astral, já que a substância, tóxica para o organismo, rompe as camadas energéticas protetoras, aguçando a sensibilidade e, consequentemente, propiciando a percepção do universo sutil. Infelizmente, o uso contumaz das drogas, associado a processos de desequilíbrio do ser humano, magnetiza espíritos menos esclarecidos, com os quais o viciado passa a conviver regularmente.

trespassou o seu peito, levando o coração a desistir de bater e, com ele, Tácio a desistir de viver.

Ao contrário de Tácio, Geórgia não desistia da vida. Recobrados os sentidos, não conseguiu se levantar, permanecendo quieta, com medo de se mover e sentir mais dor. Esperou a chuva, que não veio, até que o vento se acalmou e, com essa quietude, caiu num torpor reconfortante.

Enquanto isso, Cléia se preocupava. As horas se passavam, e nada de Geórgia aparecer. A todo instante consultando o relógio, pôs-se a rezar, presa de inexplicável apreensão. Em dado momento, não conseguindo mais se conter, foi para o portão, na esperança de vê-la chegar. Em vez dela, Júlio apareceu de táxi, ainda carregando a mala de viagem.

— Júlio, por Deus, Geórgia não chegou ainda em casa — ela se apressou em dizer. — Estou morta de preocupação.

— O quê?

— Ajude-me, por favor. Vamos à polícia.

— Que polícia, que nada — disse ele, largando a mala do lado de dentro do portão. — Vou procurá-la eu mesmo.

— Vou com você.

Cléia fechou a porta e correu com Júlio para a rua. No caminho, pediu auxílio a uns rapazes da vizinhança, que se dispuseram a ajudar.

— Vamos refazer o caminho daqui até o curso — orientou ele.

Dadas as instruções, cada um partiu em uma direção. Júlio, aflito, seguiu com Cléia pelo meio da praça. Embora fosse sexta-feira, a ventania espantara os frequentadores da boca de fumo, que aos poucos começariam a retornar. Júlio tinha de ser rápido, se quisesse encontrar Geórgia antes que o lugar enxameasse de marginais e viciados.

Caminhando pela praça feito louco, Júlio gritava o nome de Geórgia. A seu lado, Cléia não fazia nada além de rezar. Estava tão aflita que a voz embargava toda vez que pensava em pronunciar o nome da filha. De qualquer forma, suas orações iluminaram o local onde Geórgia jazia, semi-inconsciente, e os olhos maternos de Cléia foram instintivamente direcionados para lá.

Foi um choque ver o corpo nu da filha todo machucado. Ela soltou um grito agudo, atraindo a atenção dos demais. Júlio, mais próximo, foi o primeiro a chegar, quase desmaiando ante a visão lastimável de sua Geórgia. Pensando rapidamente, tirou a camisa e cobriu o seu corpo da melhor forma possível. Os outros rapazes vieram correndo, mas se afastaram ao perceber que ela estava desnuda.

Em meio à choradeira, Júlio ergueu-a delicadamente no colo, levando-a em direção a sua casa.

— Ela tem que ir ao hospital — ouviu alguém dizer.

Júlio não sabia como, mas, de uma hora para outra, estava dentro de um táxi, ao lado de Cléia, levando Geórgia para o hospital. Ela foi atendida na emergência, onde Cléia e Júlio não puderam acompanhá-la.

— O que foi que houve com a minha filha? — choramingou Cléia.

— Eu bem que avisei para ela não passar por aquela praça.

Tiveram de aguardar muito tempo até que uma médica aparecesse para lhes dar notícias. A revelação de que Geórgia fora estuprada causou angústia em Cléia e revolta em Júlio.

— Não foi só o estupro. Ela foi brutalmente espancada, teve duas costelas quebradas e levou quatro pontos no rosto.

— Minha Nossa Senhora! — evocou Cléia.

Júlio lutava para manter a calma. Mesmo porque precisava ser forte para confortar sua futura sogra.

— Ela está consciente?

— Está, sim.

— Podemos vê-la?

— Podem. Avisei que vocês estão aqui, e ela pede para primeiro falar com a mãe. Depois, você pode entrar.

A contragosto, Júlio foi obrigado a conter a impaciência e aguardar. Esperava que Geórgia não pensasse que aquele estupro mudaria algo entre eles. O amor que sentia por ela estava acima daquelas coisas.

Mesmo assim, por uma ínfima fração de segundos, imaginou o que diria Anselmo se soubesse do ocorrido. Com seu moralismo exacerbado, na certa, colocaria em dúvida a isenção de Geórgia. E para ele seria um desconforto ouvir os comentários maldosos de Anselmo ou de qualquer outro. Pensando nisso, achou melhor ocultar a verdade. Ninguém na agência precisava saber.

Um telefonema foi suficiente para Anselmo permitir que Júlio faltasse naquele dia. Ele informara o chefe de que Geórgia havia sofrido um acidente e estava no hospital. Anselmo lamentou o ocorrido, perguntou se estava tudo bem e ofereceu-se para ajudar.

— Não é preciso — dissera Júlio. — Ela agora está passando bem. Precisa de repouso, mas vai se recuperar.

— Em que hospital ela está? Quero mandar-lhe flores.

Júlio deu o nome do hospital, acreditando que Anselmo lá não compareceria. E não compareceu. Em seu lugar, mandou Bianca, com quem Geórgia se dava bem. Bianca chegou abraçada a um ramalhete de rosas brancas. Deu o nome de Geórgia, subindo direto a seu quarto. Bateu na porta, e Cléia atendeu.

— Pois não? — indagou, solícita.

— Aqui é o quarto da Geórgia?

— É, sim. Você é amiga dela?

— Mais ou menos. Sou colega de trabalho do Júlio. Vim prestar solidariedade em nome de todos da agência.

— Muita gentileza de vocês — emocionou-se Cléia, dando passagem a Bianca. — Pode entrar, mas em silêncio, porque ela está dormindo.

— A senhora é a mãe dela?

— Sou.

Ao olhar para Geórgia, Bianca levou um tremendo susto com sua aparência. Ela estava muito machucada, cheia de hematomas, respirando com dificuldade.

— Jesus! — exclamou. — Que tipo de acidente ela sofreu?

— Você não sabe? — Bianca meneou a cabeça. — Então vou deixar que ela mesma lhe conte. Agora, com licença. Vou pedir à enfermeira um jarro para colocar essas flores.

Logo que Cléia saiu, Júlio entrou, levando imenso susto ao ver Bianca sentada no sofazinho embaixo da janela.

— Bianca... — balbuciou. — O que faz aqui? Disse que não era para ninguém vir.

— Anselmo me mandou trazer umas flores. A mãe de Geórgia foi buscar um jarro para colocá-las.

— Olhe, agradeço muito a preocupação de vocês, mas não precisava — protestou ele, com ar ansioso. — E agora, acho que você já pode ir.

— Por que a pressa? Gostaria de falar com Geórgia.

— Não se preocupe, direi que você esteve aqui.

— O que é que há, Júlio? Por que não quer que ninguém a veja?

— Quem foi que disse isso?

— Não precisa dizer. Basta ver como você está agindo.

Ele olhou para ela como quem não vê saída. Puxando-a pelo braço, levou-a para fora.

— Posso confiar em você?

— Pode.

Cléia passou de volta com as flores e sorriu para eles, entrando no quarto rapidamente. Assim que a porta se fechou, Júlio esclareceu:

— Geórgia foi estuprada.

— Meu Deus! — horrorizou-se ela, cobrindo a boca com a mão. — Como foi isso?

— Na sexta-feira, quando voltei de viagem, dona Cléia me chamou preocupada.

Em breves palavras, Júlio narrou tudo o que havia acontecido.

— E você quer manter isso em segredo?

— É o que eu gostaria, porque pode ser embaraçoso para Geórgia — afirmou ele, ocultando que também se sentia constrangido.

— Tem razão.

— Mas o caso é que esteve aqui um detetive. A direção do hospital teve que informar à polícia, e fomos avisados de que haverá um inquérito.

— Então, sua ideia de manter o acontecido em segredo não vai adiantar.

— Vai, se você não disser nada. Quem, lá na agência, frequenta a polícia?

— Ninguém. Mas não saiu no jornal?

— Sair, saiu. No jornal de ontem, na página policial. Só que nós não permitimos que divulgassem nem o nome, nem a foto de Geórgia.

— Ainda assim, essas coisas acabam sendo descobertas.

— Vou fazer de tudo para que isso não aconteça. Por isso é que peço sua ajuda. Não conte a ninguém.

— Não vou contar. Pode confiar em mim. Se fosse comigo, também não gostaria que ninguém soubesse.

— Obrigado, Bianca. Você é uma boa amiga. E agora, gostaria de falar com ela?

— Se possível.

Geórgia já estava acordada, tomando a sopa que a enfermeira acabara de trazer. Sorriu quando Bianca entrou, agradeceu as flores.

— Você não precisava ter-se dado todo esse trabalho — falou pausadamente, para não provocar dor.

— Trabalho nenhum. Ficamos preocupados com o seu acidente.

— Júlio lhe contou o que aconteceu? — Ela assentiu. — Mas estou bem agora.

— Ainda bem que está num bom hospital.

— Geórgia tem plano de saúde — comentou Cléia. — É fundamental nos dias de hoje.

— Você me parece bem melhor — observou Júlio, alisando-lhe os cabelos.

— E estou. Quando será que poderei ir embora?

— O médico falou hoje à noitinha. Estamos só esperando que ele apareça para lhe dar alta.

— Sério? Até que enfim! Nada como a minha casa.

À medida que Geórgia ia falando, Bianca a observava. Esperava encontrar uma moça deprimida, acabrunhada, sem vontade de conversar. Em vez disso, Geórgia parecia até bem falante, dado o estado em que se encontrava.

— Aquele policial esteve aqui de novo — informou ela a Júlio. — Na hora em que você foi telefonar.

— E aí?

— Queria saber se eu me lembrava da fisionomia do agressor.

— O que você disse?

— Que não. Mas a verdade é que ele não me era estranho. Sei que já o vi em algum lugar, só não me lembro onde.

— Será?

— Estava escuro, posso ter-me confundido. Mas que ele me pareceu familiar, isso pareceu.

— Não pense nisso, querida — aconselhou Júlio, que não tinha interesse em que ela identificasse o sujeito, para evitar que o caso chegasse até a Justiça. — O que importa agora é que passou. Não vale a pena alimentar desejos de vingança.

— Não acho que seja vingança Geórgia ajudar a prender o criminoso — objetou Cléia seriamente. — Quem escolhe o caminho do crime tem que assumir as consequências. O que ele fez não é certo. E depois, vai evitar que ele faça isso com outras moças.

— Embora concorde com a minha mãe, não sei se tenho forças para lidar com isso. Não quero ter que ir à delegacia fazer nenhum reconhecimento. Não desejo mal a ele. Na verdade, até o perdoo, porque acho que ele agiu por instinto e ignorância. Mas não conseguiria ficar diante dele novamente.

— Você o perdoa? — indignou-se Bianca. — Geórgia, como pode? O homem violentou você, espancou-a, quase a matou, e você diz que o perdoa? Eu jamais perdoaria quem fizesse isso comigo. Torceria para que o atirassem na cadeia e jogassem a chave no mar.

— Pois somos diferentes, então. Não acredito que alguém que conhece as verdades de Deus aja dessa forma. O homem que me fez isso é um iludido, um fraco, um ignorante das coisas do espírito.

— E daí? Isso não justifica.

— Não, mas atenua. No fundo, é um pobre coitado, uma alma perdida, atormentada. Mamãe e eu temos rezado por ele.

— Vocês o quê? — até Júlio se espantou.

— Temos rezado por ele, sim — reforçou Cléia. — Veja minha filha. Está bem cuidada, junto da família, cercada de amigos. E aquele infeliz? Aposto como está sozinho, carente de pessoas que verdadeiramente lhe queiram bem. O que ele fez foi um atentado contra as leis da natureza. Caberá a ele, no futuro, restabelecer a desarmonia que provocou. Para Geórgia, contudo, é diferente. Ela, depois disso, com certeza será uma pessoa melhor do que já era antes.

— Não compreendo — indignou-se Bianca. — Eu jamais seria a mesma depois de uma coisa dessas, de tanto ódio que ficaria. E, se rezasse por alguma coisa, seria para que um caminhão passasse por cima dele quando menos esperasse.

Uma troca de olhares entre Cléia e Geórgia foi suficiente para estabelecer o silêncio. O rumo da conversa estava lhes fazendo mal. Bianca percebeu que havia se excedido, mas não se desculpou. Seguindo a trilha do orgulho, manteve-se calada.

— Bom, acho que já está na hora de Bianca voltar ao trabalho — anunciou Júlio. — Diga a Anselmo e a todos que agradecemos muito a visita e as flores. Amanhã estarei lá.

— Ótimo. Estimo as melhoras, Geórgia. E foi um prazer conhecê-la, dona Cléia.

— O prazer foi todo meu. Obrigada.

Bianca deu dois beijinhos no rosto de Geórgia, sorrindo sem jeito.

— Cuide-se. E trate logo de sair dessa cama.

— Obrigada.

Júlio acompanhou-a até a porta, doido para livrar-se dela. Bianca também não via a hora de ir embora, levando consigo seus pensamentos críticos. Nada a surpreendera tanto quanto a reação de Geórgia. O estupro fora inevitável, imprevisível, mas justificar o que o delinquente fizera não era nada lógico.

Só se o estupro não fora bem como Geórgia contara. Júlio dissera que a haviam encontrado desfalecida perto de uma boca de fumo. Será que ela era viciada? Ou, quem sabe, não gostava de fumar um baseado de vez em quando?

Na certa, fora isso mesmo. Júlio estava fora, viajando a semana toda. Sozinha, sentindo falta de sexo, resolveu se consolar na maconha. Foi à boca de fumo, encontrou o malandro dando sopa, levou uma cantada. Mas, na hora do vamos ver, deve ter batido um remorso, e ela desistiu. Só que o sujeito, excitado com a perspectiva do sexo fácil, não aceitou, forçou a barra e acabou se excedendo.

Sim, devia ser isso. Geórgia, com aquela cara de santinha, devia ser da pá virada. Ela fazia questão de sempre parecer a boazinha, mas o que Bianca sabia dela afinal? Nada. O conhecimento que tinha da outra era supérfluo, só se encontravam em festinhas do banco.

Coitado do Júlio. Agora compreendia por que ele se esforçava tanto para manter o estupro em segredo. No fundo, devia ter a mesma desconfiança, mas, por amor, preferia acreditar na versão de Geórgia. Logo ele, um homem tão correto, respeitador dos valores morais, fora se apaixonar justo por uma irresponsável feito Geórgia.

A história fora montada na cabeça de Bianca, dando a Geórgia julgamento e condenação. No fundo, Bianca criara uma situação fictícia bem de acordo com sua própria personalidade. Fizera uso da maconha algumas vezes e se deitara com muitos homens. Inconscientemente se recriminando pelo que fizera, apontava o dedo para Geórgia e transferia para ela a censura que gostaria que alguém lhe endereçasse.

Capítulo 11

Damien não compreendia como alguém podia ser tão burro. Então Tácio não via que se tornara escravo do vício? Só os espíritos altamente ignorantes se deixavam levar por aquela ilusão. Assim como os chefões do tráfico não costumavam se drogar, os espíritos mais maliciosos também não o faziam. Incentivavam os otários encarnados a aderir ao uso das várias substâncias entorpecentes e facilitavam o acesso de espíritos de viciados, para que extraíssem a essência volatizada e, assim, experimentassem a sensação de que se drogavam também. Com isso, mantinham-nos aprisionados, usando-os como joguetes para a realização de suas tarefas infames.

Quando Tácio abriu os olhos, não se encontrava mais em sua casa. Não reconheceu o lugar em que estava. Era um catre sujo, numa espécie de enxovia. Sentiu um formigamento pelo corpo, uma agitação fremente o assaltou. Era falta da droga, só podia ser. Angustiado, pôs-se a caminhar de um lado para outro, buscando uma saída, quando a porta se abriu e Damien apareceu.

— Que idiotice, hein? — zombou ele. — Como é que você foi fazer uma coisa dessas?

— Perdão, mas eu o conheço?

— Não se lembra de mim?

Tácio puxou pela memória, até que confirmou:

— Você é o cara que me acompanha e às vezes some, não é?

— Engraçado — riu ele. — Mas é isso mesmo. Me chamo Damien.

— Por que faz isso? E onde estou?

— Calma, uma coisa de cada vez.

Damien desembrulhou um pacotinho que trazia oculto nas mãos, dele retirando um punhado de pó branco.

— O que é isso? — indagou Tácio, sentindo a garganta áspera e passando a língua pelos lábios.

— O que você acha que é?

— Coca?

— Exatamente. Mas venha logo, antes que ela se evapore.

Mesmo sem entender, Tácio obedeceu. Estava ávido para cheirar. Depois da inalação, seu corpo relaxou, trazendo a já tão conhecida sensação de euforia.

— Sente-se melhor? — perguntou Damien.

— Muito melhor, obrigado. E agora, se não se importa, pode me dizer onde estou?

— Você é mesmo um idiota, não é? Não se lembra do que fez?

A lembrança ressurgiu com violência, levando-o a desabar sobre o catre.

— Geórgia... o estupro... Estou preso?

— Mais ou menos.

— Que tipo de cadeia é essa?

— Seguinte: você morreu. Tomou uma overdose de coca e desencarnou.

— Eu o quê?

— Morreu, e eu o trouxe para cá, para minha cabana. Não adianta chorar, porque sabe que é verdade.

— Mas há pouco você me deu uma carreirinha para cheirar. Como isso é possível?

— A carreirinha, como você chama, tive que apanhar de uns trouxas que se drogavam lá na Terra. Não é física, é só a essência da droga. Quando percebi que você estava acordando, corri lá e apanhei esse fluido, voltando às pressas antes que ele se dissipasse.

— Meu Deus!

— Se você sentisse essas palavras com a força com que as pronunciou, não estaria aqui.

— Minha vida toda se foi — lamentou-se. — E agora? O que vou fazer?

— Você há de convir que uma vida do jeito daquela que você levava não serve para nada. Acho que está muito melhor agora.

— Eu não queria morrer.

— Se não quisesse, não teria feito o que fez.

— Eu não fiz nada. Se tomei uma overdose, foi sem querer.

— Conversa! Ninguém morre sem querer. A alma escolhe, meu amigo, mesmo que à nossa revelia. E você escolheu ir embora daquele jeito. Quem mandou se sentir culpado?

— Pobre Geórgia — arrependeu-se verdadeiramente. — O que foi que eu fiz?

— Não se lamente. Na hora, não foi bom?

— Nem consigo me lembrar.

— Foi bom. Eu sei porque também estava lá e aproveitei.

— Aproveitou como?

— Vou ensinar tudo a você. Você vai trabalhar comigo. Atílio me mandou escolher alguém para me ajudar, e escolhi você.

— Ajudar em quê?

— Você não estuprou a moça? — Tácio assentiu, apalermado. — Pois agora vai me ajudar a cuidar dela.

— Cuidar dela, como?

— Ela vai ter um filho, imbecil.

— Um filho? Eu vou ser pai?

— Dá para parar de repetir tudo o que eu falo? Você deu o sêmen, só isso. Quem vai criar o menino é ela.

— Vou ter um menino?

— Não, idiota, não vai. Ela vai ter. Você já morreu, não pode mais ser o pai da criança.

— Você disse que quer que eu o ajude a cuidar dela. Como?

— Vou explicar. Isso aqui é como um quartel. Tem general, capitão e tudo mais. Você é como um soldado raso, e eu sou seu superior. O general é o Atílio, que você, provavelmente, nunca vai ver, porque ele não lida com a ralé. Atílio é quem dita as ordens por aqui. Ele as transmite a mim e a outros na minha posição, e nós tratamos de executar o que ele manda. No momento, o que ele quer é que eu tome conta para que nada de mau aconteça a Geórgia e ao bebê. Para isso, deu-me liberdade de escolher uns criados. E eu escolhi você.

— Se ele quer que cuidemos de Geórgia e da criança, então, ele deve ser uma boa pessoa.

— Boa pessoa? — ironizou, às gargalhadas. — Deixe só Atílio saber disso. Escute bem, otário, e aprenda. Ele não é boa pessoa. Ninguém aqui é. Nem você.

— Não sou mesmo...

— É claro que não — reafirmou Damien, cujo interesse era manter o sentimento de culpa de Tácio, para que ele não pensasse em sair dali.

— Foi isso que mereci por ter estuprado Geórgia?

— E por ter se viciado e tomado uma overdose. Agora chega de conversa! Precisamos trabalhar. Se você me servir direitinho, vou protegê-lo e ensiná-lo a sugar, pessoalmente, a coca dos encarnados. Senão, vou entregá-lo para servir de escravo.

— Como isso é possível?

— Sabe os trabalhos de magia?

— Magia? Tipo macumba?

— É. Tem uns que são barra pesada, e quem os executa, realmente, é a escória feito você. O chefão, que é quem faz o trato, fica com o pagamento. A gente, a quem são passadas as ordens, recebe uma parte, e você, que faz todo o trabalho sujo, fica com os restos. Entendeu?

— Mais ou menos.

— Tudo bem, com o tempo você aprende. Agora venha, vou tirá-lo daqui. Atílio me deu permissão para levá-lo comigo.

— Esse Atílio... Ele sabe quem sou eu?

— É impossível esconder alguma coisa de Atílio. Ele sabe quem você é, o que fez e tudo o mais. Por isso me deixou ficar com você, confiando em que eu o transformarei em um bom soldado. Não vá me decepcionar, ou vai virar sugador de bosta.

— O que é isso?

— É como chamamos a escória que suga os restos dos restos dos restos dos trabalhos de que lhe falei. É quem fica com a parte podre do lixo. Mas não se preocupe. Se fizer direitinho o que eu mandar, você terá até chances de crescer aqui. E o pagamento é bom: coca fresquinha todo dia.

Depois de acomodar Tácio em sua cabana, Damien foi prestar contas a Atílio. Era fundamental que, todos os dias, ele fizesse um relatório. Atílio ficou satisfeito em saber que ele conseguira capturar o estuprador. A ligação energética do pai da criança ajudaria a romper a aura brilhante que circundava a mãe, já que Mizael encontraria mais afinidade com as vibrações de Tácio.

— Só não quero que o deixem se viciar — alertou. — Não quero a mente de Mizael comprometida com os efeitos deletérios da cocaína ou de qualquer outra droga.

— Não se preocupe, Atílio, isso não vai acontecer.

— Cuidado! O pai dele é viciado e continua sendo aqui. Não o deixe extrair essência do pó perto de Mizael nem permita que ele lhe transmita nem sequer um mínimo desejo de experimentar qualquer droga. Queremos que muitos se viciem, mas não Mizael.

— Já entendi, chefe.

— Só mais uma coisa. A garota está noiva, não está?

— Sim. De um moço chamado Júlio.

— E vai se casar?

— É o que parece.

— Que tal o rapaz?

— Não é uma pessoa ruim, mas é bajulador, ambicioso e preocupado com as aparências.

— Quero que você trabalhe junto a ele. Faça o que for possível para que ele não impregne Mizael de lições de moral.

— Acho que isso não será difícil. O cara é moralista, mas só da boca para fora. Por dentro, o que quer é subir na vida.

— Ótimo! Já chega a mãe que arranjaram. Quanto mais conseguirmos aproximar o pai do nosso lado, mais próximos estaremos do sucesso.

— Entendi, chefe. Deixe tudo comigo. Garanto que ficará satisfeito com o meu trabalho.

Atílio não deu resposta. Não tinha muita paciência para Damien, que era tão bajulador quanto o tal de Júlio. Mas ele o servia bem. Morria de medo de ser reduzido a nada, da tão temida segunda morte[13]. Era com essa ameaça que o mantinha preso e fiel a ele.

13 A segunda morte ocorre pela desintegração do corpo astral ou perispírito, quando o ser se eleva a dimensões tão sutis que dele já não mais necessita, ou quando o perde nas esferas inferiores, transformando-se numa massa condensada de energia na qual permanecem, em estado latente e de semi-inconsciência, todos os atributos do ser que antes foi.

Capítulo 12

Depois de acomodar Geórgia em casa e se certificar de que ela ficaria bem, Júlio partiu para o trabalho, temendo o que poderia encontrar. Pedira a Bianca que não dissesse nada, mas reconhecia que aquilo tudo era uma fofoca e tanto.

Chegou acabrunhado, sem muito alvoroço, indo direto ocupar seu lugar na tesouraria. Alguns colegas sorriram para ele, outros perguntaram se estava tudo bem.

— E aí, Júlio? — indagou alguém. — Como vai a Geórgia?

— Está melhor agora, obrigado. Teve alta do hospital e está em casa, com a mãe.

— Que coisa isso, não? Mas o que foi que houve, realmente?

— Foi... um assalto.

— Assalto? — Júlio assentiu. — Que coisa horrível! E prenderam o bandido?

— É claro que não. Ele fugiu.

— Que pena...

Depois disso, não se tocou mais no assunto. Havia muito trabalho a fazer. Anselmo esperava que ele encerrasse aquela história e se concentrasse em seus afazeres. Júlio trabalhava com afinco, tentando não pensar no que faria se a polícia descobrisse o estuprador. O normal seria que ele desejasse que prendessem o homem que estuprara sua noiva, mas havia muitas coisas em jogo, e prender o sujeito não restabeleceria a dignidade de Geórgia.

Nos dias subsequentes, o assunto já havia morrido, ninguém mais se interessava pelo incidente. Ele chegou cedo, como sempre, logo se envolvendo nos problemas que tinha a resolver. No dia anterior, um cliente o informara de que, ao conferir o dinheiro do saque, recebera uma nota a menos. O saque havia sido efetuado no caixa de Bianca, deixando-o transtornado.

Não havia ainda levado o caso a Anselmo. Queria primeiro se certificar da veracidade da informação. Podia ser que o cliente houvesse se confundido ou, então, que tivesse contado errado. Era um senhor de uma idade já avançada, muito passível de cometer erros daquela espécie. Pensava nisso quando a própria Bianca se aproximou.

— Você viu isso? — perguntou ela, atirando um jornal em cima da mesa.

Na mesma hora, Júlio reconheceu a foto de Tácio, deitado no chão, de costas, olhos vidrados, sem expressão. Ergueu as sobrancelhas, fitou Bianca sem entender e leu a notícia:

— *Encontrado ontem o corpo de um homem em seu apartamento, já em avançado estado de putrefação. O mau cheiro atraiu a atenção dos vizinhos, que chamaram a polícia e os bombeiros. O homem foi identificado como Tácio Batista Ramos, 42, desempregado. A polícia suspeita de overdose de cocaína...*

— Meu Deus! — exclamou Júlio. — Coitado do Tácio!

— É realmente uma pena — concordou Bianca. — Mas, enfim, foi ele quem buscou isso.

— O que foi que houve? — era Anselmo que chegava, notando o jornal nas mãos de Júlio.

— Foi o Tácio — esclareceu ele. — Encontraram-no morto. Parece que tomou uma overdose de cocaína.

— Bem feito! — disse Anselmo, com desprezo. — É no que dá se meter com o que não deve. Ainda bem que o mandei embora a tempo.

— Você não tem pena? — contrapôs Júlio.

— Nenhuma. Ele teve o que mereceu. Onde já se viu, um drogado? E eu nunca desconfiei.

— Acho que ele não se drogava quando trabalhava aqui. Deve ter começado depois. Eu bem que notei algo estranho nele, mas não sabia o que era. Provavelmente, o efeito da droga.

— Deixe para lá. Um viciado a menos no mundo. E agora, voltem ao trabalho.

Apesar de não concordar com o comentário de Anselmo, Júlio não o contradisse. Não queria que ele soubesse o quanto lamentava o ocorrido com Tácio. Por mais que ele próprio houvesse buscado seu fim, ninguém merecia passar por aquilo. Sentiu uma pontada de remorso, achando que poderia tê-lo ajudado, mas a única ajuda que Tácio queria era dinheiro, na certa, para se drogar.

— Quer ir almoçar? — indagou Bianca, mais tarde.

Até que seria uma boa ideia almoçar com ela, para averiguar a história do sumiço do dinheiro. Júlio ligou para Geórgia, avisando que não almoçaria em sua casa naquele dia. Foi com Bianca a um restaurante de comida caseira, onde seus colegas costumavam comer. Não queria que ninguém imaginasse o que não deveria.

— Como está a Geórgia? — interessou-se ela.

— Melhorando — ele fitou Bianca, em dúvida sobre o que deveria falar. — Gostaria de lhe agradecer por não ter contado nada a ninguém. Seria muito embaraçoso para mim.

— Ora, não foi nada. É para isso que servem os amigos. Prometi guardar segredo e não sou de quebrar promessas.

Ele agradeceu com um sorriso, sentindo a encruzilhada em que se metera. Em dívida com Bianca, como poderia formalizar uma acusação de furto contra ela? Talvez o homem estivesse enganado, só podia ser isso. Na certa, não sumira dinheiro nenhum. Ele esperaria mais alguns dias para ver o que ia acontecer. Se ninguém falasse mais nada, daria o episódio por encerrado.

— Vamos torcer para que ela não esteja grávida — prosseguiu Bianca.

— Como é que é? — indignou-se ele. — Grávida?

— É possível, não acha? Ou o cara usou camisinha?

— Bianca! — horrorizou-se. — Como pode dizer essas coisas?

— Não quero chocá-lo, mas é uma possibilidade que você deve admitir e para a qual deve estar preparado.

— Isso não pode acontecer. Não vai acontecer.

— Como é que você sabe? Por acaso Geórgia tem algum problema que a impeça de engravidar?

— Não... que eu saiba, não.

— Então, meu amigo, sinto lhe dizer, mas vocês correm esse risco.

— Não! Jamais! Isso é impossível!

— Não é impossível. Acho que vocês já deviam começar a pensar no que fazer, caso isso aconteça.

Júlio não respondeu. Não podia sequer conceber aquela ideia. Tornar-se pai do filho de um estuprador era inimaginável. Nessa hora, Damien entrou com Tácio. Foi fácil encontrar Júlio no restaurante, bastando seguir suas ondas mentais, algo que ele aprendera a fazer. Só o que não conseguia era a telepatia à distância, como a que Atílio mantinha com Mizael.

— Lá está ele — apontou Damien, puxando Tácio para lá. — E quem é a gostosa que o está acompanhando?

— É a Bianca. Trabalha na agência.

— Vamos ver que tipo de pessoa ela é.

Não foi difícil para Damien perscrutar a mente de Bianca, mesmo porque sua aura cor de chumbo indicava, possivelmente, mentira e egoísmo. Logo descobriu o uso esporádico da maconha, os muitos homens com quem se deitara, os pequenos e imperceptíveis furtos que cometia quando ninguém estava olhando.

— Essa é das nossas — felicitou-se Damien. — Pode ser que nos seja útil.

— Como você sabe disso?

— Venha cá, que lhe mostro. — Tácio aproximou-se. — Agora olhe bem entre os olhos dela. Concentre-se. Feche seus olhos por uns instantes. Agora abra-os. Qual a cor que você vê ao redor dela?

Tácio esforçou-se, mas não viu nada. Por insistência de Damien, continuou o exercício, até que, da terceira vez, conseguiu.

— Vejo um cinza escuro! — animou-se. — Consegui?

— Viu só? É apenas uma questão de treino. Agora venha, não podemos perder a conversa deles.

— Não posso permitir que Geórgia dê à luz uma criança nessas circunstâncias — Júlio ia dizendo. — E acho que nem ela vai querer.

Tácio lançou a Damien um olhar de interrogação. O que será que ele queria dizer com aquilo?

— Vamos ouvir — ordenou Damien, lendo a pergunta em seu pensamento.

— Como você pensa em impedir? — prosseguiu Bianca. — Vai obrigá-la a tirar? Isso é crime.

— Ouvi dizer que, em casos de estupro, o aborto é autorizado por lei.

Ao lado deles, Damien quase deu um soco em Júlio. Aborto, nem pensar! Atílio ficaria furioso se algo assim acontecesse. Mizael garantira que a determinação da mulher era forte, que ela aceitaria o filho, sem pensar em abortá-lo. Era só o que faltava, agora, aquele paspalho do noivo atrapalhar tudo.

Embora fosse esse o desejo secreto de Damien, ele não ousava sequer pensar, temendo que Atílio descobrisse. Tinha de fazer o que o chefe lhe pedira, a qualquer custo.

— Será que ela vai abortar o meu filho? — imaginou Tácio, penalizado.

— Ouça bem, idiota — irritou-se Damien. — Ele não é seu filho. No momento, tem que ser filho daquele palhaço ali. E se isso não acontecer, não apenas eu, como você também irá pagar muito caro.

— Eu?! Não tenho nada com isso!

— Você estuprou a menina sob o meu comando e agora depende de mim. Lembre-se de que fui eu que o salvei. Você me deve isso. Se eu falhar, você irá comigo.

Tácio chorou de mansinho. Arrependia-se de tudo o que fizera em vida. Da fraqueza na separação, do vício, do estupro. Arrependia-se até de ter se deixado envolver por aquele espírito odiento que se julgava seu dono. Queria impedi-lo, mas faltavam--lhe forças para resistir.

— Não quero que ela aborte — murmurou. — Bem ou mal, é o meu filho que ela carrega. Por mais que você diga que não, eu sou o pai dele. Posso não estar mais vivo para acompanhar o seu crescimento, mas quero o melhor para ele.

— O melhor para ele? — desdenhou Damien. — E o que seria isso?

— Quero que ele estude, trabalhe, se case com uma moça decente. E, principalmente, que nunca se envolva com drogas.

A gargalhada que Damien soltou foi tão grande que o assustou. Tácio se encolheu, enquanto o outro revidava com azedume:

— Você é mesmo muito estúpido. Já reparou no lugar em que vivemos? Por acaso é algum paraíso, nós parecemos defensores da moral e dos bons costumes? Por que pensa que Atílio quer tanto proteger o menino?

— Não sei. Não havia pensado nisso.

— É claro que não. Se tivesse colocado a cabeça para funcionar, veria que os planos de Atílio para ele não podem ser nobres como você pensa. Estudo? Trabalho? Casamento? Drogas? Você acertou numa coisa: nas drogas, mas não como está pensando. Atílio não quer que Mizael se transforme num viciado. Ele vai chefiar o tráfico. É esse o plano grandioso de Atílio.

— Mizael?

— Seu filho. Você deve ter conversado com ele lá em cima.

Damien se referia ao astral onde fora marcado o encontro entre ele, Geórgia, Júlio e Mizael. Havia se esquecido completamente.

— É mesmo — lembrou-se, por fim. — Conheci o rapaz, mas não lhe prestei muita atenção. Disseram-me que eu não precisaria cuidar dele, por isso, concordei.

— Viu no que deu? — ironizou. — Vai ter que cuidar dele, mesmo assim.

Júlio e Bianca se levantaram para voltar ao trabalho, fazendo cessar a conversa entre os espíritos. Saíram, mas não foram seguidos. Satisfeito com o que descobrira, Damien retornou com Tácio.

Capítulo 13

Logo após o trabalho, Júlio correu à casa de Geórgia, louco para estreitá-la em seus braços. A conversa com Bianca o deixara perturbado, temeroso do futuro. Achou melhor não pensar mais no assunto. Geórgia não estava grávida. Não podia estar.

— Boa-noite, dona Cléia — cumprimentou ele, sentando-se na cozinha para um café. — Onde está Geórgia?

— No banho. Ela já vem.

Júlio colocou o jornal que Bianca lhe dera sobre a mesa, apanhando uma das deliciosas rosquinhas que Cléia acabara de assar.

— Dona Cléia, ninguém faz rosquinhas como a senhora — elogiou, saboreando-a.

— Deixe disso, meu filho. Você é suspeito para falar.

Geórgia entrou na cozinha, de camisola e penhoar, caminhando vagarosamente por causa da dor nas costelas. Ele se levantou, solícito, beijou-a nos lábios e ajudou-a a sentar-se.

— Como está, minha linda?

— Estou bem. Um pouco cansada, mas melhorando. Acho que, na próxima semana, poderei voltar ao trabalho e ao curso.

— Não acredito que você vai continuar com o curso.

— É claro que vou. O curso não tem nada a ver com o que houve.

— Mas, Geórgia, é perigoso!

— Vai deixar de me acompanhar?

— É claro que não!

— Então, não tem perigo algum. Não vou prejudicar o futuro de minha carreira por causa desse incidente.

— Não foi um incidente. Foi um ato criminoso.

— Por falar nisso, aquele detetive esteve aqui outra vez — comentou Cléia. — Queria saber se Geórgia se lembrava de mais alguma coisa.

— Disse a ele que não... — informou ela, parando de falar subitamente, ao dar de cara com a foto de Tácio estampada no jornal. — Espere um pouco. Quem é esse?

Com o periódico nas mãos, ela lia avidamente a notícia.

— É o Tácio — declarou ele. — Não se lembra dele? Foi quem fez aquele escândalo no churrasco. Morreu de overdose, coitado.

Geórgia estava lívida. Deixou cair o jornal sobre a mesa, olhou de Júlio para a mãe, com um assombro mudo. Seus olhos marejaram, ela pensou que fosse desmaiar, agora se dando conta da sensação de familiaridade que sentira ao vê-lo.

— O que foi, minha filha? — estranhou Cléia. — Está sentindo alguma coisa?

— Júlio! — exclamou ela. — Foi esse o homem que me estuprou!

— O quê? Tem certeza?

— Estava escuro, mas lembro que achei o seu rosto familiar, embora não conseguisse me lembrar de onde o conhecia. Pensei que talvez já o tivesse visto por ali. Mas agora, vendo sua foto no jornal, não tenho dúvidas. Foi ele mesmo.

— E agora? — indagou Cléia, apanhando o jornal de cima da mesa para olhar a foto de Tácio. — O que faremos?

— Vamos à polícia — decidiu Júlio, rapidamente. — Geórgia precisa contar isso ao delegado.

Toda a compaixão que Júlio sentira ao ver a foto de Tácio no jornal transformara-se em ódio e depois em euforia. Em outras circunstâncias, poderia apenas odiá-lo. Se vivo estivesse, o próprio Júlio se encarregaria de uma vingança. Morto, porém, Tácio lhe facilitaria as coisas. Júlio estava certo de que a morte dele poria um fim às investigações da polícia. Sem contar que tivera o merecido fim.

Fora um ato de vingança, só podia ser. A intenção de Tácio era atingi-lo por intermédio de Geórgia. E conseguira. O ódio que Júlio sentiu do ex-colega naquele momento foi imenso. Depois de pensar rapidamente na solução para aquele problema, veio a revolta. Ele fora amigo de Tácio, chegara a se arrepender de não tê-lo ajudado mais. E era essa a paga que recebia.

— Maldito! — rosnou, ainda experimentando vários tipos de sentimento ao mesmo tempo. — Ainda bem que está morto, pois do contrário, eu mesmo o mataria.

— Não diga isso — objetou Geórgia. — Acha que eu ia querer que meu noivo se transformasse em assassino? Tácio é um pobre coitado, perdeu a vida por causa da droga. O que precisamos é rezar por ele.

— Nunca mais repita uma barbaridade dessas! — vociferou. — Proíbo-a até de pensar nele. Aquele canalha merece o inferno, não suas orações.

— Você não sabe o que está falando — ponderou Cléia. — Está com raiva, o que é compreensível, porque Geórgia é sua noiva e você conhecia o sujeito. Mas não faz bem alimentar o ódio no coração. Envenena a alma, ao passo que o perdão purifica e liberta.

— Perdão? — protestou Júlio. — Isso é alguma piada? Perdoar o cafajeste que fez isso a Geórgia? Nunca!

— Júlio está nervoso, mãe. Quando a raiva passar, verá que temos razão.

— Não vai passar — corrigiu ele. — E muito me admira você, Geórgia, não estar com ódio dele. Fico até feliz que ele tenha morrido, e você devia sentir o mesmo.

— Não é da minha natureza odiar — contestou ela.

— Nem da minha! Mas o que ele fez não tem perdão. Foi abominável, uma covardia! Ele mereceu aquela overdose, e espero que o diabo o tenha carregado para o inferno!

— Cruz-credo! — benzeu-se Cléia. — Pare com essas heresias.

— Tudo bem, dona Cléia, perdoe-me. Acho que me excedi. Mas é que não compreendo como vocês podem perdoar e rezar por esse monstro.

— O perdão faz bem à alma, como disse minha mãe — esclareceu Geórgia. — E a compaixão que sentimos pela ignorância dele é algo natural, está em nossa forma de pensar e sentir. Não podemos evitar.

— Vocês são muito boas — reconheceu ele, abraçando Geórgia com cuidado, para não a machucar. — Tanta bondade não tem lugar nesse mundo.

— A bondade tem lugar em qualquer mundo — corrigiu Cléia. — Se todos se esforçassem para disseminar o bem, não haveria tanta gente desequilibrada por aí.

— Acho que a senhora tem razão, mas a realidade que vivemos não é essa. O mundo é um lugar de gente má, interesseira, egoísta. Temos que aprender a nos defender.

— Temos que aprender a compreender e modificar isso. Todo mundo tem uma centelha boa dentro de si. Só precisa de um incentivo para deixá-la brilhar.

— Suas palavras me emocionam, e Deus sabe o quanto eu gostaria de acreditar nelas, mas não é assim que sinto. O que vejo são pessoas querendo comer umas às outras, num mundo onde o que importa é o poder.

Veio a palavra mágica, com a qual Júlio magnetizava as forças das sombras. Assim como Atílio e muitos outros, o que ele almejava era o poder. Em escalas diferentes, mas, ainda assim, o poder. Júlio queria subir na vida, tinha ambição, o que era saudável dentro dos limites competitivos da vida. Todavia, suas aspirações iam além do desejo da conquista pessoal. Ele queria impor-se, ser respeitado, temido.

— Não é assim que eu penso — discordou Geórgia. — O que importa é o amor, e o poder sem ele exercido nada mais é que ilusão dos vaidosos e ignorantes.

Júlio sentiu um choque percorrer o seu corpo. O pensamento de Geórgia contradizia seus ideais, ia de encontro a todos os seus planos para o futuro. Mas ele a amava tanto!

— Não vamos brigar, minha linda — pediu emocionado. — Estamos todos abalados com os acontecimentos.

— Tem razão — concordou ela. — Tudo isso irá passar com o tempo.

— Sente-se bem para ir à delegacia?

— Acho que sim, se você me acompanhar.

— É claro. Vou ligar para o delegado e informar que iremos lá. Tenho certeza de que você será logo atendida.

Como era de se esperar, o inquérito foi arquivado após os esclarecimentos de Geórgia. Algumas investigações ainda se seguiram, apurando que Tácio era frequentador assíduo da praça onde tudo acontecera. Inclusive, naquele dia, fora visto por algumas pessoas circulando pelo local, lá permanecendo mesmo após o início da ventania. O inquérito estava encerrado, Tácio, sepultado e, com ele, a verdade sobre o que havia acontecido a Geórgia.

Depois de tudo resolvido, Júlio sentiu um alívio sem igual. Parecia que várias toneladas de chumbo haviam sido retiradas de seus ombros. Estranhamente, pegou-se ansioso para contar a novidade a Bianca. Foi com esforço que, no dia seguinte, teve de aguardar a hora do almoço para conversar com ela.

— Você parece muito animadinho hoje — observou ela. — Aconteceu alguma coisa?

— Não sei se animadinho é a palavra certa. Mas aconteceu algo muito importante.

— Quer me contar?

— Não via a hora.

Entre o alívio e a revolta, Júlio contou a Bianca o que acontecera. Foi uma surpresa.

— O Tácio, hein! — espantou-se. — Quem diria?

— Sei que é errado, mas fiquei aliviado em ver essa história acabar.

— Não ficou com raiva dele?

— Muita. Mas ele está morto, tudo se acabou.

— E como Geórgia reagiu?

— Com aquelas besteiras de sempre. Que ele era um coitado e tinha que rezar por ele. Falou que o perdoava e coisa e tal.

— Não compreendo a Geórgia. Francamente, Júlio, essa reação dela foi inesperada. Que mulher perdoa o homem que a estuprou?

— Provavelmente, nenhuma. Mas Geórgia não é uma mulher qualquer.

— Mesmo assim, é muito esquisito. E ela nem quis acusá-lo. Será mesmo que não o reconheceu?

— Foi o que ela disse.

— E você não acha estranho ela ter sido estuprada logo pelo Tácio?

— Como assim?

— Quero dizer, o cara solta uma piadinha para ela no dia do churrasco. E depois a ataca. Não é estranho?

— Que piadinha? Não me lembro.

— Ah! Ele falou alguma coisa sobre ela lhe colocar chifres.

— Ele estava com raiva.

— É claro. Mas talvez a piada não tenha sido à toa.

— O que a faz pensar assim?

— Bem... — hesitou, de forma estudada. — Tácio até que era um cara bem-apessoado, pintoso, cheio de charme. De repente ele pensou que poderia conquistar Geórgia, entende? Chamá-la para sair, essas coisas.

— Não acredito! Geórgia jamais aceitaria.

— É claro que não. Mas ele era muito insistente. Você sabia que ele me cantou diversas vezes?

— Sério?

— Não transei com ele porque não quis — mentiu, já que o oposto é que havia sucedido. Fora Tácio quem nunca se deixara seduzir pelas insinuações de Bianca. — Não achei certo, pois ele era casado.

— Não sabia que Tácio tinha dado em cima de você.

— Pois é. Quem garante que ele não deu em cima de Geórgia também?

— Não. Ela me teria falado.

— Pode ser que ela não quisesse preocupá-lo. Ou indispô-lo com Tácio. Ou então... — calou-se propositalmente.

— O quê?

— Nada.

— Nada, não. Você ia dizer alguma coisa.

— Não era nada.

— Pode falar, Bianca, o que foi?

— Não quero envenenar o relacionamento de ninguém.

— Como assim?

— Geórgia é sua noiva e ama você. Logo, não tem sentido o que pensei.

— O que você pensou? Que Geórgia gostou das cantadas de Tácio?

— Percebi uma troca de olhares estranha no churrasco. Na hora, não fiz mau juízo, achei que era bobagem. Mas agora...

— O quê?

Ela deu de ombros e insinuou, maldosa:

— Você mesmo disse a Geórgia que não passasse pelo meio da praça. Por que será que ela resolveu tomar aquele caminho justo no dia em que você não estava com ela, e logo pelo lugar em que Tácio a esperava?

— Você acha que eles marcaram um encontro lá? — Bianca deu de ombros e Júlio continuou: — Isso é impossível! Ela foi estuprada!

Durante alguns segundos, ela o encarou com ar de dúvida, até que retrucou falsamente:

— Tem razão, Júlio. E quer saber? Geórgia jamais faria isso com você. Não marcaria nenhum encontro com aquele marginal.

— Por certo que não. E ela só o reconheceu ao ver a foto dele no jornal.

— É isso mesmo. Que besteira a minha. Não ligue, Júlio, por favor. Foi só uma desconfiança idiota. Geórgia o ama, não o trairia com o Tácio nem com ninguém.

Bianca mudou de assunto, levando Júlio a uma desconfiança atroz. Não era possível que Geórgia tivesse marcado um encontro com Tácio enquanto ele estava fora. Realmente, pensando bem, tudo era muito esquisito. Geórgia afirmara que estava muito escuro para reconhecer o homem. Mesmo assim, ao ver a foto no jornal, tinha certeza de que era Tácio. Como ter essa certeza se estava tão escuro? Pior. Por que não queria colaborar com a polícia na identificação do agressor?

A partir daquele dia, Júlio ficou inquieto, desconfiado. Era muita coincidência ela ser estuprada justo pelo Tácio. Não, devia ser um ato de vingança dele. Provavelmente, fora isso. Mas Geórgia o conhecia, não teria se esquecido de sua fisionomia tão facilmente depois do escândalo que ele aprontara. E por que ela resolvera passar pelo meio da praça, mesmo sabendo que era perigoso, justo nos dias em quem ele não a acompanhara?

Não era possível. Geórgia jamais o trairia. Bianca estava enganada, não a conhecia. Mesmo assim, deixou-o suficientemente preocupado a ponto de esquecer que, na véspera, outro cliente o havia procurado para dizer que havia recebido dinheiro a menos no caixa de Bianca.

Capítulo 14

Sentada na sala de espera do consultório da ginecologista, em companhia da mãe, Geórgia aguardava a vez de ser atendida. Tinha ainda muitas dores nas costelas, embora o rosto não apresentasse marcas dos pontos. Fora isso, sintomas bastante reveladores lhe trouxeram uma preocupação extra, ameaçando-a com o fantasma de uma gravidez indesejável e dolorosa.

A médica entregou-lhe a requisição do exame, que ela fez logo na manhã seguinte. À tarde, já tinha o resultado nas mãos. Sua reação imediata foi o pranto. Não podia acreditar que aquilo era verdade.

— E agora, mãe? — desesperou-se. — O que vou fazer?

— Não sei, minha filha — Cléia abraçou-se a ela, em lágrimas. — Vamos orar e pedir a Deus que nos oriente.

— Júlio jamais irá aceitar uma coisa dessas.

— Você não teve culpa. Ele vai entender.

— Ah! mãe...

— Deus há de nos dar forças. Vocês vão criar essa criança com amor. Ela não vai nem saber que foi fruto de um ato de violência.

Após o trabalho, Júlio foi à casa de Geórgia, como sempre fazia. Ao chegar, encontrou-a na sala com a mãe, chorando, segurando nas mãos uma folha dobrada.

— O que foi que houve? — quis saber ele.

— Vocês precisam conversar — anunciou Cléia, deixando-os a sós.

Ele se aproximou de Geórgia, que enxugava os olhos em um lencinho de papel. Tomou-lhe a mão úmida, levou-a aos lábios.

— O que está acontecendo, minha linda? — perguntou ele, estranhando o abatimento em seu rosto.

— Aconteceu uma coisa...

— O que é?

— Tome — ela estendeu-lhe o papel. — Leia.

Mesmo antes de ler, Júlio já sabia do que se tratava. Temendo o conteúdo do papel, desdobrou-o com lentidão, como se desejasse retardar ao máximo aquele momento de angústia. Enchendo-se de coragem, leu em silêncio. As lágrimas afluíram em abundância, provocando uma dor tão pungente que ele pensou que não fosse resistir.

— Você está grávida — constatou com pesar. — É meu?

Ela meneou a cabeça e contestou com angústia:

— Não.

— Tem certeza? — Ela assentiu. — Como pode ter certeza?

— Pelo tempo de gestação. Coincide com a data do estupro. Você estava viajando, e fazia uns dias que não transávamos.

Júlio jogou a cabeça para trás, suspirando dolorosamente.

— Tudo bem — disse. — Ouvi dizer que, nos casos de estupro, o aborto é permitido.

— Aborto? — repetiu atônita.

— Não se preocupe, vai dar tudo certo. Soube que nem precisa de autorização do juiz. A gente pega o inquérito, leva ao médico e informa que foi estupro. Ele não vai questionar, e em pouco tempo você estará livre desse feto indesejável.

— Você não está entendendo — falou ela, andando nervosamente pela sala. — Não quero fazer um aborto.

— Não quer? — surpreendeu-se ele. — Como assim?

— Não quero. É uma criança que tenho aqui. Um ser vivo inocente que precisa nascer.

— Ficou louca? — berrou ele, reparando que ela repousava a mão na barriga como se quisesse protegê-la. — Pelo amor de Deus, Geórgia, perdeu o juízo? Isso não é uma criança. É uma aberração!

— Não fale assim — choramingou ela, sentindo o desespero se aproximar. — A criança não tem culpa.

— E eu tenho? Por acaso fui eu que estuprei você?

— Podia ser seu filho.

— Mas não é! Você mesma disse, com todas as letras, que não é meu.

— Mas pode ser. Podemos criá-lo com amor.

— Eu jamais criaria o filho de outro homem com amor. Ainda mais do jeito que foi. Filho de Tácio, drogado e estuprador. De jeito nenhum!

— Júlio, por favor, pense bem. Nós nos amamos, e a criança não tem culpa do que me aconteceu. Ela nem precisa saber que nasceu de um estupro.

— Mas acontece que eu sei. E por mais que quisesse, jamais poderia amá-la.

— Não seja intransigente.

— Intransigente? Pode ser que para você seja natural criar o filho de outro, como muitas coisas absurdas parecem naturais para você. Mas para mim não é.

— Não quero fazer o aborto, não quero.

— Você tem que escolher. Ou tira esse feto, ou me perde para sempre.

— Você não pode estar falando sério.

— Estou. Esse filho não é meu, não tenho nada com isso. Não o quero em nossas vidas.

— Isso é impossível, pois ele já é parte da minha. Está dentro de mim, é parte do que sou...

— Cale essa boca! — esbravejou ele, assustando-a pela primeira vez na vida. — Não repita uma indignidade dessas!

— Mas é verdade. Não posso negar o que a própria ciência afirma.

— Não me venha com essa de ciência. Assuma, pelo menos, que você quer ficar com essa criança.

— Eu quero. Estou lhe dizendo isso desde o início.

— Por quê? Porque é filho de Tácio?

— Como assim?

— É isso, Geórgia? Você e Tácio se envolveram?

— O que está dizendo, Júlio? Não acredito. Você pensa que Tácio e eu...

— Não sei o que pensar.

— Se essa infâmia passou pela sua cabeça, então acho melhor você ir embora. Não temos mais o que conversar.

Na mesma hora, ele se arrependeu do que dissera. Correndo para ela, abraçou-a, enchendo seus cabelos de lágrimas.

— Perdoe-me, Geórgia, por Deus. Não sei o que me deu para falar isso. É que é tão difícil... E eu a amo tanto!

— Também o amo e, acredite-me, não era isso o que eu queria. Se é difícil para você aceitar o filho de outro homem, imagine para mim, que fui vilipendiada e ultrajada. Mas não posso fazer o aborto. Acredito que, por um motivo que desconhecemos, esse ser escolheu nascer assim. E nós, de alguma forma, aceitamos recebê-lo. Temos que lhe dar essa chance.

— Você e suas fantasias. Ninguém, em sã consciência, escolheria um destino desses. Não acredito nessas bobagens de espíritos e reencarnação. Para mim, tudo não passa de um acaso do destino, como um atirar de dados cujo resultado é imprevisível.

— Está enganado, Júlio. Mesmo nos dados, o resultado é o previsto pelo universo. Não há coincidências nem acasos. Tudo é obra do Criador.

— O Criador não nos pediria uma coisa dessas. Compreenderia nossos motivos e nos perdoaria pelo aborto.

— Nisso eu acredito, pois Deus é amor em essência, e o amor tudo entende e perdoa. Mas também acredito em escolhas.

E, se Ele nos deu essa oportunidade, por que não podemos escolher o caminho do amor?

— Esse não é o caminho do amor. É o do sofrimento. Amor seria se esse filho fosse meu.

— Ele pode ser seu. Basta você querer.

— Não posso.

— Se nós adotássemos uma criança, você não a amaria?

— É diferente. A adoção é voluntária. Essa criança, não. Foi imposta a você, está sendo imposta a mim.

— Por favor, Júlio, pense bem. Nós nos amamos.

— Ponha-se no meu lugar, Geórgia. O que está me pedindo vai além das minhas forças. Você me pede que eu aceite e compreenda. No entanto, não quer compreender nem aceitar meus motivos. Por que a sua vontade há de prevalecer sobre a minha?

— É do meu corpo que estamos falando.

— E do nosso futuro. Não posso mandar em você ou no seu corpo, mas posso decidir o que é melhor para mim.

— É sua última palavra?

— Sim, é.

— Não acredito.

— Pois pode acreditar.

— Por favor, Júlio, amo você. Não quero perdê-lo.

— Se não quer, já sabe o que fazer.

Ele fez menção de sair, mas Geórgia tentou impedi-lo:

— Não se vá ainda. Não saia daqui assim.

— Lamento, Geórgia, mas não temos mais o que conversar. Você já conhece a minha opinião. Nosso futuro agora está em suas mãos.

Ele nem se despediu adequadamente. Sem beijos nem abraços, nem carícias. Simplesmente abriu a porta e saiu. Estava confuso, transtornado, sem saber em que pensar ou acreditar, ao contrário de Geórgia, firme em sua crença no valor da vida. Ela sabia que, por mais que o amasse, não conseguiria fazer o aborto. Podia não ser o seu sonho, mas era seu filho que crescia dentro dela.

Assim que Júlio saiu da casa de Geórgia, Damien e Tácio se juntaram a ele, lendo em seus pensamentos o desejo de interromper a gravidez. O aborto não fazia parte dos planos. Ao contrário, os espíritos desejavam incentivar Júlio a permanecer junto a Geórgia para dar apoio ao menino, sem estragá-lo com baboseiras de moral nem doutrinas espiritualistas que só pregam o bem.

— Ele quer que ela tire o meu filho! — indignou-se Tácio.

— Isso não vai dar certo — divagou Damien. — Atílio vai ficar uma fera se isso acontecer.

— Você disse que ela estava disposta a não abortar!

— É, mas ele a está pressionando. Não contávamos com isso.

— E agora? E se ele a convencer?

— Não sei. Não quero nem pensar na reação de Atílio.

— Por que não vamos lá tentar impedi-la?

— Será que você é tão estúpido que ainda não percebeu? — Tácio fez cara de bobo. — Olhe para lá, idiota! Olhe para a casa dela. Vê aquela luminosidade toda? Pois é. Aquela é uma casa protegida da luz, logo nós não podemos entrar.

— Não podemos nem tentar?

— Quer tentar? Muito bem, vá em frente.

Após uma rápida olhada no ambiente ao redor, Tácio experimentou avançar. Deu alguns passos em direção à casa até alcançar a barreira energética que a circundava, erguida ali pelas orações e as boas vibrações derramadas por Geórgia e Cléia. Tácio tentou ultrapassar a barreira, contudo não conseguiu. Parecia mesmo se tratar de um muro de tijolos.

— O que está tentando fazer? — Tácio ouviu uma voz suave, vinda do lado de dentro.

— Quem está aí? — retrucou assustado. — Apareça!

— Está falando com quem? — indagou Damien, que não ouvira nada.

— Não sei. Parece que tem um cara lá dentro.

— Fuja! — gritou Damien instantaneamente, certo de que só podia ser um espírito de luz. — É uma armadilha! Corra! Desapareça!

Tácio, contudo, permaneceu imóvel, vendo surgir da luminosidade um ser radiante, vestido em uma túnica tão alva e esvoaçante que lhe pareceu um pedaço de nuvem.

— Quem... quem é você? — perguntou atônito, paralisado de admiração.

— Eu me chamo Josué.

Antes mesmo que Josué pudesse terminar, Tácio foi puxado para trás. Enchendo-se de coragem, Damien correra em direção a ele e o arrastara dali.

— Ficou louco? — perguntou, assim que alcançaram os limites de sua cidade.

— Por quê?

— Nunca mais fale com aquela gente, se quiser sobreviver.

— Como assim? Não estou entendendo. Que gente, e sobreviver como, se já estou morto?

— Você é muito burro, mas vou lhe explicar mesmo assim. Aquele pessoal de branco não está com nada. Leva a gente daqui, com promessas de sossego, paz e amor. Depois, sabe o que fazem conosco? — Tácio meneou a cabeça. — Levam-nos de volta à Terra em encarnações de dor e miséria. É por isso que nasce tanta gente aleijada, cega e miserável. Porque fizeram muitas coisas erradas e estão sendo punidas. Agora imagine você, um estuprador, viciado, suicida. Já pensou no tamanho do seu castigo?

— Eu... não sabia disso.

— Pois agora já sabe. Os antigos viciados são levados a encarnações de loucura, retardo mental, esquizofrenia e coisas do gênero. É horrível. Você quer isso? Quer?

— Não.

— Então, tome cuidado. Esses espíritos têm uma lábia fenomenal. Prometem mil coisas. Lá em cima, até somos bem tratados. Mas na volta... é como lhe falei.

Damien deliberadamente o apavorava, para que ele não pensasse em ir embora. Ele mesmo tinha medo de sair dali e ser obrigado a enfrentar suas atitudes. Achava realmente que seria compelido a uma reencarnação dolorosa por conta de seus crimes passados. Não sabia que as encarnações atendem às necessidades de evolução, sim, mas que podem ser programadas sem dor, bastando, para tanto, o despertar da consciência e o perdão verdadeiro.

— Se é assim, por que Mizael aceitou ir para lá?

— Mizael é diferente. Tem um plano a seguir.

— Mas, pelo visto, ninguém o obrigou a ser aleijado nem nada. Por quê?

Damien não sabia o que dizer. Realmente, não havia pensado nisso. Repetia para Tácio o que Atílio e o próprio Mizael sempre diziam. Pensando bem, não via sentido no que acontecera a Mizael, que enganara todo mundo e ia reencarnar cheio de projetos criminosos. Como ele conseguira, não sabia, mas então, nem sempre os espíritos das trevas eram punidos com o sofrimento. Não compreendia e, por não compreender, resolveu deixar para lá. Se perguntasse a Atílio, ele se enfureceria, acusando-o de traição.

— Acho melhor você não tocar mais nesse assunto — aconselhou a Tácio. — Se não quiser que o próprio Atílio mande puni-lo.

Tácio estranhou. O que Damien dizia não fazia sentido. Ele falava em punições e castigos, no entanto não era o que percebera até então. Ao contrário, o astral lá de cima parecia compreensivo e amoroso, ao contrário do tal Atílio, que mantinha a obediência de todos através do medo.

— Quero voltar — afirmou Tácio. — Quero ver o que Júlio está fazendo.

— Tudo bem — concordou Damien. — Desde que não seja para a casa de Geórgia, podemos ir. Nunca mais quero chegar perto daquele lugar.

Encontraram Júlio em companhia de Bianca, a quem ele havia telefonado após deixar Geórgia. Os dois estavam num barzinho, bebendo chope e comendo batatas fritas.

— Parece até que você adivinhou — comentou ele. — Geórgia está mesmo grávida.

— Eu não adivinhei. Sou mulher, já passei por isso.

— Você já engravidou? — Bianca assentiu. — E tirou?

— Tirei. Sou muito jovem para estragar a vida.

— Eu nunca fui a favor do aborto, mas no caso de Geórgia é diferente. O filho é daquele crápula do Tácio.

Tácio olhou para Damien com raiva e tristeza ao mesmo tempo. Não gostava de ser xingado, mas reconhecia que fora ele o responsável pela revolta de Júlio.

— Qual a justificativa que ela deu para não abortar? — prosseguiu Bianca.

— Sei lá. Ela quer ficar com o bebê, que é um ser inocente. Eu até concordo que ele não tem culpa de nada, mas não consigo aceitá-lo.

— Não se culpe, Júlio. Você está coberto de razão. Eu, no lugar de Geórgia, não pensaria duas vezes. Já teria tirado aquilo logo nos primeiros sintomas da gravidez.

— Ainda tem isso. Daqui a pouco, vai ser tarde para o aborto.

— E aí? Você vai criar a criança?

— De jeito nenhum!

— Então, o que vai fazer, já que vai se casar com Geórgia?

— Não sei — respondeu com voz rouca.

Saindo dali, Júlio foi caminhando a esmo pelas ruas, imaginando o que faria para convencer Geórgia a abortar. Sentiu-se encurralado, sem apoio de ninguém. Não podia contar nem com Cléia, que também era contra o aborto.

— Vá lá e faça as pazes com ela — sugeriu Damien, o mais insistentemente que conseguia. — Você não gosta dela? Olhe que aborto é crime, hein? E se não acreditarem no estupro?

Júlio não recebia as palavras de Damien. Estava tão convencido de que a única saída era o aborto que não escutava sugestões diferentes. Preocupava-se agora com o tempo. Temia que, ao finalmente conseguir convencer Geórgia, fosse tarde demais.

— Deixe de ser besta, homem! Você a ama. O que é que tem de mais criar o filho de outro? A criança não tem culpa.

Parcialmente, Júlio captou o que ele dizia, mas apenas a parte de que a criança não tinha culpa. Não tinha, mas ele também não. Júlio estava irredutível, e Damien não sabia mais o que fazer para tentar convencê-lo. Era irônico. Muitas vezes intuíra mulheres e homens a interromper a gestação de inimigos que eles não desejavam que nascessem. Via-se agora na posição oposta, falando coisas que talvez um ser de luz dissesse.

Foi quando Tácio resolveu intervir. Passou à frente de Damien e soprou ao ouvido de Júlio:

— Esqueça Geórgia. Você não precisa se casar com ela. Se ela quer tanto o bebê, que fique com ele. Você é livre e pode partir para outra.

A sugestão foi mais bem-aceita, ganhando força na mente de Júlio. Notando que a ideia de Tácio fora mais eficaz do que a sua, Damien tornou a investir:

— É isso mesmo. Onde já se viu criar o filho de outro homem? Deixe-a. Ela e a mãe podem cuidar sozinhas da criança. Ou então, ela pode encontrar um outro otário que o faça. Não precisa ser você, que não tem nada com isso.

Na cabeça de Júlio, aquela era a solução. Ele iria sofrer, é claro, mas sofrimento maior seria conviver diariamente com aquele ser infame.

— Muito bem — elogiou Damien, depois que Júlio foi se deitar. — Você foi esperto. Continue assim.

— Obrigado — respondeu Tácio, timidamente.

Dali, Damien foi prestar contas a Atílio. Sem revelar a ideia de Tácio, inflamou o peito e informou:

— Não precisamos mais nos preocupar com Júlio. Consegui impedir que ele pressionasse Geórgia para o aborto, levei-o...

— Ótimo — interrompeu Atílio, desinteressado dos métodos de Damien. — Ele não vai mais dar trabalho?

— Não — balbuciou o outro, decepcionado por não poder contar a estratégia que ele atribuía a si mesmo. — Consegui afastá-lo...

— Volte para o lado deles — cortou de novo, rispidamente. — Não descuide de Mizael um minuto sequer.

Naquele momento, Damien pensou que odiava Atílio quase tanto quanto detestava Mizael. Fora procurar o chefe com a certeza de que ele aprovaria seu plano, elogiando sua astúcia. Mas Atílio nem sequer o deixara falar.

Damien saiu da sala de Atílio com a mente mais pesada do que de costume. Precisou de muito esforço para engolir a desonra. Pena que deixara Tácio na Terra, ou poderia descontar nele sua revolta.

Capítulo 15

Para Geórgia, a decepção maior foi a reação de Júlio. Imaginava que ele não receberia bem a notícia da gravidez, contudo não pensou que ameaçasse deixá-la. Após uns instantes de discussão, de revolta, de recusa, achava que ele acabaria aceitando. Não era assim que as pessoas agiam quando se amavam?

— Júlio não me ama — disse ela à mãe. — Se me amasse, teria aceitado. A gravidez não foi culpa minha.

— Procure compreendê-lo, minha filha. Ele está confuso. De uma hora para outra, tem que ser pai de uma criança que não é sua, fruto de um estupro. Não deve ser fácil.

— Pensei que o amor superasse essas coisas.

— Supera. Você vai ver. Daqui a pouco ele vai mudar de ideia e procurá-la.

— Tenho minhas dúvidas. Ele parecia irredutível.

— Ele vai mudar de opinião. Sei que Júlio é contra o aborto e vai acabar sendo razoável. Estou orando por vocês.

— Você entende por que não posso interromper a gravidez, não entende?

— Entendo-a melhor do que ninguém.

— Engraçado, mãe, sei que essa criança foi gerada num ato de violência. A notícia da gravidez deixou-me revoltada, a princípio cheguei a odiá-la. Mas a mudança foi muito rápida. Agora, começo mesmo a amá-la. Acha isso possível?

— Só quem divide a vida com uma criança é que sabe o que é isso.

— Não poderia tirá-la. Mesmo que perca Júlio para sempre, não farei o aborto.

— Assim é que se fala, minha filha. Júlio não vai deixar você, mas, ainda que isso aconteça, estarei sempre ao seu lado. E essa criança só lhe trará alegrias, você vai ver.

Apesar de todo apoio da mãe, Geórgia chorou abraçada a ela. Temia pelo futuro, seu e de seu filho. Ao mesmo tempo em que já o amava, sentia um certo perigo rondando-o, uma ameaça invisível, intocável. O que seria?

— Geórgia pressente o caráter de Mizael e o plano maquiavélico de propagação do mal para conquista do poder — esclareceu Josué, que a visitava constantemente, acompanhando a gestação.

— Coitada! — apiedou-se Uriel. — Pensa que o filho será do bem, mas tem uma grande chance de não ser.

— Como tem de ser. Tudo vai depender dos exemplos que ele escolher seguir.

— Ainda bem que ela se manteve firme no propósito de não abortar — comentou ele. — Tudo teria sido em vão.

— Realmente.

— Josué, me responda uma coisa.

— O que é?

— Por que as consequências do aborto são tão terríveis? Será ele um crime tão hediondo que provoca anos de sofrimento até que chegue o perdão?

— Essa é uma ideia equivocada do ser humano. É claro que o aborto não é um ato de amor. Ao contrário, é egoísta. Mesmo em casos de estupro, como os de Geórgia, ou para livrar a criança de uma vida de misérias, ou quando se sabe que terá uma má-formação qualquer. Tudo isso são desculpas para justificar a fraqueza e o egoísmo dos pais.

— Mas então, se é assim, a ideia não é tão equivocada.

— Quando um ser decide reencarnar, ele conta com a autorização dos pais. Quando há o risco de aborto, ele sabe disso, mas aceita mesmo assim, com a esperança de que o instinto materno mude a ideia da mãe, principalmente, ou do pai.

— E se não mudar?

— Por qualquer motivo, há um rompimento do compromisso. Mas compromisso não é sinônimo de amor. Quando existe amor, todas as dificuldades são enfrentadas, assim como faz Geórgia. Se não há amor, o aborto acontece por várias razões, como aquelas de que lhe falei antes. Mas aprenda uma coisa, Uriel: ninguém é culpado por não ter ainda aprendido a amar.

— Então, ninguém é culpado por abortar?

— Culpado, culpado, não. A falta de amor leva a esse gesto. Isso traz culpa, que atrai a dor, provocando a falta de perdão recíproco. Nem o filho perdoa a mãe, nem a mãe perdoa a si mesma. Se o perdão não começa pela própria pessoa, então nenhum desafeto irá perdoá-la.

— Você quer dizer que ninguém é punido por abortar? Não estarão essas mulheres no umbral?

— Algumas, mas não por punição, e sim por falta de perdão. Atormentadas pelo desequilíbrio, muitas mulheres entregam-se à culpa, gerando forte sintonia com o astral inferior, para onde são atraídas, lá permanecendo por acharem que é o que merecem. A qualquer momento, contudo, podem sair.

— O que fazer então, Josué? Como essas mulheres podem evitar esse magnetismo?

— Exercitando o autoperdão, acima de tudo. Reconhecendo que são falíveis, que não são perfeitas e, por isso mesmo, alvos fáceis para a ilusão. E redefinindo suas atitudes, ou seja, não praticando mais o aborto ou, para aquelas que não estão mais em condições de engravidar, reconhecendo, verdadeiramente, que não mais o fariam.

— Você fala em autoperdão. Mas e se o espírito abortado não perdoar a mãe?

— Ele só não perdoará a mãe se ela não perdoar a si mesma. Culpa atrai culpa, como violência atrai violência e perdão atrai perdão. A partir do momento em que a mãe compreender e aceitar os motivos de seu gesto, seu campo energético se transformará, sem abrir espaço para cobranças. A primeira cobrança que o ser humano faz é dele mesmo. Quando isso deixa de acontecer, ninguém mais tem motivos para cobrar. Do que adianta cobrar um níquel do homem se ele sabe que nada deve? Agora, se ele se sentir devedor, ou vai pagar, ou fugir, ou permitir que o acusem.

— Por que será que as pessoas agem assim?

— Por obscuridade espiritual. Muitos anos de reafirmação de certas crenças que acabaram impregnadas na mente humana, inclusive como coletividade. E orgulho, principalmente. O ser humano acha que sabe tudo, não aceita que é falível. Isso é o mais difícil: reconhecer que errou.

— Você mencionou o erro. Pensei que estivéssemos trabalhando para abolir essa ideia.

— Não se pode abolir o que existe. O que pretendemos é mudar a concepção que se faz do erro. O erro serve para nos mostrar onde está a nossa imaturidade. Ele não é fatal, não traz punições nem deve ser entendido como justificativa para a dor. É apenas uma característica simples do homem. Um sinalizador, que se revela através da culpa. Depois que a culpa nos mostra onde está o erro, ela não tem mais valia. Devemos então trabalhar pela nossa transformação, para fazer da amorosidade o leme de nossas vidas. Só assim o ser humano será feliz.

O diálogo no invisível foi interrompido pelo soar da campainha, atraindo a atenção dos espíritos. Já sabendo de quem se tratava, Josué silenciou. A chegada dele era esperada, de forma que os espíritos permaneceram na casa de Geórgia para transmitir-lhe vibrações de coragem.

— Como vai, Júlio? — indagou Cléia, dando-lhe passagem.

— Vou bem, dona Cléia.

Ele entrou e sentou-se no sofá ao lado de Geórgia, que abriu largo sorriso quando o viu.

— Que bom que você veio — disse ela, beijando-o nos lábios. — Tive medo de que não me procurasse mais.

Cléia já havia sumido pelo corredor, deixando os dois sozinhos.

— Refleti muito sobre nossa conversa do outro dia — começou ele. — E vim aqui lhe dizer que minha decisão quanto ao aborto permanece a mesma. No entanto, penso que encontrei uma outra solução. Não é a que mais me agrada, mas pode ser uma saída.

— Como assim? — interessou-se ela, curiosa. — Que solução?

— Estou disposto a cuidar de você durante toda sua gravidez — ela se animou, mas ele a conteve com um gesto. — Desde que, ao final, você dê a criança para adoção.

— O quê?! — indignou-se ela, presa de inenarrável decepção. — Perdeu o juízo, Júlio? Acha mesmo que eu enfrentaria nove meses de gravidez para depois entregar a criança a estranhos?

— Pense bem, Geórgia. Sei que você não quer tirar o bebê porque é contra o aborto. Eu também sou. Mas a adoção me parece adequada. Daremos à criança a chance de nascer e ser criada por uma família que realmente a ame.

— Não acredito no que estou ouvindo — contestou ela, vertendo lágrimas de frustração e revolta. — Não pode ser, Júlio, você não entende. Eu amo essa criança. Não posso me livrar dela, seja de que jeito for.

— Geórgia, por favor, seja razoável.

— Você me pede para abrir mão do meu filho e quer que eu seja razoável? Pelo amor de Deus, Júlio! Não faça isso comigo! Não vê que não posso me livrar dele? Que já o amo mesmo antes de nascer? E amo você também. Quero que você seja o pai dele ou dela. Sei que você pode. Por favor, compreenda. Você não me ama?

— Você sabe que a amo, mas é assim que tem de ser.

— E se eu não concordar?

Júlio titubeou, em dúvida sobre o que dizer. A presença de Josué, de certa forma, tolhia sua determinação. Mesmo assim, prosseguiu, hesitante:

— Você sabe.

— Vai me deixar?

— Não tem outro jeito. Você fez a sua escolha, eu fiz a minha. Enquanto você estiver com a ideia fixa de ficar com essa aberração aí — apontou para a barriga dela —, não me considere mais seu noivo. Mas, se me ama de verdade, livre-se dela, antes ou depois do parto, e poderemos nos casar como havíamos planejado.

— Não posso — desabafou ela, inaudível.

— Não se precipite, Geórgia. Pense com cuidado.

— Não posso. Estou dizendo que não posso. Não me peça mais isso, por favor. Está me fazendo sofrer muito mais do que o estupro.

Ele engoliu em seco, angustiado, louco para estreitá-la e, ao mesmo tempo, fugir correndo dali. Se pudesse, arrancaria a criança de seu ventre ou de seus braços, mas sabia o quanto Geórgia era determinada.

— É sua última palavra? — ele quase suplicou.

— Sim.

— Então, não temos mais nada a conversar. Você tomou a decisão por nós dois.

— Júlio, não... — implorou ela, a voz engolida pelos soluços. — Eu o amo.

— Sinto muito — afirmou ele, lutando para sustentar a decisão. — Não temos mais nada para conversar.

Saiu, deixando-a onde estava no sofá, braços estendidos, o pranto a consumir suas forças. Aquele era o adeus que ela tanto temia. Sabia que Júlio não voltaria atrás, ela também não. Assim que a mãe chegou, atraída pelos soluços altos de Geórgia, teve certeza de que se enganara a respeito de Júlio. Cléia estreitou-a com amor, amparando seu corpo para transmitir-lhe forças, juntamente com Josué e Uriel, encarregados de espalhar energias fortificantes.

— Ele quer que eu dê o meu filho, mãe — desabafou ela. — Que o entregue para adoção.

— Não chore, minha filha. Tudo vai acabar bem. Deus não há de nos desamparar.

Disso, ela não duvidava. Junto com o amor da mãe, era o que a fortalecia. A dor da separação era imensa. Júlio fora seu primeiro e único namorado. Desde crianças, falavam em se casar. Era uma decepção que ela teria de enfrentar e superar. Confiava também no amor da criança que estava gerando. Ela seria seu bálsamo, uma luz em sua vida sombria. Por ela, sentia que tudo valia a pena.

Capítulo 16

Logo que chegou à agência na manhã seguinte, Júlio procurou Bianca com os olhos. Já ia se encaminhando em sua direção quando Anselmo o deteve.

— Preciso falar com você — disse aborrecido.

Júlio seguiu-o até sua mesa, louco para encerrar o assunto e contar a Bianca que rompera o noivado com Geórgia. Anselmo mandou-o sentar-se, encarando-o com olhar de zanga.

— Alguma coisa errada? — estranhou Júlio.

— Não sei. Você é quem irá me dizer.

— Dizer o quê?

— Posso saber por que você não me contou que está sumindo dinheiro do caixa de Bianca?

— Como é que é?

— É isso mesmo. Ontem, depois que você saiu, fui procurado por um cliente que me trouxe uma reclamação bastante desagradável.

— Que reclamação? — ele gelou.

— O cliente disse que recebeu o dinheiro de Bianca, mas que só percebeu que estava errado quando foi fazer o pagamento a uma pessoa, que o contou e deu pela falta de uma nota. — Júlio permaneceu em silêncio, o corpo todo trêmulo, vendo seu futuro no banco ruir, enquanto Anselmo prosseguia irritado: — Mas essa não foi a primeira vez. Houve outras, em que ele pensou ter se enganado. Colocou o dinheiro na gaveta, foi tirando as notas, anotando as retiradas mentalmente, até que ficou faltando uma. Ele pensou que se havia enganado, mas agora teve certeza de que não, já que a pessoa a quem ele pagou ficou furiosa. E tem mais. Ele disse que contou a você. Por que não tomou providências? Por que não me disse nada? Sou o gerente desta agência, você é meu subordinado, é seu dever me colocar a par de tudo o que acontece aqui dentro. Ainda mais de um fato sério como esse. Ou será que pretende destruir a reputação do banco?

— Posso falar um instante? — pediu Júlio, pensando rápido.

— Tem algo a dizer? — duvidou Anselmo.

— É claro que eu sabia o que estava acontecendo. Fui procurado não apenas por um, mas por vários clientes.

— E não fez nada?

— Calma, Anselmo, por favor. O que você queria que eu fizesse? Que acusasse Bianca sem provas? E se ela fosse à polícia dar queixa de mim? Lá ia eu preso por calúnia. Isso é muito sério.

— Hum... sei. E o que foi que você fez?

— Não sei se tem notado que tenho saído com ela para almoçar.

— Todo mundo tem notado.

— Faço isso para ver se descubro alguma coisa.

— E descobriu?

— Ainda não. Ela é esperta, evasiva. Não deixa escapar nada.

— Você devia ter me contado.

— Tive medo de que você a despedisse e depois descobríssemos que estávamos errados. Não é interesse nosso que ela vá à Justiça, é?

— Pouco me importa. Todo mundo vai mesmo.

— Mas eu achei que era importante evitar isso. Daí porque tive uma ideia que pensei em colocar em prática antes.

— Que ideia?

— Ia falar com você, pois preciso do seu consentimento, só que você foi mais rápido e me chamou.

— Que ideia? — repetiu zangado.

— É a seguinte.

Júlio contou o plano improvisado na hora para surpreender Bianca. Não lhe agradava fazer aquilo com ela, contudo seu emprego estava em jogo. E depois, ela devia ter pensado primeiro antes de desviar o dinheiro.

— Gostei — disse Anselmo, para alívio de Júlio. — Vá fazer isso agora mesmo.

Esquecendo-se momentaneamente de Geórgia, Júlio entrou na tesouraria, apanhando um maço de dinheiro que acabara de receber da central, ainda envolto na cinta de papel. Cuidadosamente, soltou a cinta, apanhou uma nota de outro maço e colocou-a ali, tornando a colar a cinta. Na hora da distribuição do dinheiro pelos caixas, entregou aquele maço a Bianca.

Todos os caixas eram obrigados a contar o dinheiro assim que o recebiam. Foi o que Bianca fez. Rompeu a faixa e pôs-se a contá-lo com dedos ágeis, acostumados ao manuseio das cédulas. Sua surpresa ao constatar que havia uma nota a mais foi imensa. Era muita sorte. Um erro da agência centralizadora que ninguém nunca iria perceber.

Bianca olhou para os lados, certificando-se de que ninguém a observava. Sentindo-se segura, rapidamente amassou a nota extra e atirou-a na lata do lixo, sem que seus colegas vissem. Guardou o dinheiro na gaveta, abriu o caixa e começou a atender os clientes.

Júlio viu quando ela deixou escapulir a nota para dentro da lixeira. Sem que ela notasse, estava parado atrás dela, fora de suas vistas. Esperou até que ela terminasse de atender o primeiro cliente e deu ordens para que fechasse o caixa e o seguisse.

— Aconteceu alguma coisa? — ela perguntou.

Júlio fitou-a penalizado. Queria dizer-lhe que estava sendo obrigado a tomar aquela atitude, contudo não era possível. Anselmo já os aguardava na tesouraria, para uma reunião a portas fechadas.

— Muito bem, Bianca, onde está o dinheiro? — Anselmo foi logo interrogando.

— Que dinheiro? — ela se fez de desentendida.

— O que você tirou do maço de cédulas que acabou de receber para abrir o caixa.

— Não tirei dinheiro algum.

— Tirou, sim.

— Não tirei. Pode verificar o caixa, que não vai dar diferença nenhuma.

— Não vai porque Júlio colocou uma nota a mais no seu lote. Nota essa que você, deliberadamente, ocultou, em vez de entregá-la ao tesoureiro.

— Eu não fiz isso! — esbravejou ela.

— Fez, sim.

— Podem me revistar. Não tem nada comigo.

— Você atirou a nota no lixo — informou Júlio, a contragosto. — Eu vi.

— Você o quê?

— Vi tudo, Bianca, não adianta tentar nos enganar. Vi você contar o dinheiro e deixar cair uma nota amassada na lixeira. A nota que eu pus lá.

Bianca abaixou os olhos para que ninguém visse a carga de ódio que os turvava. Empalideceu, fez que ia desmaiar. Depois, vendo que não tinha jeito, escondeu o rosto nas mãos e desabafou:

— Eu sinto muito. Estava desesperada, não sabia o que fazer. Minha mãe tem câncer, precisa de tratamento urgente. Foi o desespero que me levou a agir assim.

— Sei que é mentira — falou Anselmo. — Sua mãe vai muito bem. Você roubou dinheiro do banco de propósito, e não foi a primeira vez. Sei que tem desviado dinheiro dos clientes.

— Foram muitas reclamações contra você — confirmou Júlio. — Isso nos levou a investigá-la.

— Você me armou uma armadilha! — Bianca rosnou entre os dentes. — Mesmo depois de eu haver prometido guardar o seu segredo.

— Isso não tem nada a ver — Júlio cortou rapidamente. — Minha vida pessoal não está em jogo aqui.

— Não me interessa o segredo de Júlio — mentiu Anselmo, para não fortalecer a chantagem de Bianca. — O que importa é o seu furto. Posso dar-lhe uma justa causa, sabia? E é o que vou fazer se você não pedir demissão.

— Está me ameaçando como fez com o Tácio, não é? Foi desse jeito que o mandou embora.

— Isso não vem ao caso. Tácio pisou na bola, assim como você. Não sei o que acontece com esta agência, onde todo mundo me dá problemas.

— Todo mundo, não — objetou Júlio. — Não é por causa de dois maus funcionários que você vai generalizar.

— É isso mesmo. Tenho que valorizar os bons, que não é o seu caso, Bianca. Então, vai pedir demissão ou encarar a justa causa?

— Eu tenho escolha?

— Você pode recorrer à Justiça, se quiser. Mas tenho testemunhas, inclusive os clientes lesados.

— Aceite a oferta — aconselhou Júlio. — Vai ser melhor para você sair com o nome limpo.

— Quanta bondade! — ironizou.

— Não sei por que essa ironia — contrapôs Anselmo. — Foi você quem furtou. Assuma o seu ato.

— Está certo — concordou com raiva. — Não tenho opção. Mas fique sabendo, Júlio, que isso não vai ficar assim. O que sei de sua noivinha...

— Não me ameace, Bianca — objetou ele. — Você não tem nada contra mim. E, infelizmente, Geórgia nem é mais minha noiva.

Os olhares de surpresa dela e de Anselmo foram genuínos. Rompido o noivado, o segredo já não tinha mais importância. Seria verdade? Bianca não teve como ficar para descobrir. Anselmo já lhe empurrava um pedido de demissão para ela assinar, tal como fizera com Tácio. Mesmo contrariada, Bianca engoliu o orgulho e assinou.

— Pode ir para casa. Não precisa cumprir o aviso prévio. Amanhã você será informada da data da homologação. Passar bem!

Ela saiu furiosa. Anselmo não permitiu nem que fosse apanhar sua bolsa, mandando Júlio buscá-la. De posse da bolsa, acompanhou-a até a saída.

— Você me paga, Júlio! Ainda vai se ver comigo.

— Psiu! Fique quieta! — ordenou ele. — Não vê que fui obrigado? Vá para casa e aguarde, que irei procurá-la. Vamos resolver isso juntos.

— Como?

— Espere por mim.

Ele a empurrou para fora, voltando para a agência com rapidez. Anselmo agora vistoriava a lata de lixo, de lá retirando a cédula amassada. Levantou-a para que todo mundo visse, sumindo depois com Júlio atrás. O rapaz oscilava entre o alívio, o remorso e o medo. Não estava ainda seguro. Rompera o noivado com Geórgia ainda confiante de que ela acabaria fazendo o aborto e o procuraria. Não podia permitir que Bianca estragasse tudo, contando a verdade a Anselmo. A qualquer custo, iria impedir.

Júlio não podia esperar muito para procurar Bianca e tentar silenciá-la. Por isso, assim que saiu da agência, passou em sua casa. Interfonou-lhe, pedindo que fosse encontrá-lo embaixo do prédio.

— Vamos sair daqui — pediu ele. — Precisamos de um lugar mais calmo para conversar.

Tomaram um ônibus para o Leblon, onde se sentaram à mesa de um barzinho defronte ao mar.

— Muito bem — falou Bianca, mal contendo a ansiedade e a raiva. — Aqui estou. Qual vai ser a desculpa esfarrapada que você vai me dar?

— Não quero que pense que fiz aquilo por vontade própria. Anselmo me obrigou.

— Como?

— Ele descobriu sobre você e sobre o meu silêncio.

— Como assim, o seu silêncio? Você já sabia?

— Desconfiava. E se não disse nada antes, foi porque me importo com você.

Ele afagou a mão dela por cima da mesa, deixando-a mais à vontade.

— Como foi que Anselmo descobriu?

— Da mesma forma que eu. Um cliente o procurou e fez queixa de você.

— Que droga! A culpa é sua, Júlio. Você devia ter me avisado que já sabia. Eu teria tomado mais cuidado.

— Eu sei, desculpe-me.

— E acho que você podia ter desanuviado as desconfianças de Anselmo. Sem provas, ele não poderia me despedir por justa causa.

— Ele não me deixou opção. Meu emprego estava ameaçado.

— Ah, é? Você não pode ser mandado embora, mas eu posso?

— Não é bem assim. Eu apenas queria assegurar-me de que teria como cuidar de você.

— Cuidar de mim como?

— Você não percebe? — tornou com voz melíflua, os olhos lúbricos vidrados nela. — Como dois desempregados poderiam ficar juntos? Iam sobreviver de quê?

— Isso é uma cantada?

— Garota esperta — finalizou ele, puxando-a pelo queixo para um beijo, que ela correspondeu sem titubear. — Vamos sair daqui. Há tempos estou louco por você.

Júlio pagou a conta e chamou um táxi, que os levou ao motel mais próximo. Amaram-se feito loucos, alheios à presença de Damien e Tácio, que não perdiam nada daquele encontro, inebriados com a energia do sexo, alternando-se para sentir o que Júlio sentia.

Quando terminaram, Bianca estava satisfeita, mas Júlio experimentava a dor do remorso. Tentou afastar o sentimento ruim com a justificativa de que fazia aquilo por Geórgia, para preservar seu emprego, esperando que ela realizasse o aborto.

— Há quanto tempo você sente isso por mim? — perguntou Bianca, a cabeça pousada no peito dele.

— Há algum tempo. Tanto que terminei tudo com Geórgia.

— Você terminou com ela por mim? — espantou-se.

— De uma certa forma, sim. Pressionei-a para que ela abortasse aquele filho indesejável que não é meu, mas ela se recusou. Insisti, fiz de tudo, e nada. Geórgia está irredutível, acho mesmo que se pegou de amores pela criança. Então pensei: por que ficar aqui perdendo meu tempo com uma mulher que não me ama se posso começar de novo com outra pessoa?

— Mentira!

— Não é mentira, é sério. Quando cheguei ao trabalho hoje, fui procurá-la para contar tudo. Mas Anselmo foi mais rápido e me forçou àquele teatro. Foi só por isso que concordei. Já que escolhi romper com Geórgia e arriscar com você, não podia ficar desempregado. Tive que fazer uma escolha. Não me agradaria perder o emprego e depender de você para pagar a conta do motel. Prefiro ser eu a fazer isso.

Ele mentiu de forma tão convincente que Bianca não hesitou em acreditar, mesmo porque fazia algum tempo que andava interessada nele.

— Se é assim, perdoo você pela armadilha que me aprontou.

— Não foi porque quis, eu juro.

— Agora entendo. Só tem uma coisa.

— O quê?

— E se Geórgia fizer o aborto e pedir para voltar? O que você vai fazer?

— Nada — mentiu ele novamente. — Geórgia me decepcionou muito. Hoje penso se ela realmente não gostou do que lhe aconteceu.

— Eu bem que tentei alertá-lo, mas você não quis me ouvir.

— Deixe isso para lá. O que importa agora somos nós dois. E não se lamente pela perda do emprego. Enquanto estivermos juntos, você não precisará se preocupar com nada.

— Até parece que o que você ganha vai dar para me sustentar.

— Não digo sustentar, mas podemos sair tranquilamente, sem você ter que se preocupar em pagar a conta.

Bianca beijou-o com ardor, convidando-o novamente para o sexo. Em seu íntimo, Júlio recriminava-se a si mesmo pela mentira, mas era por uma boa causa. E depois, surpreendera-se com Bianca. Ela era ousada, divertida, inteligente. Tinha senso de humor, era extrovertida. Bem diferente de Geórgia. Se não amasse tanto Geórgia, bem que podia apaixonar-se por Bianca.

A pergunta de Bianca lhe voltou à mente. Se Geórgia fizesse o aborto, talvez desse um jeito de ficar com as duas. Ao menos até que encontrasse um meio de terminar com Bianca sem que ela levasse a público seu segredo.

O que ele mais desejava era receber um telefonema de Geórgia, convidando-o para ir a sua casa. Saberia assim que ela escolhera o aborto. O telefonema, contudo, não vinha, deixando-o cada vez mais desanimado e mais próximo de Bianca.

Tudo no trabalho retomara a normalidade. Um novo caixa fora contratado para o lugar de Bianca, que deixara de ser assunto entre os colegas. Alguns dias depois, Anselmo chamou Júlio à sua mesa.

— O que foi, Anselmo?

— Nada de mais. Queria apenas lhe fazer uma pergunta.

— Diga lá.

— Que segredo é esse que Bianca ameaçou revelar naquele dia?

Ele gelou. Pensava que Anselmo houvesse esquecido o comentário, contudo devia saber que aquilo jamais aconteceria. Anselmo adorava uma fofoca.

— Não foi nada — disfarçou.

— Não quero me meter na sua vida particular, mas olhe o que aconteceu com o Tácio. Por causa da mulher, perdeu o emprego, a dignidade e a vida.

— Isso não tem nada a ver comigo e Geórgia.

— Tem certeza?

— Tenho.

— Fico mais aliviado assim.

Anselmo foi obrigado a conter a curiosidade, já que não podia obrigar Júlio a falar nem tinha o direito de se intrometer em sua vida. Júlio sabia disso, mas sentiu a pressão sobre si. Quanto mais mantivesse Bianca perto dele, mais longe Anselmo estaria de descobrir seu segredo.

Companheiros invisíveis eram agora presença constante ao lado de Júlio. Aonde ele ia, lá iam juntos Damien e Tácio. Principalmente quando se encontrava com Bianca, os dois não desgrudavam dele, saciando o desejo de sexo através das sensações de Júlio.

— Você tem me servido bem, Tácio — elogiou Damien. — Por isso, vou deixá-lo mais livre. A partir de hoje, você poderá sozinho se virar junto aos viciados. Não precisa mais de mim para acompanhá-lo nem para apanhar a droga para você.

— Sério?

— Sério. As coisas estão correndo bem agora. Parece que Geórgia não vai mais voltar com Júlio, que, por sua vez, não terá acesso nenhum à criança. Só uma coisa, nem pense em fugir. Se você não voltar, virei atrás de você, e nem queira imaginar o que vou fazer. E não fale com ninguém.

— Não sou criança, Damien. Não preciso de conselhos para não falar com estranhos.

— Você é feito uma criança, sim. Não fosse por mim, estaria agora lá em cima, penando nas mãos dos bonzinhos. Lembre-se: não fale com eles. Se vir algum ser iluminado, fuja.

— Pode deixar.

Para Tácio, foi uma alegria ver-se livre de Damien, ao menos nos momentos em que buscava a essência da cocaína. Damien o deixou na praça onde costumava obter a droga, partindo em seguida para seu reduto astral.

Na hora do usual relatório, Damien deixou Atílio a par dos acontecimentos:

— Nossa empreitada foi um sucesso. Tiramos Júlio do caminho de Geórgia de uma vez por todas.

— O que quer dizer com isso?

— Que Júlio rompeu o noivado. Chegamos até a aproximá-lo de outra garota, muito mais afinada com a gente.

— Idiota! — rosnou Atílio. — Não percebe o que fez?

— Não... — balbuciou ele. — Pensei que, com Júlio fora do caminho, Mizael não teria problemas para nascer.

— Para nascer, talvez. Mas agora me diga: quem é que vai segurar aquelas duas na hora das rezas e das lições de moral? Júlio não gosta de rezar nem tem a moral elevada para afastar nossas investidas. Agora, Geórgia e Cléia, sozinhas, sem freio, farão do menino um poço de virtudes, mantendo aquela aura clarinha ao redor da casa. E nós, sem uma quebra na vibração do astral superior, teremos dificuldade de nos aproximar, deixando Mizael muito mais vulnerável às influências moralistas das duas. Como pensa que iremos penetrar na casa dela sem um rombo na proteção energética, rombo esse que Júlio ajudaria a criar?

— Atílio, perdoe-me... — gaguejou, aturdido. — Não pensei nisso. A ideia foi de Tácio, e eu pensei que fosse boa.

— Não pense. Você não serve para pensar. Mandei você impedir o aborto. Só isso. Será que é tão difícil para você cumprir uma ordem?

— Fui atrás da cabeça de Tácio e...

— E deu tudo errado. Quero que você encontre Tácio e que tratem de reaproximar aqueles dois.

— Temo que isso seja impossível...

— Saia daqui! — rosnou Atílio, apertando o cabo do chicote com fúria.

Damien saiu arrasado, contendo a fúria com dificuldade. Da outra vez, tentara contar a Atílio que haviam estimulado Júlio a romper o noivado, mas ele não lhe dera oportunidade de falar. Agora sentia-se no direito de ficar irritado, e ele é que tinha de consertar as coisas. Pensando que fizera um grande negócio, Damien quase estragara o plano todo. Tudo porque se deixara levar pelas ideias idiotas de Tácio.

Capítulo 17

A decepção de Geórgia só não foi maior do que o amor que sentia pela criança. Era estranho afeiçoar-se assim a um ser com que jamais sonhara, fruto da violência. No entanto, era o que sentia, não podia negar.

À medida que os dias iam se passando, o avanço da gravidez tornava impossível o aborto. Geórgia esperava, com isso, fazer Júlio mudar de ideia. Vendo que não tinha jeito, que tirar a criança colocaria sua vida em risco, ele se conformaria, aceitando-a e ao bebê. Precisava apenas ter paciência e aguardar.

— Está sendo tão difícil, mãe! — confessou ela a Cléia. — Mas o pior não é a gravidez, é a incompreensão de Júlio. Pensei que ele me amasse mais.

— Tenha calma, minha filha — Cléia procurava confortar.

— Estou calma, porque sei que ele vai voltar. Quando se convencer de que não tem jeito, vai nos aceitar, a mim e ao bebê.

— Acho que você não devia ficar se iludindo. Se Júlio fosse voltar, já o teria feito.

— E se eu telefonar para ele? Não gosto de ficar insistindo nem sou mulher de correr atrás de ninguém, mas talvez ele esteja esperando que eu o procure.

— Se isso vai fazê-la sentir-se melhor, então telefone. Mas cuidado. Não vá se decepcionar ainda mais.

Geórgia apanhou o telefone e discou o número da casa de Júlio, mas a mãe dele a informou que ele ainda não havia retornado do trabalho.

— Pode avisar que eu liguei? — pediu ela.

Desligou. Eram quase dez e meia da noite, hora em que Júlio costumava estar em casa. Talvez estivesse em alguma reunião até mais tarde no banco. Sim, devia ser isso. Nos outros dias, ela aguardou um retorno dele, que não veio.

Quando saía para a escola, ficava à espera de vê-lo passar, como às vezes ele fazia de manhã cedo, antes de ir para o trabalho. Nunca o via, porém. Ou ele mudara de horário, ou a estava evitando de propósito. Mesmo na saída do curso, que, com esforço, conseguira recuperar, ela não o via. Era a mãe que sempre estava lá, com a desculpa de que saíra para comprar pão, hábito pouco comum às dez da noite.

Júlio recebeu o recado, contudo não telefonou. A mãe dele morria de pena de Geórgia. Gostava da moça, não compreendia o que dera no filho para repudiá-la tão drasticamente, de uma hora para outra. Ele estava louco para ligar, mas o fato é que passara a noite com Bianca, só retornando no dia seguinte. Depois, perdeu a vontade. Queria e não queria falar com ela. Aos poucos, Bianca ia tomando o lugar de Geórgia em sua vida. Não que a amasse, mas Bianca era como ele, ao contrário de Geórgia, cheia de escrúpulos e ideias estranhas. Mesmo assim, se Geórgia tirasse aquela criança, voltaria correndo para ela.

Na segunda vez que Geórgia ligou, conseguiu encontrá-lo em casa. Foi ele mesmo quem atendeu, sentindo o coração disparar quando ouviu a voz dela:

— Alô, Júlio, tudo bem?

No começo ficou mudo, mas logo recuperou o controle:

— Tudo bem, Geórgia, e você?

Seguiu-se um silêncio breve, até que ela respondeu:

— Sinto sua falta — ele não disse nada, e ela repetiu: — Sinto sua falta, Júlio. Preciso de você.

— Fez o que lhe pedi? — rebateu ele, com uma frieza controlada.

— Júlio, por favor, pare com isso. Você sabe que eu não posso.

— Então, não temos mais nada a conversar.

— Não seja tão intransigente. Você me ama, sei que me ama, assim como eu também amo você.

— Amor não tem nada a ver com isso. É uma questão de dignidade.

— É orgulho, Júlio. Você pensa que estará violentando seu amor-próprio se aceitar o filho de outro homem. Mas não é nada disso.

O comentário dela irritou-o sobremaneira. Se era orgulho, era porque ele era um homem de princípios.

— Não quero mais falar sobre isso, Geórgia. E por favor, só me procure depois que fizer o aborto.

— Isso não é mais possível. A gestação já ultrapassou o sexto mês.

Júlio ficou mudo, imaginando-a com uma barriga imensa, recheada com o fruto de outro homem. O pensamento lhe causou repulsa, tanta que não conseguiu mais continuar a conversa.

— Lamento, Geórgia, tenho que desligar — desculpou-se. — Tchau.

Geórgia ouviu o clique do telefone, sentindo os olhos arderem com as lágrimas. Colocou o fone no gancho e chorou.

— Ele não quis vir, não foi? — constatou Cléia.

— Ele nem falou comigo direito. Como pode, mãe? Uma pessoa que eu amei toda a minha vida. Pensei que o conhecesse, mas agora vejo que me enganei com ele. Júlio não me ama de verdade. Podia gostar de mim ou estar acostumado com nossa relação de infância, mas isso não é amor.

— Se é assim, minha filha, não é melhor que ele se afaste de vez? Já pensou que ele pode se ver compelido a aceitar essa criança e depois rejeitá-la? Deus sempre faz acontecer o melhor. Acredite nisso.

Ela acreditava. Contudo, não tinha como frear o impulso do coração, que sempre acelerava na direção de Júlio. Mas a mãe tinha razão. Se Júlio rejeitasse a criança depois do casamento, seria muito pior.

Júlio enxugou as lágrimas, oscilando entre a compaixão e a repugnância. Uma curiosidade mórbida o assaltou, levando-o a desejar ver a barriga estufada de Geórgia. Mal conseguiu trabalhar no dia seguinte, preso à ideia fixa de vê-la, nem que fosse de longe. Em casa, chegou a levantar o fone do gancho, mas desistiu de telefonar. Tinha de vê-la pessoalmente.

— Isso mesmo — incentivou Tácio a seu lado, sob a vigilância furiosa de Damien. — Vá lá e veja com seus próprios olhos como ela está bonita.

— E dê um jeito de voltar para ela — gritou Damien, irritado. — Vai ser melhor para você e para todo mundo.

Quando Júlio ia saindo, o interfone tocou. Era Bianca, com quem havia marcado de ir ao cinema. Tinha até se esquecido.

— Já estou descendo — avisou.

Ao sair do elevador, ela o esperava de braços cruzados, batendo o pé no piso de mármore.

— Isso se faz, Júlio? — queixou-se, aborrecida. — Estou esperando você há mais de uma hora. Perdemos o filme.

— Não deu para sair — desculpou-se, tentando evitá-la. — Minha mãe não está se sentindo muito bem.

— Conversa fiada. Conheço muito bem essa história de mãe. Eu mesma já matei a minha uma porção de vezes.

Júlio estava impaciente, seguindo o desejo súbito, quase incontrolável, de dar uma espiada em Geórgia.

— Agora não posso conversar — cortou rispidamente. — Vá para casa. Depois eu ligo para você.

Deu-lhe um beijo frio nos lábios, empurrou-a para o lado e saiu. A casa de Geórgia não ficava longe, de forma que ele foi a pé. Mas não foi sozinho. Desconfiada, Bianca saiu atrás dele. Ele dobrou a esquina, parando em frente à casa da ex-noiva. Ali, Tácio e Damien se juntaram a ele. Júlio tentou ver através das cortinas, mas não conseguiu. Não havia movimento algum na sala. Talvez ela estivesse no quarto, cuja janela dava para a lateral. Mas nada. À exceção do quarto de Cléia, todas as luzes estavam apagadas.

Estimulado pelos espíritos, Júlio atravessou a rua, andando de um lado para outro, tentando imaginar onde ela estaria. Na esquina, oculta atrás de um carro estacionado, Bianca não tirava os olhos dele, morta de ciúme. Nunca estivera na casa de Geórgia, mas não precisava ser nenhum adivinho para saber que era ela quem morava ali.

Júlio olhou o relógio, constatando que faltavam quinze minutos para as dez. De repente, a porta da frente se abriu, e Cléia apareceu. Trancou a porta, ganhando a rua em direção à maldita praça. Júlio não a seguiu. Não precisava. Pelo horário e o trajeto, Cléia só podia estar indo ao curso buscar Geórgia. Cerca de meia hora depois, as duas apareceram.

Foi um choque para ele. Geórgia carregava uma barriga imensa e parecia feliz. Vinha conversando com a mãe, sorrindo e alisando o ventre a todo instante. A visão encheu-o de ódio. Ela estava muito bem, alegre, bonita. Nem parecia ter sido vítima de um estupro. Muito menos dava a impressão de sofrer por carregar na barriga o fruto de seu algoz.

Por mais que quisesse, Júlio não conseguiu se conter. Assim que elas chegaram ao portão, ele se aproximou.

— Boa-noite, dona Cléia — cumprimentou, esforçando-se ao máximo para manter a calma. — Será que posso conversar com Geórgia?

— Boa-noite, meu filho. Fiquem à vontade. Vou me preparar para dormir.

— Não quer entrar? — indagou Geórgia, ansiosa, logo que a mãe fechou a porta.

— Não. Prefiro ficar aqui fora.

Era a primeira vez em anos que Júlio se recusava a entrar na casa dela, o que lhe pareceu um mau sinal. Geórgia permaneceu onde estava, sem dizer nada, sentindo explodir o peito que a presença dele enchia de esperanças.

— Parece que você está mesmo decidida a não abortar — disse ele friamente.

— Você não acha que agora é tarde demais?

— Mesmo que não fosse, você não o faria. Nunca pensou em fazê-lo.

— Foi o que lhe disse desde o começo.

— Pensei que você mudaria de ideia.

— Você devia me conhecer melhor para saber que isso não aconteceria. Devia saber que o meu respeito pela vida me impede de matar.

— Não me parece que você sinta apenas respeito pelo que está aí.

— O que está aqui é o meu filho. Quer você goste ou não, sou a mãe dele. Ele carrega os meus genes...

— E os de Tácio! — berrou ele, assustando-a e fazendo-a proteger o ventre. — Não precisa segurar a barriga. Não vou fazer nada contra você ou o seu precioso filhinho.

— Por favor, não grite. Estamos na rua.

— Por que você foi fazer isso comigo, Geórgia, por quê? Eu a amava tanto!

— Amava? Quer dizer que não me ama mais?

— Não é isso. Mas é que essa... coisa que você carrega aí colocou uma barreira entre nós dois.

— Quer saber, Júlio? Acho que você nunca me amou. E a barreira quem colocou foi você, com o seu orgulho, o seu preconceito, a sua intolerância.

— Não é verdade. Dei-lhe todo o meu apoio depois do estupro. Mas isso — apontou para a barriga dela — é demais para qualquer homem.

— Se pensa assim, o que veio fazer aqui?

— Não sei. Queria vê-la. Mas a mulher que tenho diante de mim é uma estranha. Não é minha Geórgia.

— Não sou sua, e é você o estranho. O homem que conheci a vida toda conseguiu me surpreender com tanta intransigência.

— Não se trata disso. Tudo bem, você não pode mais abortar, mas ainda temos uma chance. Você pensou a respeito da adoção? Você pode até ganhar uma grana, se quiser...

Júlio nem percebeu quando ela lhe voltou as costas. Só notou que ela o havia deixado falando sozinho quando ouviu o estrondo da porta batendo.

— E agora? — questionou Tácio, que não perdia nada da conversa. — O que vamos fazer?

— Não sei, imbecil, não me pergunte — rebateu Damien, aborrecido. — Se você não tivesse tido aquela ideia brilhante de afastá-los, não estaríamos passando por isso.

— Você está tentando colocar a culpa em mim, mas tinha gostado da ideia.

— Acontece que Atílio não gostou. E a culpa é toda sua. Quem manda ser tão estúpido?

Tácio e Damien seguiam atrás de Júlio, que já se aproximava do local onde Bianca se escondera, irritados com o fracasso do encontro entre ele e Geórgia.

— O que vocês estão fazendo é inútil — soou uma voz conhecida atrás deles.

Junto com a voz, um clarão os inundou, alcançando até Júlio e Bianca, ainda atrás do carro.

— Você de novo? — espantou-se Damien.

— Não precisam ter medo de mim — esclareceu Josué. — Não vim lhes fazer mal.

— O que você quer? — sondou Damien, estranhamente sentindo as pernas paralisadas.

— Primeiramente, oferecer-lhes ajuda.

— Que tipo de ajuda? — arriscou Tácio, fitando Damien de soslaio.

— Não fale com ele! — berrou Damien, irado. — Você é fraco, não sabe resistir!

— E você é tão forte que não consegue nem se mover, muito embora não esteja preso em coisa alguma — falou Josué.

— Eu... É diferente... Não sei que tipo de mágica é essa que vocês usam e que nós não conhecemos.

— Não é mágica. Esse é o verdadeiro poder. Você está preso pela minha vontade e pela sua fraqueza.

— Eu não disse? — desdenhou ele. — Não disse a você, Tácio, que eles não são nada do que dizem ser? Que tipo de espírito prende os outros com cordas invisíveis?

— Não há cordas invisíveis. Assim como a minha vontade o prendeu, a sua pode soltá-lo.

Com os olhos chispando, Damien fez força para soltar-se, mas não tinha fibra moral suficiente para se sobrepujar ao poder de Josué.

— Solte-me — rugiu. — Eu exijo.

— Só depois de ouvir o que vou lhe dizer.

Ao lado deles, Tácio estava louco para perguntar da ajuda, mas não tinha coragem de enfrentar Damien, muito embora achasse que aquele espírito era muito mais poderoso do que ele. Tão poderoso que lhe deu medo. Ele bem seria capaz de forçá-lo às terríveis punições de que Damien tanto falava.

— O que você quer? — rilhou Damien, entre os dentes. — Diga logo e vá embora.

— Primeiramente, como eu ia dizendo, venho oferecer-lhes ajuda. A transposição de níveis energéticos é simples e depende exclusivamente da vontade. Aquele que quiser me seguir será bem-vindo.

— Não estamos interessados — adiantou-se Damien, fuzilando Tácio com os olhos.

— Muito bem. A outra coisa é que vocês não estão em condições de intervir no futuro de Mizael e Geórgia. Ela e Júlio não vão se casar.

— Quem decidiu isso? Você?

— Não. Eles mesmos. E o melhor para todos é que isso não aconteça. Por isso, não adianta vocês insistirem. Seus esforços cairão no vazio. Contra o poder de Deus, tudo não passa de ilusão. Diga isso a seu chefe.

Na mesma hora em que ele esvaneceu, as pernas de Damien se soltaram. Estranho que apenas ele fora preso. Tácio permanecera solto, embora sem se mover.

— Estou de saco cheio desse cara! — desabafou Damien, com raiva. — Já é a segunda vez que ele aparece para nos atrapalhar. Vamos embora.

Sumiram também. Só então Josué se foi, já que não havia partido de verdade. Apenas tornara-se invisível para observar o que eles iriam fazer. De volta à sua cidade astral, foi ao encontro de Nora. Ela já o aguardava, junto a Uriel.

— E então, Josué, como foi lá na Terra? — indagou ele.

— Muito bom. Nosso Mizael está próximo de nascer.

— O corpo fluídico dele já está praticamente colado ao da mãe — informou Nora. — Em breve, estará definitivamente ligado ao seu próprio físico.

— Isso mesmo. E você, Nora? Como está se sentindo?

— Um pouco ansiosa. Aguardar dois anos me parece um pouco demorado, mas o que fazer? Nao tem jeito.

— A paciência é uma virtude. Cultive-a.

— Sim, Josué, constantemente.

— Você não terá problemas em voltar ao mundo. Está preparada, é segura de si, muito determinada e boa. Será outra luz na vida de Mizael.

— O que ele fez para merecer essas bênçãos? A mãe é uma criatura muito iluminada. A avó, também. E eu o amo imensamente.

— Ele mereceu porque existe, lá no mais fundo de sua alma, a vontade de fazer brotar o amor que existe dentro dele. Vocês o estimularão a extravasar o amor em vez da rebeldia que ele pensa que deve ter.

— Não será uma tarefa das mais fáceis — observou Uriel.

— Mas perfeitamente possível e viável. A divindade não conhece o impossível. Para Deus, todas as coisas são realizáveis.

— Mesmo que o indivíduo não esteja pronto?

— Quando ele não está pronto, não recebe a incumbência. De uma maneira ou de outra, em mais ou menos tempo, ele estará preparado. Mas não é apenas ele que me preocupa.

— Quem mais?

— Atílio. Ele, mais do que todos, vive cercado de ilusões. Sua fome de poder é tão grande que ele não consegue enxergar mais nada no mundo. Fará de tudo para conseguir o que quer.

— Por que será que ele é assim? — quis saber Uriel.

— Acho que a culpa é minha — informou Nora.

— Não é verdade — contestou Josué. — Atílio é desse jeito porque pensa que é da natureza dele. Mas ninguém é naturalmente mau. Os desvios de conduta são adquiridos pela ilusão do poder, do dinheiro, do orgulho, do prazer. Deus, contudo, não criou seres imperfeitos, porque a natureza divina é a perfeição. E nós, feitos da mesma centelha, não podemos ser imperfeitos. A imperfeição humana é somente um estágio, uma forma de conquistar excelência por méritos próprios. Ninguém chega ao plano divino sem luta, sem esforço, sem trabalho, sem a transformação que decorre da conjugação de todos esses fatores.

— Atílio, contudo, não pensa assim.

— Ele ainda acredita no poder para a conquista de valor. É uma ilusão, uma das muitas que destroem o ser humano.

— E o que você pensa em fazer para mudar isso?

— Mostrar a ele que as forças do bem estão acima de todo e qualquer exército de trevas.

— Tudo bem — falou Nora. — Mas onde é que eu entro nisso?

— Embora ele pressinta sua proximidade, pensando em você constantemente, ainda não sabe que você está aqui e que pretende reencarnar junto de Mizael. Você é nosso trunfo. Contra você, ele não terá coragem de agir.

— Será?

— Conheço o amor. Atílio a ama tanto quanto ama Mizael. Não foi por outro motivo que renunciou a você. Esse talvez tenha sido seu único gesto de amor. E é a esse gesto que temos que nos apegar.

— Uma pergunta — pediu Uriel. — Você disse que o gesto de Atílio mostra que há uma chance para o amor.

— Exatamente.

— Isso acontece com todo mundo? Quero dizer, todo ser humano possui um germezinho, por menor que seja, capaz de fazer brotar o amor?

— Todos, sem exceção, possuem em si essa semente, já que fomos feitos à imagem e semelhança de Deus, e Ele é amor em essência. Qualquer pessoa, por mais cruel, violenta ou empedernida que possa parecer, carrega consigo o germe do amor. Fazer brotá-lo é uma tarefa que pode levar tempo, mas sempre acontece. Todos nós já passamos por estágios de maior ignorância, em que nossas atitudes beiravam ou se afundavam na selvageria. Hoje, mediante méritos pessoais, conseguimos sair do universo das sombras e passar para o lado onde a vida é feita de luz.

— Mas nem todos terão essa chance neste planeta, não é?

— Infelizmente, não. Caberá aos mais embrutecidos a construção de um novo mundo, a partir de estágios primitivos semelhantes aos dos primórdios da Terra, para desenvolvimento das primeiras raças que lá habitarão. Por isso é que repito: essa é a última chance da humanidade. De uns anos para cá, todos têm recebido esse alerta ao reencarnar.

— E quem está há muito tempo sem reencarnar?

— Para os que, como Atílio, persistem na treva e ainda não se dispuseram a voltar, a questão é mais delicada, já que podem decidir quando o planeta não estiver mais em condições de os receber. Terão então que partir diretamente para outro mundo.

Fora uma conversa elucidativa, apesar da preocupação de Nora com os seres que amava. Faria de tudo para ajudar Mizael, mas, quanto a Atílio, tinha suas dúvidas. Achava mesmo que ele jamais se modificaria.

Capítulo 18

Ao passar pelo local onde Bianca se escondera, Júlio viu-a em pé, braços cruzados, olhando-o de cara feia. Ele deu uma parada breve, fitou-a com desdém e indagou irritado:

— Está me seguindo?

— Eu... não pude resistir. Quis saber aonde você ia.

— Agora que já descobriu, está satisfeita?

— Por que veio aqui, Júlio? Pensei que você tivesse dito que haviam terminado.

— E terminamos.

— Então, por que veio?

Ele não respondeu. Subitamente, a irritação transformou-se em desejo. Ainda amava Geórgia, mas aquele ventre avolumado não lhe despertava atração. Bianca, contudo, vestia uma saia mínima e uma blusa decotada. Sem dizer nada, ele a puxou para si, beijando-a avidamente, explorando seu corpo com mãos ligeiras.

— Vamos lá para casa. Estou sozinho.

Bianca tinha o poder de fazê-lo esquecer-se de Geórgia quando estavam se amando. A partir daquele dia, Júlio resolveu não mais pensar na ex-namorada. Estava consumado, não tinha mais jeito. Seria impossível que ela abortasse a criança, assim como não lhe parecia provável que ela o desse para adoção.

O melhor que tinha a fazer agora era esquecer. Geórgia que fosse feliz com seu filho bastardo.

Ao mesmo tempo em que Júlio se deliciava na cama com Bianca, Geórgia chorava no ombro da mãe. Tinha imaginado que, vendo o estágio avançado da gravidez, ele mudaria de ideia e ficaria com ela. Mas Júlio ainda insistia na adoção.

— Ele não disse nenhum absurdo — contestou Cléia. — Muitas mães fazem isso. Ainda é melhor do que abortar ou jogar o bebê no lixo.

— Mãe! — horrorizou-se.

— É verdade. Muitas mães ainda não sabem que podem dar seus filhos para adoção sem serem punidas por isso. Não é o ideal, mas é preferível ao aborto e ao abandono.

— Você tem razão, mas eu já havia dito a Júlio que não faria isso.

— Não pense mais nisso, minha querida. Júlio preferiu seguir o caminho dele. Você não está só. Estou ao seu lado e irei ajudá-la sempre.

— Ah! Mãe, não sei o que seria de mim sem você.

Abraçaram-se, transmitindo a Mizael, dentro da barriga da mãe, aquelas ondas energéticas de amor. O início da gestação fora confuso, levando ao feto vibrações de medo e insegurança. Apesar de toda a programação, Mizael não sabia bem o que o aguardava, já que não possuía nenhuma relação pretérita com sua futura mãe. Aos poucos, porém, sentindo intensificar-se a transfusão de energia de amor, ele foi-se aquietando, até que seu espírito alcançou serenidade suficiente para um nascimento tranquilo.

Mizael veio ao mundo três meses depois, cercado de carinhos e atenção. Josué, Uriel e Nora estavam presentes, mas Damien e Tácio, por mais que quisessem, não conseguiram penetrar no quarto da maternidade nem espiar o berçário, guarnecido por espíritos encarregados de proteger os recém-nascidos. Até Atílio quis ver o menino, porém não se atreveu a sair do astral inferior, com medo de perder a moral, caso sua entrada fosse barrada e ele não conseguisse vencer os guardiões.

Assim que a enfermeira trouxe o bebê, Geórgia ajeitou-o no colo, os olhos abarrotados de lágrimas de emoção. A seu lado, junto aos espíritos amigos, Cléia admirava o netinho.

— Como ele é lindo! — emocionou-se Geórgia, alisando-lhe a cabeça e os dedinhos. — Olhe só, mãe, que gracinha o meu filho.

— Lindo mesmo. Parece-se com você.

— Ah, mãe, não invente. Ele ainda não se parece com ninguém.

— Você já pensou no nome que vai lhe dar? — indagou a enfermeira, encantada com o bebezinho.

— Régis. Meu rei.

— Ele parece mesmo um príncipe. Parabéns!

— Obrigada.

Naquela noite, Josué aguardava Geórgia e Cléia para uma conversa. Quando elas adormeceram, retirou-as do físico e levou-as até a praia, onde poderiam conversar e aproveitar para reabastecer-se de energia.

— Lembra-se de mim? — indagou ele.

— É claro — afirmou Geórgia. — Esse é o Josué, mamãe. Foi ele quem nos apresentou ao Régis.

— Isso mesmo — concordou Josué. — Até aqui, tudo correu bem, graças, principalmente, ao esforço de vocês duas.

— Como assim? — perguntou Cléia.

— Vocês são pessoas boas, cultivam bons pensamentos e não fortalecem os sentimentos daninhos.

— Não sei bem se isso é verdade — contrapôs Geórgia. — Passei por coisas que me trouxeram revolta, tristeza, raiva, indignação e sei lá mais o quê.

— Você seria uma santa se não sentisse nada disso, o que não é o caso. Mas o importante não é não sentir, pois isso é impossível. Todo mundo possui um corpo emocional, logo as emoções são parte inseparável do ser humano. E ter apenas sentimentos nobres, que é o objetivo final das reencarnações, não é coisa que se alcance tão rapidamente. É preciso aperfeiçoamento constante. Os sentimentos perniciosos estão aí para serem sentidos e vivenciados. Sem eles, não se aprende, não se cresce. Mas tais sentimentos não devem ser fortalecidos. Devemos reconhecê-los, aceitá-los e transformá-los. Quando não os alimentamos, eles se enfraquecem e se modificam. Se, ao contrário, os ficarmos remoendo, falando sobre eles, insistindo em relembrá-los, revivendo cenas e situações ruins, vamos lhes dando forças, até que eles nos dominem, transformando-nos em pessoas amargas, ranzinzas, irascíveis, desanimadas, depressivas.

— Nós não somos assim — afirmou Cléia. — Não somos mesmo. Sempre ensinei Geórgia a cultivar bons sentimentos e orar quando coisas ruins acontecem. É assim que vamos nos fortalecendo.

— E é assim que pretendo criar o meu filho — acrescentou Geórgia. — Com amor.

— É só do que ele precisa — concordou Josué. — Vocês sabem que os ataques do invisível serão muitos. Estejam preparadas.

— Não se preocupe, Josué. Vamos nos manter sempre em oração.

— Enquanto Régis for pequeno, estaremos junto a vocês. Mas, depois dos sete anos, isso será mais difícil, pois ele estará pronto para assumir sozinho sua própria identidade. Dessa idade em diante é que sua atenção será mais necessária. Ele terá uma tendência natural para tudo que for inadequado.

— Estaremos atentas — falou Cléia.

— Sei que estarão, mas não poderão viver a vida dele. Repressão também não adianta. O que funciona é compreensão e amor.

— Não nos esqueceremos.

— E mais uma coisa. Não permitam que a proteção energética ao redor de sua casa seja abalada. O comportamento rebelde de Régis poderá abrir uma brecha para os espíritos das sombras, que tentarão, a todo custo, manter a influência sobre ele.

— Não se preocupe conosco — disse Geórgia. — Há muito estamos preparadas.

— Você foi muito corajosa em aceitar um filho que não faz parte da sua história.

— Não fazia. Ele agora iniciou uma história nova para mim. Sei que seremos felizes e que ele aprenderá a nos amar.

— Tenho certeza. Bem, está na hora de ir. Cuidem-se bem e, sempre que precisarem, não hesitem em chamar por mim.

— Não hesitaremos. Adeus.

No dia seguinte, apenas Geórgia guardava uma leve impressão do sonho. Lembrava-se de que estivera numa praia em companhia da mãe e de um desconhecido. Não se recordava do que haviam conversado, mas teve uma sensação de confiança no futuro. Cléia, por sua vez, nada retivera daquele encontro. Nem sequer se lembrava de que havia sonhado.

Somente quando Geórgia teve alta do hospital foi que Damien viu o menino. Tácio, principalmente, morria de curiosidade de conhecer seu filho, o que foi possível graças à momentânea e imperceptível abertura no véu energético que os circundava, empreendida por Josué. Queria, com isso, provocar uma reação positiva em Tácio.

Os dois se aproximaram com desconfiança. Enquanto Tácio corria para espiar a criança, Damien olhava de um lado para outro, temendo dar de cara com Josué a qualquer momento. Dada a enorme diferença vibracional entre os dois espíritos, Josué não era visível, ao passo que tudo podia ver de Damien e Tácio. Somente quando ele retraía um pouco o seu padrão energético é que os espíritos mais ignorantes conseguiam vê-lo.

— O que será que aquele velhaco está aprontando? — perguntou-se Damien, sem perceber Josué junto a ele.

Tácio, contudo, não lhe deu atenção, embevecido com o bebezinho adormecido no colo de Geórgia. Ela e Cléia entraram no táxi, mas os dois não as seguiram.

— Ele não é uma gracinha? — gabou-se Tácio. — Parece comigo.

— Deixe de ser besta! Venha, vamos embora. Já vimos o suficiente.

Como sempre fazia, Damien correu a dar as notícias a Atílio, ansioso pelas novidades.

— E então? — questionou, assim que o outro entrou. — Como está indo Mizael?

— Soube que ele agora se chama Régis.

— Régis? — repetiu com ironia. — Nada mais apropriado[14]. Mas o rei aqui sou eu. Ele apenas me serve.

— Devemos chamá-lo de Régis a partir de hoje?

— Não. Régis foi o nome que a mãe escolheu e irá aproximá-lo dela, afastando-o de nós. Quero que o chamem sempre de Mizael, para que ele não se esqueça de quem realmente é.

— Como o senhor quiser.

— E como anda a questão com Júlio?

Damien tremeu.

— Nós fizemos o possível, chefe... — balbuciou, aterrado. — Mas os espíritos lá de cima estão interferindo. Fui informado de que Júlio não vai se casar com Geórgia.

O olhar de ódio que Atílio lançou a Damien foi como uma pedrada. O espírito sentiu-se tonto, desnorteado. Subitamente, uma dor lancinante trespassou seu corpo, como se chibatas invisíveis o açoitassem com brutalidade. Cambaleou para um lado, entortando até o chão, e ouviu um grito agonizante, assustando-se ao perceber que fora ele mesmo quem gritara. Deitado de bruços, sentia as vergastadas sobre suas costas, levando-o a encolher-se

14 Régis (latim): real, do rei, conforme *Dicionário de nomes de bebês,* Edições PBQ. Em outra vertente, tem origem germânica, significando "que aconselha o rei".

e a gemer, sem coragem de reagir. Percebeu, então, a ponta tríplice do chicote de Atílio caindo sobre ele.

— Não aguento mais a sua incompetência! — rugiu Atílio, desferindo um golpe atrás do outro. — Devia acabar com você!

— Por favor, chefe, perdoe-me — choramingou Damien, cada vez mais aterrorizado. — Não foi culpa minha. A ideia foi do Tácio, e daquele Josué...

— Cale essa boca! — vociferou, levando Damien ao auge do terror. — Ser inútil, imbecil!

As vergastadas continuaram por muito tempo, até que, exausto, Atílio deixou cair a chibata. A seus pés, o corpo fluídico de Damien transformara-se em uma massa irreconhecível, quase disforme.

— Levante-se! — ordenou ele, voz tonitruante. — Não é hora de ser aniquilado ainda.

A um toque de Atílio, um vigor bruxuleante percorreu as células imateriais de Damien, que conseguiu reunir forças suficientes para manter unidos os átomos astrais de seu corpo.

— Saia daqui! — Atílio tornou a rugir. — Já falhou em uma missão. Se acontecer novamente, não terei tanta piedade de você.

— Não irei falhar — afirmou Damien, trêmulo de pavor.

— Saia, já disse. Não aguento mais olhar para a sua cara nojenta.

Engolindo a raiva e o medo, Damien saiu todo trôpego. O corpo não doía tanto, já que a dor nem era física. A humilhação, contudo, jamais seria esquecida.

Capítulo 19

Desde a última noite na porta de casa, Geórgia não tivera mais notícias de Júlio. Concluíra o curso, estava agora de licença, quase não saía. Queria muito falar com ele, informar que o bebê havia nascido.

— Para quê, minha filha? — objetou Cléia. — Se ele não aceitava antes, não vai ter mudado agora, que é irreversível. Melhor deixar Júlio para lá.

— Será que eu já não tenho nenhuma chance? — insistia ela. — Pode ser que, vendo essa coisinha linda, ele mude de ideia.

— Duvido muito. Júlio não é bem aquilo que pensávamos que fosse. Criamos uma imagem que não lhe pertencia realmente. A você, resta agora aceitar e respeitar a escolha dele. Ninguém pode obrigá-lo a ser pai, se ele não quiser. E ele não quer.

— Tem razão — concordou ela, em lágrimas. — Preciso esquecê-lo.

O problema era exatamente esse. Esquecer Júlio não seria tão fácil.

A notícia do nascimento do menino deixou Júlio abalado. Tinha ainda esperanças de que ela o desse para adoção. Com o passar dos dias, porém, começou a desanimar. Como Geórgia não o procurava, era óbvio que não considerava a hipótese. Aos poucos, Júlio foi deixando de pensar nela. Lamentava o destino que tiveram, desejava que ela fosse feliz com o filho, mas longe dele. Tinha Bianca para consolá-lo.

Poucos meses após o nascimento de Régis, Júlio surpreendeu-se ao ver Bianca na porta do banco. Ele a olhou contrariado, com medo de que Anselmo o repreendesse. Apressou o passo, puxou-a pelo braço e dobrou a esquina rapidamente.

— Já disse para não aparecer mais aqui. Anselmo pode ficar aborrecido.

— Anselmo não manda em mim, e a rua é pública. E você devia assumir que estamos juntos. Ainda mais agora que teremos que nos casar.

— Casar?! Que história é essa? Ficou louca?

— Louca, não. Grávida.

— O quê?

— Isso mesmo. Estou grávida de quatro semanas. Anime-se, Júlio, nós vamos ter um filho! E esse será todinho seu.

— Não é possível. Como isso foi acontecer?

— Você não sabe?

— Você disse que estava tomando pílulas.

— As pílulas também falham — mentiu ela, que há tempos deixara de tomar anticoncepcional, na esperança de engravidar e forçá-lo ao casamento.

— Não posso me casar agora — tornou desnorteado. — Muito menos ter um filho.

Foi um banho gelado. Uma decepção indescritível. Depois do incidente com Geórgia, Bianca tinha certeza de que Júlio ficaria feliz em saber que seria pai de verdade.

— O que está dizendo, Júlio? — indignou-se. — Que vai fazer comigo o que fez com Geórgia? — Abandonar-me e ao meu filho? Só que esse é seu, não de um estuprador. É seu. Seu filho!

Ele a olhou com desgosto. Não sabia o que soaria pior: assumir que estava namorando uma ladra ou abandonar a namorada grávida. As duas hipóteses lhe pareciam absurdas.

— Pensei que você me amasse — continuou Bianca, toda chorosa. — Que fosse ficar feliz com nosso filho.

— Não se trata disso — ele tentou contornar. — É que a notícia me pegou desprevenido. Não sei o que fazer.

— Temos que nos casar. Meus pais não vão aceitar a filha grávida e sem marido.

— Tem razão — concordou ele, temendo um escândalo da parte dela.

— Você tem que ir lá em casa falar com eles, explicar a situação.

— Eles já sabem?

— Ainda não. Queria que você estivesse junto.

— Está certo, mas dê-me um tempo. Não faça nada ainda. Espere até o fim da semana, quando então lhes contaremos.

— Quer dizer então que você aceita? — exultou. — Vai mesmo se casar comigo?

— É uma solução. Agora, vá para casa. Você não deve ficar andando por aí nesse estado.

— Que estado? Não estou doente, estou grávida. E no comecinho ainda. Veja, nem dá para notar a barriga.

— Certo, não dá. Vamos, vou levá-la.

Ele a acompanhou até em casa, despedindo-se na portaria. Por essa ele não esperava. Nunca lhe passou pela cabeça que Bianca pudesse engravidar, mesmo porque confiava que ela estivesse tomando os cuidados necessários. Ela dissera que a pílula falhara. Seria verdade?

Verdade ou não, era um fato, estava acontecendo. Sua maior preocupação era Anselmo. Com aquela mania de falso moralista, iria recriminá-lo, chamando-o de irresponsável. Poderia até colocá-lo de lado, ignorando seu nome para futuras promoções. E se Bianca fizesse algum escândalo na porta do banco, aí sim, poderia dizer adeus à sua carreira. Pior: ao seu emprego.

De repente, Geórgia já não parecia mais um segredo que devesse ocultar. Bianca é que o preocupava agora. Ele precisava cuidar de Anselmo antes de tomar uma decisão a respeito. No dia seguinte, chegou acabrunhado à agência e foi procurá-lo. Como ele ainda não havia chegado, sentou-se para esperar. Anselmo chegou pouco depois, espantando-se com a presença de Júlio.

— Aconteceu alguma coisa? — perguntou preocupado.

— Aconteceu. Na verdade, preciso de um conselho.

— Do que se trata? É algo relacionado ao trabalho?

— Não. Diz respeito à minha vida pessoal.

Era do que Anselmo mais gostava. Conhecer a intimidade de cada um. Dava-lhe um prazer mórbido estar por dentro dos problemas pessoais dos empregados, principalmente das questões conjugais e amorosas.

— Muito bem. Se eu puder ajudar... O que foi que houve?

— É o seguinte. Sabe a Bianca?

— O que tem ela?

— Bem, você sabe como ela é gostosa, não sabe?

— E daí?

— Diria mesmo que é irresistível. E tem um charme...

— Está querendo me dizer que transou com ela? — ele gargalhou. — Se é isso, fez muito bem. Bianca é o tipo de mulher que só serve para a cama. Desde que você não pense em se casar com ela, está tudo bem.

Júlio empalideceu. Não contava que Anselmo se adiantaria e emitiria um julgamento tão rápido.

— Aí é que está — prosseguiu ele, sentindo uma vergonha fenomenal. — Bianca engravidou.

— Engravidou? — espantou-se, chegando a cadeira para a frente. — E é seu?

— Ela diz que é.

— Meu amigo, isso é um golpe. Bianca sai com todo mundo. O filho pode ser de qualquer um.

— Duvido muito. Faz tempo que ela só transa comigo.

— Como é que você sabe? Ela pode estar enganando você e agora quer fazê-lo de trouxa, para assumir o filho de outro. Não caia nessa.

— Não acredito que Bianca esteja saindo com outro. Sou homem, conheço essas coisas. Ela está caidinha por mim, fica em casa me esperando. Sempre que a procuro, ela está à minha disposição.

— Essa não, Júlio. Não acredito! Como é que você, um rapaz inteligente, foi cair nessa?

— Ela dizia que tomava pílulas.

— E você acreditou. Ora, ora, quanta ingenuidade! Foi terminar com Geórgia para cair na lábia de Bianca. Onde já se viu?

— Na verdade, Anselmo, acabei me envolvendo com Bianca justamente porque estava passando por um momento difícil com Geórgia. Bianca me deu apoio, aproveitou-se de minha fragilidade para me seduzir.

— O que houve entre você e Geórgia realmente? Você nunca chegou a me contar.

Não era hora de mentir, mas de buscar apoio. Confessar a Anselmo seus problemas devia conferir-lhe algum crédito, pois o gerente se sentia importante e valorizado quando alguém lhe fazia confidências.

— O que vou lhe contar agora é muito pessoal — disse ele à meia voz, levando Anselmo a aproximar ainda mais a cadeira. — Gostaria de poder contar com a sua discrição e, mais ainda, com a sua compreensão.

— Mas é claro, meu amigo! O que foi que houve?

— Lembra-se de quando Geórgia foi assaltada?

— Lembro.

— Bem, a verdade é que não foi um assalto. Foi um estupro. — Ele ergueu as sobrancelhas, impressionado, enquanto Júlio prosseguia: — E quem a estuprou foi o Tácio.

— O quê?! O Tácio, que trabalhou aqui?

— Esse mesmo. Mas isso não é o pior. Desse estupro resultou uma gravidez.

— Não me diga!

— Espero que você não me julgue um fraco, Anselmo, mas, por amor a Geórgia, acobertei o estupro.

— Fez bem. Eu teria feito o mesmo. Sem contar a vergonha.

Estimulado pela surpreendente atitude compreensiva de Anselmo, Júlio continuou:

— Só não pude aceitar a gravidez. Descobri que o estupro dá direito ao aborto e insisti para que Geórgia o fizesse. Diante de sua recusa, sugeri a adoção, que ela também rejeitou. Em vista disso, não tive escolha senão romper o noivado. Pode parecer cruel, mas não dava para criar o filho de outro homem, ainda mais nessas circunstâncias.

— Por que não me contou isso antes, meu rapaz? — retrucou Anselmo, aparentemente penalizado. — Eu teria lhe dado apoio e você não precisaria buscar consolo na cama de uma rameira.

— Tive medo da sua reação, de que você não me considerasse digno do cargo que me confiou.

— Uma coisa não tem nada a ver com a outra. Sua vida pessoal não interessa ao banco, desde que não interfira no trabalho.

— Você não teria me colocado na geladeira?

— Por causa disso, não. Não é problema meu.

Anselmo não dizia a verdade. Só por causa do estupro, nada faria. Mas, se Júlio aceitasse aquela gravidez espúria, teria uma decepção tão grande que jamais tornaria a indicá-lo para qualquer outra promoção.

— Não pensei que você fosse compreender — prosseguiu Júlio.

— Pois me julgou muito mal. Sou seu amigo, acima de tudo. Se você tivesse aceitado a gravidez de Geórgia, eu me teria decepcionado — deixou escapar. — Mas você agiu como um verdadeiro homem de moral.

— Puxa vida, Anselmo, como estou aliviado!

— Só que agora se meteu em outra encrenca com Bianca, não foi?

Ele assentiu.

— E não me atrevo a sugerir o aborto.

— Aborto é crime. Também sou contra. O jeito é assumir o que você fez.

— Como?

— Casando-se com ela, é claro.

— Mas você disse há pouco que Bianca não era mulher para se casar.

— Isso foi antes de saber que ela está grávida. Sua reputação está em jogo. Se você não se casar e a história da gravidez de Geórgia vier à tona, como vai vir, já que a criança tem que nascer um dia...

— Já nasceu.

— Pois é. Imagine só o que vão dizer de você. Que é um covarde, um cafajeste que se aproveita das mulheres e as abandona quando ficam grávidas.

— Não quero que pensem isso de mim.

— É claro que não. Por isso, tome a decisão mais acertada. Case-se com Bianca, tenha o filho e sossegue. Vai manter sua reputação em alta.

— Você acha?

— Tenho certeza. Assim, os falsos moralistas não terão o que falar de você.

— Mas e o fato de Bianca não ser lá muito certinha? Todo mundo sabe que ela é da pá virada.

— Controle sua mulher. Ponha-lhe rédeas curtas. Se os outros virem que é você quem manda, irão respeitá-lo e a ela.

— Obrigado, Anselmo — disse Júlio com sinceridade. — Sabia que não estava enganado ao pensar que podia contar com você.

— É claro que pode. Sempre que precisar. Tome cuidado apenas para ela não roubar de seus vizinhos.

Anselmo riu de si mesmo, e Júlio o acompanhou. Anselmo gostava de aconselhar os outros, principalmente em enrascadas como aquela em que Júlio se metera. Fazia-o sentir-se importante, dava-lhe a impressão de que podia mandar na vida das pessoas.

Sobretudo quando a moral estava em jogo, apreciava as soluções criativas que arranjava para manter as aparências.

Era isso o que importava. Não tanto agir dentro da moralidade, mas jamais ser descoberto.

Alheia a esses fatos, Geórgia continuava pensando em Júlio, desejando que ele a procurasse. Mas, com o passar do tempo, vendo que ele não aparecia, não aguentou mais. Tinha de procurá-lo. Ligou para a casa dele, sendo informada de que ele havia se mudado. A mãe dele, com pena de dar a notícia a Geórgia, mandou a empregada omitir o casamento.

— Mudou-se? — surpreendeu-se. — A senhora não pode me dar o novo endereço?

— Sinto muito, minha filha. Sou apenas a empregada. Não tenho autorização para isso.

Desligou, deixando Geórgia ainda mais aflita, pensando que Júlio havia se mudado para não ser obrigado a encontrá-la novamente. Alimentando ainda uma última esperança, resolveu encontrá-lo na saída do banco. Chegou cedo e aguardou.

— Júlio — chamou, assim que ele passou.

Ouvindo aquela voz, há anos sua conhecida, Júlio estacou. Virou-se para ela, encarando-a com um misto de surpresa e euforia. Ela estava um pouco diferente, o rosto mais amadurecido, o corpo mais voluptuoso do que o normal.

— Geórgia! O que faz aqui?

— Queria falar-lhe, mas me disseram que você se mudou.

— É verdade.

— Foi para não me ver mais?

— Não — contestou ele, escondendo o dedo da aliança.

— Então, por que foi? Está morando sozinho?

Ele não respondeu. Não queria contar a ela que se havia casado com Bianca e que, em breve, teriam uma menina.

— Olhe, Geórgia, gostaria de conversar, mas estou com pressa. Tenho um compromisso daqui a pouco.

— Quando poderemos nos encontrar de novo?

— Não podemos. Não temos mais nada a dizer um ao outro.

Ela engoliu o choro, lutando para não implorar a ele que voltasse.

— Ainda está com raiva de mim? — tornou ela, quase sem poder articular as palavras.

— Não. Não sinto mais nada por você.

— Você não me ama mais?

— Não — falou hesitante, embora em tom gélido.

— Não pode ser. Diga que não é verdade.

— Por favor, Geórgia, não torne as coisas mais difíceis do que já são. Foi complicado para nós dois, ambos dissemos coisas que não gostaríamos de ter dito. Temos muito de que nos arrepender.

— Você se arrepende de ter terminado comigo?

— Não.

— De que se arrepende, então?

— Isso não importa. Gostaria que você não me procurasse mais.

Nesse momento, Anselmo saiu da agência. Logo que viu Júlio conversando com uma mulher, todos os seu sentidos se aguçaram. Sem ser percebido, fingindo que abria a porta do carro, olhou-os de soslaio, custando a reconhecer Geórgia. Quando viu que era ela, se surpreendeu. Uma ideia maldosa surgiu em seu pensamento. Gostava de provocar as pessoas, fazê-las sentirem-se humilhadas, constrangidas. Tomando cuidado para que ela não o visse, aproximou-se.

— Bianca! Não podia deixar de cumprimentá-la... — calou-se, fazendo cara de espanto, como quem acaba de cometer uma gafe. — Geórgia! Sinto muito. Confundi-a com outra pessoa. Pensei que fosse a esposa de Júlio. Como está passando? Bem? E o bebê? Bem, prazer em revê-la. Até logo.

Anselmo nem lhe deu tempo de responder a nenhuma de suas perguntas. Geórgia estava atônita, tentando entender as palavras dele.

— Bianca? — sondou ela, depois que ele ligou o carro e partiu. — Sua esposa? O que isso quer dizer? Você se casou?

— Lamento que você tenha que saber assim — falou ele, nada satisfeito com a atitude de Anselmo. — Mas sim, casei-me com Bianca. Acho que você se lembra dela.

Não era possível. Geórgia recusava-se a acreditar. Júlio não perdera tempo. Casara-se com outra tão logo rompera com ela.

— Jamais poderia imaginar uma coisa dessas — retrucou ela, magoada. — Não conheço você, Júlio. Não é o homem que namorei por sete anos. Agora vejo que você nunca me amou.

— Não é bem assim, Geórgia. Nós já havíamos terminado.

— E você correu para outra, não foi? Eu já não interessava mais, usada por um drogado, grávida de um estuprador. Era demais para você, não era? Mas Bianca, não. Linda, maravilhosa, perfeita. E a burra aqui acreditando que você podia mudar de ideia. Como fui estúpida! Alimentei a ilusão de que você voltaria quando você há muito já estava na cama de outra!

— Eu não lhe prometi nada. Lamento que você tenha alimentado essa ilusão, mas não foi culpa minha. Fui sincero no que disse.

— E se eu tivesse tirado meu filho? Você voltaria para mim, mesmo já estando com ela?

— Voltaria. Mas você deixou passar muito tempo. Perdi as esperanças. E depois, fui forçado a casar-me com Bianca.

— Forçado?

— Ela engravidou... não podia abandoná-la.

— Não podia abandoná-la como me abandonou?

— É diferente. Bianca espera um filho meu.

— E o meu filho não é seu, não é, Júlio? Já entendi. Não precisa dizer mais nada. Não quero que diga mais nada. De hoje em diante, não precisa mais ter medo de cruzar comigo na rua. Nunca mais pretendo falar com você. Vou criar o meu filho sozinha, ele nem vai saber que você existiu. Quanto a você e Bianca, espero, sinceramente, que sejam felizes e que o filho de vocês seja tão amado quanto o meu é por mim. Adeus!

Ela passou por ele feito uma bala, antes que os soluços delatassem seu desespero. Correu para casa o mais rápido que pôde, para atirar-se nos braços da mãe. Daquele dia em diante, procurou não mais pensar em Júlio, concentrando-se na criação do filho.

O crescimento de Régis era acompanhado de perto por Josué. Mais distantes, Damien e Tácio também observavam o menino. Sempre que alguém o levava para tomar sol ou brincar na pracinha, vendo que nem Josué nem Uriel estavam por perto, lá iam os dois dar uma espiada nele.

— Ele é muito lindo — dizia Tácio, embevecido.

— Não sei se será tão lindo por dentro — rebatia Damien, com inveja. — Espere só até ele crescer.

— Será que devemos mesmo estimulá-lo ao mal? Talvez seja melhor deixarmos que ele viva por conta própria.

— Nem pense em dizer uma coisa dessas perto de Atílio. Ele vai mandar esquartejar você.

Damien tremia só de pensar no que faria Atílio se eles falhassem. Ainda tinha vívida na memória a sensação da ponta de seu chicote.

Entocado em seu covil nas trevas, Atílio estava preocupado. Damien se mostrava um incompetente, mas não era essa sua maior preocupação. Nos últimos tempos, andava inquieto, com vontade de sair. Pensava em Nora com insistência, não sabia o que fora feito dela. Mandou chamar Damien.

— Quero que você faça outra coisa para mim.

— O que é, chefe?

— Quero que descubra o paradeiro de Nora.

— Nora? Não sei quem é.

— Vou lhe mostrar um retrato dela. Aqui, veja[15].

Damien olhou bem a fotografia. Uma moça bonita, rosto regular, olhos expressivos, sorria com delicadeza.

— Muito bonita — elogiou ele. — Mas onde encontrá-la? Ela está desencarnada?

— Isso é o que você vai descobrir.

— Mas chefe, como? Não a conheço, nem sei por onde começar.

— Vou lhe passar algumas informações sobre sua última vida, ao menos aquela em que estive com ela. Tente se conectar com a energia dela.

Damien achou aquilo praticamente impossível, mas não o contradisse. Nunca nem ouvira falar de Nora, como agora poderia se conectar com uma energia desconhecida? Atílio não pensava nisso. Sentia sua presença em algum lugar, sabia que ela estava por perto. Só não a imaginava novamente ao lado de Mizael, filha de Bianca e Júlio.

15 O retrato nada mais é do que uma figura plasmada pelo pensamento do espírito.

Capítulo 20

Natália era um lírio em meio ao lodaçal da desordem. Após seu nascimento, um abismo de gelo se abriu no relacionamento entre Júlio e Bianca. Nas poucas vezes em que se falavam, desgastavam-se com cobranças e reclamações. Nunca uma palavra de carinho nem um gesto de amor. Só brigas constantes. Depois veio a indiferença, a perda recíproca de interesse.

Promovido a gerente geral, Júlio foi transferido para uma nova agência. Com a família, mudou-se para outro bairro, distante dos problemas e dos pais, que não aceitaram muito bem o seu casamento. Queriam que ele se casasse com Geórgia, a despeito da gravidez derivada do estupro. A mudança não deixou de ser um alívio, principalmente porque Júlio não corria mais o risco de encontrar-se com a ex-noiva.

Reunida na sala de jantar, a família aguardava a sobremesa. Mal se falavam. Natália não via a hora de ser dispensada para poder assistir um pouco de televisão antes de dormir. Júlio, por sua vez, pensava em Anselmo, à beira da aposentadoria, ainda dotado de uma língua ferina, impiedosa. Júlio soubera, por amigos, que a mulher de Anselmo o deixara, não se sabia se por outro homem ou se cansada de suas maledicências.

Bianca parecia impaciente, além do normal. Agitava as pernas, num nervosismo frenético, sem motivo. Olhava para Júlio e Natália, como se esperasse alguma coisa. Depois de servida a sobremesa, Bianca sentou a filha no sofá, ligando a televisão, e voltou para conversar com Júlio.

— O que foi? — indagou ele, rispidamente.

— Tenho algo a lhe dizer — sussurrou ela, evitando encará-lo.

— Pois fale logo. Estou cansado, quero dormir.

— Estou grávida, Júlio. Vamos ter outro filho.

— Como é que é? — revidou indignado, elevando a voz. — Grávida?

— Isso mesmo. Qual o problema? Não sabe o que é isso?

— De quanto tempo?

— Seis semanas.

Ele fez as contas mentalmente. Quando tornou a falar, havia raiva em sua voz.

— Você não pode estar grávida! Nós quase não temos transado... Esse filho não é meu!

— É claro que é seu — objetou ela com veemência. — E você me ofende falando desse jeito. Está insinuando que eu dormi com outro homem?

— Não precisa fingir um pudor que você não tem — falou ele, cada vez mais irado. — Diga-me a verdade, Bianca. De quem é esse filho?

— É seu, já disse.

— Você pensa que eu sou trouxa? Que não sei contar?

— Você contou errado. O filho é seu, com certeza.

— Quero um exame de DNA! Esse filho não pode ser meu.

— Pense bem, Júlio. Para que um escândalo desses sem necessidade? Você, que sempre se preocupou com as aparências, vai correr o risco de virar alvo de fofocas por causa de uma desconfiança infundada. Asseguro-lhe de que esse filho é seu. E depois, não tenho nem nunca tive outro homem. Você devia se envergonhar de acusar assim a sua mulher. Jamais lhe dei motivos para desconfiança.

Ele ficou em dúvida. Realmente, até então, jamais havia desconfiado dela. Bianca era desligada, fútil, contudo nunca agira como se tivesse um amante. Nesse momento, Natália aproximou-se, os lábios comprimidos, ameaçando chorar.

— É briga? — indagou ela, com seu linguajar incompleto de criança pequena.

— Não, meu bem — disse Bianca, apanhando-a no colo. — Eu só estava contando ao papai a novidade.

— O quê?

— Você vai ganhar um irmãozinho ou irmãzinha.

Ela pensou por uns minutos e retrucou em dúvida:

— Mamãe vai ter bebê?

— Vou. E a nossa família agora vai ter quatro pessoas. Eu, você, o papai e o irmãozinho.

— Oba! — exclamou ela, enlaçando o pescoço da mãe.

Bianca olhou para Júlio com ar de vitória.

— O papai só ficou um pouquinho preocupado — continuou ela, maliciosamente. — Ele acha que não poderia ser pai desse bebê.

— Não é nada disso — cortou Júlio rapidamente, sem dar tempo a Natália de responder com outro *por quê*. — Para a mamãe ter um bebê, o papai tem que querer também.

Ela os olhou em dúvida, sem entender muito bem o que estava se passando.

— O bebê já está na barriga da mamãe — contou Bianca. — Não é legal?

— É...

— Pena que seu pai não pensa assim. Ele não quer esse bebê.

— Não diga besteiras! — objetou Júlio ferozmente. — Isso não é coisa que se fale para uma criança.

— Papai tem razão, querida — concordou Bianca, em tom mordaz. — Estou apenas brincando.

— Por quê? — tornou Natália, ainda sem entender muito bem.

— Sua mãe é uma boba — disse Júlio, olhando com ódio para a mulher.

— Papai é que é o bobo, meu bem. Mas agora é hora de dormir. Dê um beijo de boa-noite no papai e vamos para a cama.

Depois de fazê-la dormir, Bianca voltou para junto de Júlio, um sorriso de triunfo envenenando seus lábios.

— Ficou louca? — censurou Júlio, logo que ela entrou. — Como é que você diz uma coisa dessas para a menina?

— Temos que lhe dizer a verdade: você não quer esse filho. Ou prefere criar sua filha na mentira?

— Não seja cínica! A única mentirosa aqui é você. Eu não quero esse filho porque ele não é meu!

— O filho é seu. Se não quer acreditar em mim, problema seu. Mas pense bem. Um escândalo não seria aconselhável. Ainda mais com a influência de Anselmo. Sabe como ele é todo cheio de moralismos. Imagine se essa história chegar aos ouvidos dele. Adeus promoção!

Júlio silenciou. Não sabia mais o que dizer. Tinha certeza de que ele não podia ser o pai da criança. Fazia tempo que ele e Bianca não mantinham relações sexuais. Ela estava mentindo, usando a filha para fazê-lo aceitar a gravidez.

Igualzinho ao que acontecera com Geórgia. Não, não era igual. Geórgia não tivera escolha. Fora forçada por um bruto. Bianca, por outro lado, deliberadamente se atirara na cama de outro homem. E agora, ele se via passando pela mesma situação outra vez. A história se repetia, forçando-o, novamente, a aceitar um filho que não era seu.

Embora não lhe agradasse, Júlio resolveu esperar. Gravidez e divórcio não pareciam uma boa combinação. Despertariam a desconfiança de Anselmo, que acabaria pressionando-o até descobrir a verdade. Justo agora que ele estava para se aposentar, Júlio esperava uma nomeação importante. Tinha de ser paciente e aguardar.

Quando o bebê nasceu, Júlio pensou que fosse matar Bianca. Ele não precisava de nenhum especialista para ver que aquela criança não era sua filha. Se ele e Bianca possuíam a pele alva, como explicar a tez excessivamente morena da menina?

— Você só pode estar brincando! — revoltou-se. — Ainda quer me fazer acreditar que essa menina é minha filha?

— O que é que tem? Ela é tão bonitinha!

— Ela é mulata, pelo amor de Deus!

— Ela é moreninha. E daí se fosse mulata? Isso é preconceito, por acaso?

— Preconceito, não. Talvez uma impossibilidade das leis da genética.

— Você não entende nada de genética. Ela puxou à minha bisavó, que tinha sangue de escravos.

— Não brinque comigo, Bianca — ameaçou. — Já aguentei demais suas humilhações. Qualquer juiz no mundo me daria o divórcio só olhando para ela.

— Vai descontar suas frustrações na criança agora, vai? Ela é sua filha e ponto final.

Júlio pensava em se divorciar, mas Natália chorou tanto que ele desistiu. O jeito era fingir que a menina era sua. Com o passar do tempo, as coisas foram se acomodando e, para sua surpresa, Júlio percebeu que se afelçoava mais e mais a Patrícia. Ela o cativou aos poucos, logo tornando-se sua preferida. Sem coragem de separar-se dela, desistiu do divórcio.

Capítulo 21

Após a conclusão da faculdade, Geórgia conseguiu o tão sonhado emprego no Centro Educacional Jean Piaget, onde adquiriu experiência suficiente para dividi-la com as crianças da escola pública. Posteriormente, recebeu um cargo de chefia na Secretaria de Educação, ficando encarregada do acompanhamento do ensino em várias escolas. Utilizando técnicas de vanguarda, quando não era tolhida por superiores de mente ainda conservadora, conseguia resultados excelentes com crianças e adolescentes.

Tinha agora condições de pagar uma boa escola para Régis. Não ganhava nenhuma fortuna, mas o suficiente para viver com uma certa tranquilidade. A mãe também tinha a pensão do pai e juntas iam levando a vida. Continuavam a morar na mesma casa, pois Cléia insistira em não a vender, um pouco apegada às lembranças ali deixadas pelo marido.

Régis crescia saudável e inteligente, lindo como um príncipe. Era bom aluno, tirava boas notas na escola sem nenhum esforço. Mas fazia coisas que iam além do padrão normal de travessuras infantis. Era estouvado, agressivo, brigão. Tinha uma tendência à dissimulação e à ironia, que Geórgia e Cléia, aos poucos, conseguiam contornar.

A luta das duas contra suas más inclinações surtia bons resultados. Preservado no ambiente familiar, as investidas dos seres das trevas ali não o alcançavam, de forma que os bons conselhos acabavam sendo uma influência de peso. Mas o que mais o conduzia pelo caminho da modificação interior era o amor, sobretudo da mãe. Régis e Geórgia estavam tão intimamente ligados por laços afetivos que era praticamente impossível destruí-los. Ao perceber que suas más atitudes a faziam triste, Régis procurava evitá-las. Pela mãe, era capaz dos maiores sacrifícios, só para não a ver chorar.

Até os sete anos, como é comum acontecer, Régis permaneceu livre das investidas de Damien e Tácio, que secretamente via crescer o amor pelo menino. Reconhecia nele muitos traços de sua fisionomia, imaginando que ele teria a chance de possuir tudo o que ele próprio não havia podido ter. A começar pela mãe, muito diferente da sua, sempre fria e distante. Seria uma pena vê-lo perdido, desorientado, seduzido pelas facilidades do crime para depois acabar morto, atirado numa vala qualquer.

— Você e eu sabemos que bandido não dura muito — dizia ele a Damien. — Não vai ser um desperdício ele acabar assassinado tão jovem?

— Nós não sabemos qual foi a programação dele lá em cima e não tem importância. Quanto mais cedo ele retornar, melhor. Abrirá vaga para outro que quiser reencarnar e talvez desempenhe essa tarefa melhor do que ele.

Tácio reconheceu, pela primeira vez, os traços da inveja e do ciúme. Seria possível que Damien não gostasse de seu filho? Resolveu comentar:

— Parece-me que você não simpatiza muito com Régis.

— O nome dele é Mizael. Atílio já nos proibiu de chamá-lo por outro nome.

— Que seja. Mas não é verdade?

— Eu não tenho que simpatizar com ele. Tenho apenas que obedecer às ordens de Atílio e mantê-lo na linha. É você que, pelo visto, está se apegando muito a ele.

— Ele é meu filho.

Damien estava cansado. Não aguentava mais o sentimentalismo de Tácio. Irritado, deu de ombros e esvaneceu, espantando-se ao perceber que Tácio o havia seguido até sua cidade astral.

— Resolveu vir embora? — perguntou Damien, desconfiado.

— Não tenho mais o que fazer por lá. A avó o levou para casa, onde não posso acompanhá-los.

— Ué! E você não foi se drogar?

Ele sacudiu a cabeça vigorosamente e respondeu:

— Estou tentando largar. Cheguei à conclusão de que não preciso mais disso.

— Como assim?

— Bom, se eu não tenho mais um corpo físico, então não posso estar viciado.

— O vício não se instaura só no físico, mas no corpo fluídico também. E o seu está impregnado de droga.

— Acho que isso é só uma coisa da minha mente, como tudo por aqui. Pelo menos, foi assim que você me ensinou. Talvez, se eu conseguir resistir, meu corpo fluídico vá se limpando.

— Por que está preocupado com isso? Sem a matéria densa, você não pode morrer de overdose. Pode se drogar à vontade.

— Não quero mais. E você mesmo disse que Atílio proibiu de transmitir a Régis...

— Mizael! — cortou, aborrecido.

—... a Mizael os efeitos da coca. Como é que você acha que eu posso impedir o menino de sentir essa vibração se chego perto dele carregado dela? Então, achei melhor me livrar da cocaína. Não é de verdade mesmo.

— É de verdade, sim. Só não é física.

— Pois é. É mais uma ilusão, uma matéria volatizada que logo se dissipa. Não tem a mesma densidade do pó físico.

— O que você faz para conseguir isso?

— Uso a força de vontade. Penso que o prazer que sinto com a droga não é real, já que meus órgãos internos não são de carne. Assim, a química não os contamina. Na verdade, não há mais química. O que há é a sensação, à qual já me acostumei, de que estou realmente me drogando. Minha mente criou essa ilusão, logo, pode destruí-la.

— Você aprendeu tudo isso sozinho? — surpreendeu-se.

— Pela experiência. Anos de observação e experimentação. E depois, Ré... Mizael tem sido um incentivo.

— Por quê?

— Porque é meu filho, ora! Quero o melhor para ele.

Aquilo não ia dar certo. Damien notou uma coloração rósea na altura do coração de Tácio quando ele disse a última frase. Foi muito rápida, logo se dissipou. Contudo, era claro que Tácio começava a alimentar um sentimento perigoso e quase impronunciável por ali: amor.

Ele devia ter imaginado que usar Tácio como seu ajudante seria um desastre. Querendo ou não, ele era pai de Mizael. Podia estar desencarnado, ter gerado aquele filho num momento de delírio provocado pela droga, mas, ainda assim, Mizael carregava o DNA dele. E agora, o que faria se Tácio os traísse e mudasse de lado? Ele sabia muitas coisas para ser capturado pelos seres de luz. Se acontecesse aquela tragédia, quem iria pagar caro seria ele. Dessa vez, Atílio não o perdoaria. Depois de pensar por alguns instantes, Damien concluiu que o melhor seria prendê-lo.

— Venha comigo — ordenou.

Sem de nada desconfiar, Tácio o seguiu por um caminho que ele nunca antes percorrera. Era uma estradinha sinuosa, ladeando uma ravina fétida, escura. Desceram por uma escada talhada no barro até uma construção sombria, erguida, aparentemente, com lama e pedras. Sem dizer nada, Damien cumprimentou o porteiro, que lhes franqueou a passagem.

— Que lugar é esse? — indagou Tácio, assustado.

Dentro havia várias celas, onde espíritos atormentados encontravam-se enclausurados, alguns com argolas que os prendiam à parede. O guardião soltou uma gargalhada sinistra por debaixo do capuz de carrasco e abriu a porta de uma das enxovias.

— Entre — foi a ordem incisiva.

Tácio titubeou. Não entendia o que estava acontecendo.

— Você vai me prender aqui? — tornou horrorizado. — Por quê?

— Seguinte: você está se tornando perigoso. Quem foi que o mandou se encantar pelo menino?

— Vai me prender só porque gosto de Mizael? Mas ele é meu filho!

— Ele não é seu filho — rugiu, aproximando a boca espumada do rosto assustado de Tácio. — É protegido de Atílio, pertence a Atílio. Atílio é quem decide o que fazer com ele. E você caiu na besteira de se permitir sentir amor pelo menino. Agora já era. Você se tornou um perigo. Atílio não gosta de gente que ama. Muito menos eu. Agora entre.

A um sinal de Damien, o guarda empurrou Tácio para dentro com brutalidade, revelando o prazer que sentia ao executar ordens daquela espécie.

—. Não! — objetou Tácio, fazendo força para não entrar. — Não vou permitir que você me aprisione. Não fiz nada de errado.

O carrasco empurrava, mas, estranhamente, Tácio não saía do lugar. Nem ele se deu conta de que não se movia. O espírito o espetou com a ponta espinhenta de sua clava, contudo Tácio nada sentiu.

— O que está acontecendo? — esbravejou Damien, mais surpreso do que o carrasco. — Empurre-o lá para dentro, ande!

— Senhor, não consigo — informou, surpreso, o outro. — Ele está resistindo.

— Como isso é possível?

Vendo que o guardião não conseguia empurrar Tácio para dentro da masmorra, Damien arrancou a clava da mão dele. Ergueu-a acima da cabeça, pronto para golpear Tácio com força, doido para rachar-lhe o crânio etéreo em dois. Com um pouco de sorte, veriam sangue fluídico se esparramando no chão[16].

Quando ele desferiu o golpe, veio a surpresa. Inesperadamente, Tácio desapareceu diante de seus olhos. A clava desceu com violência, puxando o corpo de Damien para a frente, e tocou as pedras do chão.

— O que foi que houve? — espantou-se o carrasco, correndo para todos os lados em busca de Tácio. — Nunca vi uma coisa dessas.

Damien também não. Contudo, sabia o que se passara. Devia imaginar que aquele pontinho luminoso no coração de Tácio era indício de que uma força poderosa nascia ali. A surpresa foi tremenda. Assustou-o o fato de que um pouquinho só de amor fosse capaz de romper a barreira de treva que guarnecia a prisão. O mais espantoso, porém, é que Tácio o vencera. Superara-o em força, passara por ele com a rapidez de um raio, sem que ele tivesse a chance de pensar em impedir.

— Nem uma palavra sobre isso, ou vai se ver comigo — ameaçou.

A clava ficou no chão, pois o carrasco sentiu medo de tocá-la, imaginando se não estaria enfeitiçada ou coisa parecida. Damien fez o caminho de volta acabrunhado, temendo a reação de Atílio quando soubesse. Por sorte, Atílio andava ocupado demais com seus planos de conquista para prestar atenção a Tácio.

Enquanto subia as escadas sombrias, imaginava onde Tácio fora parar. Era bem possível que tivesse ido pedir abrigo ao pessoal da luz. Esse pensamento o fez estremecer, já que todo o plano de Atílio corria o risco de ruir. Sua arrogância era tanta, que Damien nem desconfiava de que os projetos de Atílio e de

16 A existência ou não de sangue fluídico depende do grau de desapego do espírito à matéria densa.

outros líderes das sombras eram conhecidos pelos espíritos de luz. Julgava que Atílio era esperto, e era, mas seu intelecto não se igualava ao dos seres superiores, que, tendo acesso a planos mais sutis da humanidade, tudo sabiam do que se passava na Terra, em todas as suas vibrações.

Desconhecendo essas verdades, Damien julgava que o poder de Atílio era único e agora estava ameaçado. Precisava reunir coragem para contar-lhe que Tácio fugira, provavelmente em busca de Josué, que vivia tentando seduzi-lo. E quem seria o culpado? Ele, que escolhera mal seu subordinado. Para salvar-se, precisava realizar algum feito muito importante, algo que deixasse Atílio tão satisfeito, que a recompensa superaria a punição.

O ódio consumiu suas entranhas vazias. Depois de tudo o que fizera por Tácio, como tivera coragem de o deixar? Foi uma perfídia, verdadeira deslealdade. Fugir, deixando para trás o amigo que lhe estendera a mão, para ser atirado aos lobos, era uma traição. Se pudesse, ainda o faria pagar. Mas como, se nem sabia onde ele estava?

Capítulo 22

Fazia dois dias que Tácio andava sumido, e Damien ainda não havia reunido coragem para contar a Atílio. Estranhava o fato de que ele não soubesse ainda, mas Atílio agora só se preocupava com Mizael, para sorte de Damien, que fazia seu usual relatório, evitando tocar no nome de Tácio.

— Soube que Mizael tem resistido bem à influência da mãe e da avó — comentou Atílio. — Não é verdade?

— Mais ou menos. Quero dizer, resistido, ele tem, mas até agora não fez nada de extraordinário.

— Como o que, por exemplo? — retrucou Atílio com sarcasmo. — Assaltar um banco? Sequestrar o filho de algum ricaço ou estuprar uma colega de escola? Mizael ainda é criança, seu idiota. O que você esperava que ele fizesse além de travessuras incorrigíveis e agressivas? E isso, ele faz, não faz?

— Realmente. Ele é arteiro além do normal, ameaça e bate nos colegas. Queríamos que ele fosse um marginalzinho, mas não deu. A mãe sempre atrapalha, com aquela mania de orações. Além disso, ela e Cléia não dão folga ao menino. Não são repressoras, mas não deixam passar nada.

— E isso não o deixa com raiva nem revoltado?

— Deixa, mas a raiva passa logo. Infelizmente, ele é muito apegado à mãe e faz tudo para agradá-la.

— Que droga! — esbravejou ele. — Com tanta mulher no mundo, Mizael tinha que ser filho justo da Virgem Maria?

— Ele escolheu mal — envenenou Damien, aproveitando-se do momento propício. — Então não imaginou que ia acabar nisso?

— Ele não teve escolha — rebateu Atílio, em dúvida. — Era ela ou ninguém.

— Foi a pressa. Acho que ele poderia ter esperado mais um pouco. Mas estava doido para voltar. Tanto que aceitou qualquer mãe, sem nem se dar o trabalho de investigá-la. Se tivesse sido mais atento, veria que ela se banha no caldeirão da virtude.

— Nada disso é culpa de Mizael. Do lado de lá, fica difícil agir sem ser notado. Vigiado dia e noite, o que você pensa que ele poderia fazer para investigar a vida de Geórgia?

Damien deu de ombros e respondeu com mal disfarçado desdém:

— Não sei.

— É claro que não sabe — concordou Atílio, fixando nele seus olhos avermelhados. — Você e Tácio são dois incompetentes.

— Lamento, chefe, mas estamos fazendo o possível...

— O possível? Como promover o casamento de Geórgia e Júlio?

Damien hesitou, balbuciando assustado, com medo de nova surra:

— Eu tentei, mas não deu. Fui seguir a ideia de Tácio e...

— Isso agora não importa mais — cortou, com frieza. — Quero falar com Tácio.

— Falar com Tácio? — repetiu, sentindo um gelo se irradiando em suas entranhas invisíveis. — Por quê?

— Ele a estuprou, não foi? Então, deve conhecê-la de algum lugar. Essas coisas não são aleatórias, ninguém sai estuprando por aí se não tem um motivo que todo mundo desconhece. Essa Geórgia deve ter aprontado alguma coisa com ele no passado. Preciso descobrir.

— Para quê?

— Você é mesmo muito estúpido. Para usar essa fraqueza em nosso favor. Se explorarmos alguma culpa de Geórgia, talvez possamos abrir um furo na barreira ao redor da casa dela.

— E como, exatamente, faríamos isso, se nem podemos chegar perto dela?

— Mesmo à distância, ela pode receber os pensamentos de Tácio. Se ele pensar no motivo da culpa, ela vai cedendo aos pouquinhos, enfraquecendo seu campo energético. Mas eu preciso de Tácio agora.

— Sim, senhor.

— O que está esperando? Vá buscá-lo!

— É pra já, chefe.

— Só mais uma coisa. Teve notícias de Nora?

— Ainda não. Estou trabalhando nisso. Contudo, como lhe falei, fica difícil sem tê-la conhecido.

— Incompetente! — rosnou. — Agora vá. Tenho pressa em resolver esse assunto.

Damien saiu arrasado. Por mais que se esforçasse para executar bem as ordens de Atílio, ele nunca ficava satisfeito. Só sabia recriminá-lo e humilhá-lo, tratando-o como um serviçal comum. Um medo atroz trespassou todo o corpo fluídico de Damien, apavorado com a perspectiva da segunda morte. Acreditava que Atílio tinha aquele poder, sem saber que era sua fraqueza que facilitava a capacidade de indução à perda momentânea de sua forma astral.

Pensando insistentemente em Tácio, Damien percorreu os lugares que ele costumava frequentar. Na boca de fumo, perguntou por ele aos espíritos de viciados que perambulavam por ali.

— Faz tempo que não o vemos — informou um espírito.

— Achamos até que ele havia ido embora para a luz — comentou outro.

— Ele foi? — quis saber um terceiro.

— É o que quero descobrir — avisou Damien.

Tácio parecia ter evaporado. Não estava na praça nem junto a Mizael. Era hora da escola, mas o menino estava sozinho, fazendo besteiras, como sempre. Não se via nenhum desencarnado junto a ele. E agora?

Desanimado, Damien voltou a sua cidade, procurando ocultar-se em seu esconderijo de treva antes que o vissem. Era uma cabana escura, protegida por árvores gigantes, numa floresta sombria. Damien abriu a porta, alquebrado, pensando em arranjar uma maneira de fugir.

Assim que entrou, seus olhos foram atraídos para um ponto mais obscuro da cabana. Das sombras, um vulto se adiantou. Damien quase não conseguiu engolir o grito de surpresa e alegria:

— Tácio! Onde você esteve? Procurei-o por toda parte.

— Estive por aí, em lugares onde você não poderia me encontrar.

— Por que fez isso comigo? Por que desapareceu assim?

— Você não sabe? Depois de mandar me prender, não sabe por que sumi?

— Aquilo não foi nada — tentou convencê-lo. — Era para sua proteção.

— Minha proteção? Você queria me prender numa masmorra! Para me proteger de quê? De você?

— De você mesmo — ele se aproximou, puxando o outro pelo braço. — Olhe, Tácio, eu me assustei. Você nem percebeu, mas uma luzinha rosada cintilou no seu coração.

— O quê? — surpreendeu-se, silenciando por instantes. — Uma luzinha? Então é isso. Agora compreendo.

— Compreende?

— Sim, é claro. Antes de você me levar para aquele lugar de torturas, senti uma coisa diferente, um bem-estar esquisito que, na hora, não soube definir.

— E como foi que isso o ajudou a fugir?

— Não sei. Diga-me você. Você não sabe tudo?

— Se eu soubesse tudo, não teria ficado feito doido atrás de você.

— Seja como for, deve ter sido graças a essa luzinha que eu consegui fugir. Na hora que aquele carrasco tentou me prender, surpreendi-me ao ver que conseguia resistir. E quando você tentou me acertar com aquela clava, desejei não estar ali. Puf! Na mesma hora, fui parar em outro lugar.

— Que lugar?

— Na praia. Um ponto que eu costumava frequentar quando encarnado.

— E depois?

— Depois, fiquei por aí. Fui ver minha ex-mulher.

— Não me diga!

— Ela estava lá, com outro garotão. E sabe o que é engraçado? — Damien meneou a cabeça. — Não senti nada por ela. Nadinha. Só um vazio muito grande, uma certa indiferença. Foi estranho. Não tive vontade de continuar ali e fui embora.

Damien se mostrava extremamente interessado na experiência de Tácio. Devia estar com raiva porque ele fugira, mas o fato é que sentia uma certa admiração por ele.

— Por que você voltou? — ele continuou a questionar. — Já estava livre, podia ter ido embora.

— Para onde eu iria? Para o lado da luz? — ele deu de ombros. — Não posso. Não sou digno de passar para o lado de lá. Tive medo.

— Medo?

— Sim, medo de todas aquelas coisas que você me contou sobre punições, renascer esquizofrênico e coisas do gênero.

— Sabe de uma coisa, Tácio? — confessou ele. — Acho que as coisas não são bem assim. Nós temos liberdade de escolha. Talvez não precisemos sofrer nem tenhamos que pagar pelos nossos pecados.

— Não? Mas você disse...

— Sei o que disse. Foi uma forma de mantê-lo aqui.

— Por quê?

— Acho que senti inveja de você. No fundo, sabia que você seria capaz de sair deste lugar.

— Está enganado, Damien. Não posso sair daqui.

— Você não ouviu o que eu disse? É mentira essa história de castigo. Você não precisa passar por coisas ruins, se não quiser. Talvez consiga reequilibrar a vida com o trabalho no bem.

A última frase foi dita por Damien com um receio acima do normal, como se falar no bem lhe causasse dor ou flagelo.

— Se Atílio o ouvisse falando desse jeito... — gracejou Tácio. — Logo você, um ser das sombras, convicto morador do submundo astral. Como pode acreditar no bem?

— Saiu sem querer. Talvez porque, no fundo, eu já esteja cansado de tudo por aqui. E você me fez refletir. Como conseguiu escapar de mim e do carcereiro, um espírito adestrado para não deixar ninguém fugir? Que estranho poder foi esse que você adquiriu e não me contou?

— Eu não contei? Meu caro, nem sei do que você está falando.

— Sabe, sim.

— Não sei. Mas você sabe, não é?

— E você também. Nós estávamos falando de Mizael. O que você sente por ele?

Ele pensou por uns momentos, com medo de admitir. Contudo, era visível que Damien já sabia do que se tratava. Encarando-o, olhos úmidos, Tácio confessou:

— Amor. Sinto amor pelo meu filho.

— Mais essa agora — lamentou Damien, vendo confirmadas suas suspeitas. — Eu sabia. Atílio vai ficar furioso.

— Será que Atílio tem tanto poder assim? Ou será que o poder que ele tem é apenas aquele que vocês lhe dão?

— Não diga asneiras, Tácio. Atílio é muito poderoso. E quer falar com você.

— Comigo? — estremeceu. — Por quê? Será que ele sabe o que eu fiz?

— Está com medo? Mas não foi você quem disse que Atílio não tem poder algum?

— Eu não disse isso. Apenas acho que o poder dele é alimentado por todos aqui.

— Inclusive por você.

— Inclusive por mim, que não me perdoo pelo que fiz a Geórgia.

— Pois é justamente para falar de Geórgia que ele mandou chamá-lo. Quer saber qual a relação de vocês no passado.

— Engraçado. Eu nunca havia pensado nisso.

— Você não se lembra?

— Não.

— Atílio quer forçá-lo a recordar. Pretende, com isso, descobrir a fraqueza de Geórgia para tentar furar o bloqueio energético ao redor da casa dela.

— Ele não pode fazer isso! — objetou com veemência.

— Ele pode e vai fazer. E, se você não quiser, aconselho-o a se mandar daqui de vez. Vá para o lado da luz. Em qualquer outro lugar, ele irá encontrá-lo.

— Não posso.

— Você não entendeu nada, não? O lado de lá deve ser bom. Ninguém que vai volta.

— Isso, eu entendi. Mas existe um outro fator que me impede de ir.

— Que fator? Que papo é esse?

— Você ainda não sabe por que voltei.

— É — divagou ele. — Você enrolou, enrolou e não me disse.

— Voltei por sua causa, porque ouvi você me chamar.

— Como é que é?

— É isso mesmo. Voltei porque ouvi o seu chamado aflito. Pensei que você devia estar metido em alguma encrenca com Atílio por causa da minha fuga.

— Não acredito! Você voltou por mim? Mesmo depois do que lhe fiz, de ter tentado prender você?

— Você me ajudou quando eu mais precisei. Acolheu-me em sua casa, apresentou-me a meu filho, cuidou para que eu não fosse levado como escravo. Devo-lhe isso.

— Você não me deve nada — exasperou-se. — Pensa que fiz o que fiz por amizade? Eu precisava de um serviçal. Você me serviu, só isso.

— Mesmo assim, aprendi a gostar de você.

— Gostar de mim? — repetiu atônito.

— É, gostar. Não vá me dizer que não sabe o que é isso.

Damien estava confuso. Nunca imaginara aquela situação inusitada. Gostar não era algo comum por ali. Atílio gostava de Mizael, e só. Ninguém mais gostava de ninguém. O que havia eram interesses, alianças, nada de amor.

— Acho melhor você ir embora — pediu Damien, com desgosto. — Você não pertence mais a este lugar.

— Nem você.

— Está enganado. Não tenho como sair daqui. Atílio não permitiria.

— Juntos, podemos resistir a Atílio.

— Como? Ficou maluco?

Batidas na porta deixaram-nos em sobressalto. Olhando para Tácio com temor, Damien foi abrir. Era um dos muitos mensageiros de Atílio.

— Atílio quer falar com vocês — anunciou ele, sem delongas. — Agora.

— Nós já vamos — avisou Damien, fechando a porta na cara dele. E, virando-se para Tácio, perguntou: — Será que ele já sabe?

— Vamos descobrir.

Poucos segundos depois, estavam sentados diante de Atílio, a quem Tácio via pela primeira vez.

— Então, é você que é o Tácio? — indagou ele, perscrutando o outro com o olhar.

— Sou — respondeu ele, tentando não demonstrar o temor na voz.

— Você e Damien estão atrasados na deseducação de Mizael — ironizou ele, fulminando Tácio com o olhar. — Mas não foi para isso que mandei chamá-lo. O assunto agora é outro, mais urgente. Preciso que você me diga qual a sua relação com Geórgia.

— Não me lembro — respondeu Tácio, o menos tremulamente que conseguiu.

— Tem certeza?

O olhar de Atílio era penetrante, intimidador. Por sorte, Tácio não se lembrava mesmo.

— Tenho, sim, senhor — afirmou ele. — Na verdade, foi só quando Damien me contou o que pretendia que pensei nisso. Nunca antes me havia ocorrido que Geórgia e eu pudéssemos ter tido uma relação pretérita.

— Muito provavelmente, tiveram. E é o que quero descobrir.

— Como?

— Vou passar você na máquina — alertou, referindo-se ao equipamento coadjuvante na recuperação da memória.

— O que ela faz?

— Libera as ondas de pensamento represadas no corpo causal[17], trazendo-as à tona de forma organizada e coerente.

Era mentira. O tal equipamento não passava de um engodo, uma forma de fazer com que espíritos crédulos, em estado de transe induzido, revivessem passagens de vidas anteriores. Espíritos das trevas não possuem a elevação moral necessária para ter acesso aos registros do corpo causal.

Atílio praticamente fez com que Tácio adormecesse. Então, ligando eletrodos em sua mente, tentou hipnotizá-lo. Não surtiu efeito. Tácio não queria recordar, logo não foi possível para Atílio forçar sua memória. Os registros permaneceram onde estavam, intocáveis.

17 O corpo causal, ou mental superior, atua como veículo do pensamento abstrato e receptáculo das memórias de vidas passadas. É assim chamado porque nele residem as causas das experiências vividas no presente.

— Diabos! — praguejou ele, chutando a máquina. — Esse cara é um banana, um frouxo! Não serve para nada. Leve-o daqui!

Damien saiu apressado, levando Tácio com ele. Não era sempre que Atílio conseguia sucesso naquelas sessões, portanto, o fracasso com Tácio não era nenhuma surpresa. Mas ele sabia por que não conseguira. Sentira a resistência de Tácio. E, se Tácio conseguira resistir, era sinal de que ele, Atílio, estava enfraquecendo.

Capítulo 23

Aos treze anos de idade, Régis era terrivelmente arteiro, cruel, dissimulado. Ninguém conseguia controlá-lo, à exceção da mãe e, às vezes, da avó. Seu temperamento ficava mais difícil a cada dia, deixando Geórgia angustiada, temendo falhar em sua educação.

Do lado invisível, Josué fazia o que podia. Transmitia vibrações de serenidade e amor, que ele ora assimilava, ora não percebia. No ambiente doméstico, era mais fácil atingi-lo, mas, quando saía porta afora, parecia que se transformava. Era incorrigível. Assustava senhoras idosas, chutava cachorros, atirava pedras em gatos. Por mais que Geórgia se esforçasse, havia vezes em que sentia estar perdendo o controle.

— Você não está — disse-lhe Josué certa vez, em sonho. — Aceitou uma tarefa deveras difícil.

— Sinto que não consigo controlá-lo. Parece que ele agora simplesmente não me ouve mais.

— Ele está entrando na adolescência, época em que as vidas passadas e a presente se fundem para formação do novo caráter.

— Então, essa é a época em que eu deveria obter sucesso. Daqui em diante, nada mais surtirá efeito.

— Não é bem assim. Régis é um menino rebelde, contudo possui algo de bom dentro dele.

— O quê? Sinceramente, por mais que o ame, tenho que admitir que ele só pensa em si e não se incomoda com ninguém.

— O seu exemplo e o de Cléia têm sido fundamentais para levá-lo à reflexão de suas atitudes. Por enquanto, ele não precisou ainda enfrentar, conscientemente, o resultado de suas ações. Mas quando isso acontecer, a culpa o levará a se transformar.

— Como assim?

— Por mais que a culpa tenha a capacidade de obstruir o crescimento espontâneo, serve como sinalizador da consciência. É através da culpa que percebemos que fizemos o que não deveríamos ter feito. Depois dela, vem a transformação.

As palavras de Josué deixaram Geórgia mais esperançosa. Não sabia que evento seria capaz de despertar tal sentimento em Régis, mas confiava em Josué. No dia seguinte, acordou mais animada. À hora do café, beijou o rosto do filho, acariciou seus cabelos. Régis não recusava aquelas carícias. Ao contrário, gostava delas, sentindo-se verdadeiramente amado.

— Não se atrase para a escola — pediu ela. — E venha para casa depois da aula. Hoje é dia do curso de inglês.

— Está bem, mãe.

Geórgia saiu primeiro, Régis, logo em seguida. Despediu-se da avó com um beijo e ganhou a rua. Aquelas eram as únicas pessoas que realmente importavam na vida dele. A nenhuma outra dedicava seu amor.

Na esquina, Alex o esperava. Caminharam juntos, indo pela praça onde ainda funcionava a boca de fumo. Mesmo sabendo que a mãe não gostava que ele passasse por ali, Régis cruzou a praça.

— Quero que você conheça um amigo meu — avisou Alex.

Logo chegaram ao grupo de maconheiros, no qual o amigo de Alex se encontrava.

— E aí, gente boa? — cumprimentou o sujeito. — Vai um baseado?

Alex apanhou o cigarro que o outro lhe estendeu e deu uma tragada longa, retendo a fumaça nos pulmões por alguns instantes, para depois soltá-la lentamente. Régis ficou fascinado. Os olhos do amigo se tornaram vermelhos, ele jogou a cabeça para trás, rindo sem motivo aparente. Quando voltou a cabeça para a frente, parecia sereno, mais lento do que o usual.

— Quer provar? — ofereceu ele.

Régis estava em dúvida. Sabia dos efeitos daninhos da droga, contudo estava curioso, doido de vontade de experimentar. A seu lado, Tácio e Damien faziam de tudo para que ele não aceitasse.

— Atílio vai nos mandar para o inferno de vez — falou Damien, apavorado. — Ele foi bem claro quando afirmou que não queria que Mizael usasse drogas.

— Deixe disso, menino — Tácio soprou ao ouvido dele. — É uma porcaria. Vai lhe fazer mal.

A curiosidade, contudo, foi mais forte. Régis tomou o baseado da mão de Alex, sem perceber o tapa invisível que Tácio desferiu sobre ela e que a atravessou. Desajeitadamente, deu uma tragada. No começo, nada aconteceu, mas, em poucos minutos, sentiu a boca seca e uma vontade louca de rir.

Desesperado, sem saber o que fazer, Tácio colou-se a ele, quase incorporando. Na mesma hora, os sintomas que sentira quando tomara a overdose se transferiram para o menino. Régis ficou inquieto, o coração acelerou, a testa logo se umedeceu com o suor frio. Por momentos, a visão mediúnica foi liberada, permitindo que Régis entrevisse o mundo astral a seu redor, com seus espíritos maltrapilhos, alucinados, sugadores da droga volatizada. Seu cérebro se embaralhou, tudo parecia rodar, inclusive os espíritos, que apontavam para ele seus dedos esqueléticos, gargalhando diabolicamente.

Régis saiu cambaleando, com os espíritos atrás, rindo sem parar, alguns revoltados porque Damien não permitia que se aproximassem. Para Régis, os espíritos o perseguiam, pois, para onde quer que se virasse, lá estavam eles a encará-lo com olhar demoníaco. A passos trôpegos, procurou um banco para se sentar. Atrás dele, Alex ria também, debochando de sua *fraqueza*.

— Deixe de besteiras, Régis — desdenhou ele. — Parece até uma mulherzinha.

Régis mal o escutava. Com Tácio grudado nele, alcançou o banco, tentando conter a respiração descompassada, o coração turbulento que parecia esmurrar-lhe o peito.

— O que é isso? — murmurou. — O que está acontecendo?

— Isso é o que vai acontecer todas as vezes em que você pensar em experimentar qualquer droga — avisou Damien, parado diante dele em atitude ameaçadora.

A uma pressão de Tácio, Régis vomitou. Não era um sintoma comum, contudo a invasão causada pelo espírito fez com que ele colocasse para fora um pouco dos resquícios energéticos da maconha.

— Nunca mais quero experimentar isso — anunciou ele, tentando umedecer os lábios secos. — Nunca mais.

— Deixe de ser trouxa — continuou Alex. — Você é um homem ou um rato?

— Você é o rato — falou Damien, tornando-se visível aos olhos desfocados de Alex. — Buuuu!!!!

Com o susto, Alex caiu para trás, errando o banco e desabando no chão de terra.

— O que foi isso? — apavorou-se. — Quem é esse cara?

Damien ria sem parar. Aos poucos, Régis conseguiu dominar-se. Ainda sob o efeito da droga, levantou-se tonto, sonolento.

— Que horas são? — indagou, sentindo as pernas bambas. — Tenho que ir embora. A escola...

— A escola já era, cara — disse Alex, mal se recuperando do susto.

— Vá para casa — aconselhou Tácio. — Diga que não está se sentindo bem e durma até o efeito passar por completo.

— Acho que vou para casa — repetiu ele, atônito. — Não me sinto muito bem.

Régis deixou Alex debochando dele, seguindo o exemplo de outros rapazes que se drogavam por ali. Pela primeira vez em todos aqueles anos, Damien agradeceu por ele ir para casa, onde estaria protegido da influência maligna dos espíritos que sugavam as drogas.

— Viu como os viciados desencarnados ficaram de olho nele? — questionou Tácio, tão logo Régis entrou.

— É assim que eles fazem — esclareceu Damien. — Ficam à espreita, aguardando um novo otário. Quando a pessoa vai e experimenta a droga pela primeira vez, eles tentam influenciá-la para que ela volte a usá-la. Com a vontade enfraquecida, o discernimento embotado e o estímulo do invisível, muitos acreditam que a solução para os seus problemas está ali. Quando se dão conta, já estão viciados.

— Como eu fiz.

— Como você fez. Por sorte estávamos por perto para evitar que Mizael se perdesse. Atílio ficaria furioso.

— Estou pouco me importando com Atílio — objetou Tácio, mal escondendo a irritação. — Preocupo-me é com o meu filho. Não quero que ele tenha o mesmo destino do pai. Droga é uma droga, não faz bem a ninguém. Seus males, além de físicos, são também espirituais, e esses são ainda mais difíceis de se controlar. Livres da matéria densa, podemos nos locomover à vontade, sugando a essência do que os viciados usam. Tornamo-nos escravos dos nossos desejos muito mais do que eles, que podem buscar ajuda e contenção. Nós, não. Vamos aonde queremos, sugamos à vontade, e, como você me disse uma vez, sem risco de uma overdose. Não quero esse destino para ele nem na vida encarnada, nem na espiritual. Quero que ele seja livre.

Damien não disse nada. Não adiantava mais recriminá-lo por querer ajudar Mizael. E lembrar que ele não era seu filho também era inútil. Era assim que Tácio sentia, algo em seu coração se sensibilizara ao descobrir-se fornecedor de vida. Pegara-se de amores pelo menino, tinha interesse em levá-lo por caminhos de retidão.

Não compreendia por que Atílio não o havia dispensado. Era estranha a atitude de seu chefe. Atílio não era de sentir piedade, não costumava dar mais uma chance a ninguém. E não era possível que não tivesse ainda conhecimento do real sentimento de Tácio por Mizael. Por que então não se livrava dele?

Porque Atílio tinha medo de Tácio, do que ele era capaz de fazer. Enquanto Tácio não conhecesse seu poder, tudo estaria sob controle. Mas a partir do momento em que ele percebesse que o amor era capaz de superar qualquer obstáculo emocional ou mental, Atílio não poderia mais fingir que o dominava. Tácio se libertaria, arriscando levar Mizael com ele. Só por isso Atílio permitia que ele continuasse. Era melhor manter o inimigo próximo, onde podia controlá-lo, do que libertá-lo para a traição.

Damien olhou para Tácio e deu de ombros. Mesmo conhecendo os temores de Atílio, não tinha do que se queixar. Se Mizael falhasse em seus propósitos por culpa de Tácio, até que não seria nada mau. Embora ele mesmo não tivesse coragem de levar Mizael por outros caminhos, satisfazia-o a insistência de Tácio. Através dele, Mizael poderia fracassar e ele, vencer.

Régis entrou em casa feito uma bala, correndo para o quarto e trancando a porta, antes que a avó conseguisse impedi-lo.

— Régis! — gritava ela do lado de fora. — O que foi que houve, meu filho? Está sentindo alguma coisa?

— Não foi nada, vó. Só uma dor de estômago.

— Abra a porta, deixe-me preparar-lhe um chá.

Ele abriu. Não tinha coragem de desobedecer à avó, ao menos na frente dela. Ao vê-lo, Cléia levou um susto. Ele estava excessivamente pálido, os olhos vermelhos, exalando um forte odor de erva.

— O que você fez? — indignou-se ela, recuando dois passos.

— Nada — foi a resposta insegura.

— Você está mentindo. Está drogado, posso ver.

— Que drogado o quê? — rebateu ele, tentando desvencilhar-se dela, já arrependido de ter aberto a porta. — Deixe de besteira, vó. Só estou com dor de estômago.

— Você fumou maconha, Régis?

— Não.

— Fumou, sim. Sinto o cheiro. Está impregnado em você, no seu cabelo, em suas roupas.

— Eu não fumei nada.

— Não tente me enganar. Conheço esse cheiro.

— Conhece como? Por acaso já fumou também?

Por pouco ela não lhe deu um bofetão. Em vez disso, centrou a mente em Deus, fez uma oração pedindo discernimento e rebateu com pesar:

— Eu nunca fumei isso em toda a minha vida. Conheço o cheiro de tanto senti-lo naquela praça maldita. Posso ser velha, mas não sou tola. Já vi na televisão pessoas com sintomas dessa droga. E você, decididamente, está com cara de quem fumou.

Reconhecendo-se descoberto, a primeira reação de Régis foi pensar em fugir. Depois, quis gritar com a avó, mandá-la não se intrometer em sua vida. Mas a superioridade moral dela o tolheu, obrigando-o a silenciar.

— Vou me deitar — balbuciou ele. — Não estou me sentindo bem.

Entrou de volta no quarto, atirando-se na cama pesadamente. Em instantes, adormeceu. Cléia o observava com olhos úmidos, sentindo uma vontade louca de chorar. Pensou em telefonar para Geórgia, mas não valia a pena preocupá-la no trabalho. Esperaria que ela chegasse.

Quando Régis acordou horas mais tarde, a casa estava em completo silêncio. Devia ser perto da hora do jantar, porque as luzes da cozinha estavam acesas e um cheirinho gostoso de comida se espalhava no ar. Agora, realmente, o estômago doeu, revelando uma fome acima do normal.

A passos cuidadosos, Régis entrou na cozinha. Cléia mexia uma panela no fogão, enquanto Geórgia, sentada à mesa, tinha os olhos e o nariz vermelhos. Ela andara chorando.

— Mãe — chamou ele. — Está tudo bem?

Assim que ela o fitou, Régis sentiu o coração se contrair. Vê-la triste por sua causa trouxe-lhe uma dor quase insuportável. Ela não disse nada. Estendeu os braços para ele, que se ajoelhou diante dela, e apertou-o o mais que pôde, umedecendo-lhe os cabelos com suas lágrimas, permitindo que ele ouvisse as batidas de seu amor. Ele sabia por que ela estava chorando. Uma vergonha sem precedentes o assaltou, levando-o a maldizer a hora em que resolvera seguir Alex naquela praça maldita, como bem definira a avó.

Régis permaneceu aninhado nos braços da mãe, envolvido pela onda de amor que partia dela, à espera de que ela dissesse alguma coisa. Geórgia, porém, não dizia nada. Não sentia vontade de fazer-lhe acusações nem cobranças, nem recriminações, apenas uma dor latejante, persistente, cruel. Era seu filho que ela tinha nos braços, o menino por quem ela trocara a felicidade ao lado do homem que amara para que ele nascesse. Não podia perdê-lo.

Como Geórgia não dizia nada, apenas chorava agarrada a ele, Régis decidiu falar. O silêncio dela era uma agonia. Ela não lhe cobrava nada. Régis sentia partir dela tristeza e amor, misturados no mesmo abraço.

— Não chore, mãe, por favor — pediu ele, a voz embargada de vergonha, quase inaudível.

— Não quero perder você — ela revelou, após alguns segundos. — Posso suportar qualquer coisa na vida, menos perder você.

— Você não vai me perder.

— Tenho medo.

— Não precisa ter medo. Olhe, mãe, não vou mais fazer isso. Prometo.

Ele olhou para a avó, temendo haver se precipitado na revelação, mas o olhar de assentimento dela o fez ver que não.

— Como posso impedi-lo de seguir o seu destino? — Geórgia desabafou. — O que fazer para evitar o seu sofrimento? Se você não fizer o melhor pela sua vida, ninguém vai conseguir fazer. Não adianta eu pedir, implorar. A escolha é sua, sempre será sua.

— Não foi nada de mais. Foi só curiosidade, uma aventura.

— Régis, Régis... A quem quer enganar? A curiosidade é a redescoberta de algo que a alma já conhece, seja de bom ou ruim.

Mesmo sem entender, Régis não lhe deu razão. Desconhecia as experiências de outras vidas, mas sabia que nunca mais usaria qualquer tipo de droga outra vez. O resultado fora terrível, angustiante, levara-o a ter ilusões ou ver fantasmas, não sabia bem.

— Sei que não adianta eu prometer que nunca mais vou fumar um cigarro de maconha. Vocês não vão acreditar, mas vou lhes provar isso.

— Eu acredito — afirmou Geórgia. — Se você diz, eu acredito.

Régis abraçou-a com amor, sentindo o amor que fluía dela também. Em seguida, deu um abraço na avó e pediu-lhe desculpas pelo que fizera.

— Você não precisa se desculpar comigo — disse Cléia. — Não precisa se desculpar com ninguém, a não ser com você mesmo. É uma sabotagem ao seu bem-estar.

Era estranha a reação de Régis. Em casa, era uma pessoa totalmente diferente do que era lá fora. Muitas das coisas que prometia à mãe eram esquecidas tão logo ele cruzava a porta da rua. Dessa vez, contudo, era diferente. Não tinha mais vontade de fumar maconha nem nada do gênero, não apenas porque lhe fizera mal, mas porque faria a mãe sofrer.

No dia seguinte, ao encontrar Alex na esquina, Régis pensou em não falar com ele. O outro postou-se a seu lado, caminhando com ele em direção à escola.

— Puxa, Régis, o que deu em você? — falou. — Você desapareceu.

— Eu passei mal, está bem? Nunca mais quero fumar maconha enquanto viver.

— Dá um tempo, Régis! Sem exageros.

— Estou falando sério. Passei muito mal, pensei até que fosse morrer.

Ele não queria dizer que sua decisão tinha a ver com a mãe, temendo que Alex debochasse dele, chamando-o de filhinho da mamãe.

— Você é quem sabe — Alex deu de ombros. — Mas não vai me caguetar, vai?

— Está pensando que eu sou igual a você? Não sou delator.

Durante o resto da semana, impressionado com a atitude da mãe, Régis não se meteu em nenhuma encrenca. Continuava a amizade com Alex, no entanto nunca mais o seguira para cruzar a praça. Como a mãe lhe orientara, passava pela calçada, do outro lado, se possível.

— Sua mãe é um pé no saco — comentou Alex, irritado porque Régis não o acompanhava mais.

— Não fale assim da minha mãe! — rosnou Régis, agarrando o outro pela gola da camisa.

— Tudo bem, não fique bravo. Desculpe-me, pode me soltar. Mas é que você deixa de se divertir por causa dela.

— Não se trata disso. Eu é que não quero ir.

— Ainda se fosse seu pai — continuou ele, ignorando a desculpa de Régis. — A palavra do pai é mais forte, impõe respeito. Mas da mãe... Sinceramente, Régis, não dá para ter medo de mãe.

— Não tenho medo da minha mãe.

— Nem do seu pai?

— Meu pai morreu.

— Morreu? Quando?

— Antes de eu nascer. Não o conheci.

— Você acreditou nisso? Essa é boa. É a desculpa de toda mulher quando não quer assumir que se deitou com o marido de alguém.

— Minha mãe não fez isso! — irritou-se, fechando os punhos em sinal de ameaça. — Retire o que disse!

— Solte-me, Régis! — enfureceu-se, empurrando-o para trás. — Quer saber? Já estou cheio de você.

Alex entrou na praça, enquanto Régis seguiu pelo outro lado, a caminho de casa. Alex o deixara furioso, dizendo coisas das quais nada sabia. A mãe nunca mentira para ele. Se dissera que o pai havia morrido, então era verdade.

Curiosamente, porém, ele não tinha o nome do pai em sua certidão de nascimento. A mãe lhe dissera que era porque ele morrera antes de ele nascer, o que impedira o registro. Até então, ele havia aceitado aquela justificativa sem maiores questionamentos. Mas, agora que Alex levantara a questão, as dúvidas o assaltaram.

— Isso mesmo — incentivou Damien, ao lado dele. — Interrogue sua mãe, coloque-a contra a parede. Vai ver a boa bisca que foi o seu pai.

— Por que está fazendo isso? — indagou Tácio, em tom de censura. — Ele não precisa saber nada de mim.

— Não seja besta. Saber que é filho de um estupro vai lhe trazer revolta. Quem sabe assim ele não desgruda um pouco de Geórgia?

— Ah! É! E quem sabe também ele não vai se consolar nas drogas? Perdeu o juízo, Damien? Não sabe que Régis tem tudo para se viciar?

— O nome dele é Mizael. Quanto às drogas, não creio que ele vá buscá-las novamente. Agora, Geórgia é um empecilho, você tem que reconhecer. Se enfraquecermos a imagem de deusa que ele criou da mãe, talvez ele nos dê mais ouvidos.

— Ele já nos ouve bastante. Não precisamos colocá-lo contra Geórgia.

Cansado dos embates com Tácio, Damien não respondeu. Não aguentava mais aquela missão. Fizera o que achara melhor, intuindo o menino para perguntar de seu passado. Se ele faria isso ou não, se Tácio tentaria impedi-lo, não era problema dele.

Tácio não conseguiu mais alcançá-lo. Depois de deixar Alex na praça, Régis seguiu para casa, pensando no pai, no tipo de homem que fora em vida. E por que ele não o registrara? Mesmo que tivesse morrido, a mãe poderia tê-lo feito. Afinal, não era casada com ele?

Pensando bem, a mãe jamais dissera que fora casada. E não havia sequer uma foto deles dois em casa. Ele nunca nem vira um retrato do pai. Mentalmente foi desdobrando os acontecimentos relacionados a seu nascimento. Ele pouco perguntara do pai, naturalmente aceitando a palavra da mãe de que ele havia morrido. Pequeno, não tinha por que questioná-la. Agora, porém, aos treze anos, não era mais tão ingênuo. Havia alguma coisa errada, ele intuía. Precisava descobrir, e ninguém melhor do que a mãe para lhe contar.

Esperou até que ela chegasse do trabalho para interrogá-la. Logo nas primeiras perguntas, os olhos de Geórgia encheram-se de lágrimas. Vendo que o assunto lhe fazia mal, Régis retrocedeu, devolvendo aos pensamentos as desconfianças que o assaltavam. Sua curiosidade não era maior do que o medo de machucar a mãe, por isso, durante um tempo, ocultou a frustração e não tocou mais no assunto.

Capítulo 24

Com uma diferença de quatro anos, Natália e Patrícia tinham interesses distintos em épocas iguais. Enquanto Natália ganhava corpo e formas de mulher, perdendo a inocência que Júlio tanto admirava, Patrícia mantinha a aparência pueril da infância, coisa que mais o atraía nas filhas. Tinha medo de que, crescendo, as meninas se tornassem mulheres iguais à mãe.

Ele gostava das duas, contudo não podia negar que Patrícia era sua preferida. O temperamento de ambas era muito diferente. Natália, apesar de mais doce, era muito sincera, demonstrando claramente o que sentia. Já Patrícia era dissimulada, fingindo gostar das mesmas coisas que Júlio só para agradá-lo e, com isso, permanecer na liderança do afeto.

Apesar de amar as filhas, Bianca não fazia o estilo maternal. Desde o nascimento de Patrícia, com a rejeição de Júlio, levava uma vida fútil, gastando tudo que podia, dormindo com todo tipo de homens. Como Júlio também tinha seus casos, o casamento era apenas de aparências, uma espécie de satisfação à sociedade e uma forma de se manterem perto das meninas.

Júlio jamais abriria mão de ficar com elas e sabia que Bianca insistiria na guarda para não perder a pensão. E ainda havia a divisão de bens, um patrimônio que ele conseguira reunir durante aqueles anos todos de casamento: um apartamento na zona sul da cidade, um carro do ano e alguns poucos milhares na poupança.

Quando Natália completou quinze anos, Júlio e Bianca fizeram questão de presenteá-la com uma bonita festa de debutante, embora ela preferisse uma viagem ao Nordeste. Tratava-se de manter a imagem de família bem estruturada, conservadora, abastada. Coisas para as quais Natália, efetivamente, não ligava, mas que enchiam os olhos de Patrícia.

Logo que viu a irmã vestida em seu lindo vestido branco de festa, Patrícia experimentou um sentimento que a acompanharia por toda a vida e com o qual não sabia lidar. A inveja deu uma espetada em seu coração, levando-a, instantaneamente, a desejar o que Natália possuía.

— Quando você fizer quinze anos, vai ganhar uma festa ainda mais bonita — prometeu Júlio.

— Vai demorar muito — queixou-se ela. — Quero uma festa agora.

— Agora não vai dar, meu bem. Mas vou lhe comprar um vestido lindo. O que você acha?

— Mais bonito do que o de Natália?

— Natália já é uma moça e usa coisas diferentes. Vou lhe comprar o mais bonito para a sua idade.

— Quero ficar mais bonita do que ela.

— Você não precisa — confidenciou ele, apertando seu queixinho. — Você já é naturalmente a mais bonita.

Patrícia sentiu o peito inflar. Tudo o que mais queria era ser melhor do que Natália. As duas meninas eram lindas, alegres, extrovertidas. Só que Natália possuía o coração puro, ao passo que Patrícia nascera com tendências daninhas que era preciso controlar.

No dia da festa, ambas pareciam duas princesas. Natália, com seu vestido branco cintilante, os cabelos soltos sobre os ombros, maquiagem leve, porém iluminadora. Tudo para realçar ainda mais seu brilho natural.

Patrícia, por sua vez, brigava com a mãe para deixá-la parecida com a irmã. Seus longos e belos cabelos encaracolados foram cuidadosamente ajeitados para esparramar-se sobre as espáduas, qual finíssima cascata ondulante. O vestido era verde-água, fazendo um contraste impressionante com sua pele morena e sedosa. Ela queria usar uma maquiagem extravagante, chamativa, mas a mãe não deixou.

— Você não quer parecer uma boneca de pano, quer?

Patrícia meneou a cabeça, com raiva. Tinha certeza de que Natália estava mais bonita do que ela. Ao entrarem no salão de festas, todos os olhos se voltaram para Natália. Patrícia vinha logo atrás, recebeu muitos elogios, mas não se contentou. Queria ser o centro das atenções.

— Ninguém me dá bola — reclamou com o pai. — Não é justo. Estou mais bonita do que ela.

— É claro que está — confortou Júlio. — Só que hoje é o aniversário da sua irmã. Por isso, todo mundo está olhando para ela, e não para você. Quando for a sua vez, vai ser o contrário.

Mesmo emburrada, Patrícia teve de se conformar. Acabou distraindo-se com os primos e os amigos, correndo pelo salão, dançando, esbarrando nas mesas. Esqueceu-se um pouco de Natália, até que a *Valsa do Imperador*[18] começou a tocar. Patrícia procurou o pai com o olhar. Lá estava ele, no centro do salão, pronto para dançar a valsa com Natália.

Imediatamente, seu coração transbordou de inveja. Queria ela estar nos braços dele. A irmã, naquele momento, era a usurpadora da sua felicidade. Rapidamente, o despeito a dominou. Patrícia largou as brincadeiras, circulando o salão, olhos fixos no pai e na irmã. Aos poucos, outros casais se juntaram a eles, acompanhando-os na valsa. Patrícia não tinha par. Só os mais velhos podiam dançar. Não era justo.

---

18 Valsa de Johann Strauss.

Parada em uma das extremidades do salão, viu o rapaz que Natália estava namorando, à espera de que Júlio a passasse para os braços dele. Como quem não quer nada, aproximou-se, a ideia montada na mente.

— Oi, Bruno — cumprimentou, parando ao lado dele.

— Oi — respondeu ele, sem muito interesse.

— Natália está linda, não está?

— Ela é maravilhosa — embeveceu-se, sem desviar os olhos dela.

— Pena que só goste de meninas.

— Como assim?

— Ela não lhe contou? — ele meneou a cabeça. — Natália é lésbica.

— O quê?!

— Não é assim que se chamam meninas que gostam de meninas?

— O que está dizendo, Patrícia? Ficou maluca?

— Você não sabia? — ela fingiu surpresa. — Ai, meu Deus, por que fui contar? Jurava que você era amigo dela e estava só prestando um favor, para que nossos pais não desconfiassem de nada.

— Não é possível. Como você sabe disso?

— Eu descobri. Peguei-a aos beijos e abraços com uma amiga da escola. E nem sabia que meninas podiam beijar meninas.

— Não é verdade — balbuciou ele, atônito. — Ela me beijou e tudo, disse que gosta de mim.

— Eu e minha língua comprida — choramingou Patrícia, fingindo arrependimento e pânico. — Ela me fez jurar segredo e agora vai querer me matar. Como pude ser tão boba? Jurava que você sabia de tudo. E, se meus pais descobrirem, vai ser pior. Ela nunca mais vai falar comigo. E eu adoro a Natália. Vai ser horrível ficar sem falar com ela.

— Não se preocupe, não direi nada.

O jovem estava no auge da confusão. Podia jurar que Natália gostava dele. Será que ela fingia tão bem assim? Talvez fosse melhor esclarecer as coisas, mas prometera a Patrícia que não a colocaria em uma situação difícil.

Nesse momento, Júlio entregou-lhe a filha, para que ele dançasse com ela. Bruno tomou-a nos braços, observando-lhe a fisionomia doce, sentindo sua feminilidade contagiante. Em meio à valsa, ele tentou beijá-la, mas ela se esquivou, olhando para ele com ar de recriminação. Não ficava bem beijarem-se no meio do salão, diante dos olhares atentos dos pais. Na cabeça dele, ela o rejeitava simplesmente porque ele não lhe agradava.

Durante o resto da noite, Bruno permaneceu arredio, vendo segundas intenções em todos os gestos de Natália com as meninas. Ela nem desconfiou. Continuava rindo e conversando com as colegas, animada demais com a festa para perceber a perturbação do garoto.

Só no dia seguinte, quando ela ligou para ele, foi que notou que havia algo errado. Encontrou-o na escola, tentou falar com ele, mas Bruno sempre se esquivava. Por fim, no final da semana, conseguiu abordá-lo:

— O que foi que houve, Bruno? Fiz alguma coisa de que você não gostou?

Ele a olhou com uma certa impaciência. Não gostava de ser enganado.

— Deixe para lá, Natália — desconversou ele. — Não estou com raiva nem nada. Só não quero mais sair com você.

— Por quê? O que foi que eu fiz?

— Você sabe.

Sem esperar resposta, Bruno rodou nos calcanhares e foi embora, deixando-a abismada, sem entender. Ela ainda tentou telefonar algumas vezes, mas ele mandava dizer que não estava. Na escola, continuava evitando-a, até que ela desistiu. Também tinha o seu orgulho.

Em casa, ela andava acabrunhada, triste, sem muito ânimo para conversar. Tanto Bianca quanto Júlio perceberam e foi este o primeiro a se interessar:

— O que foi que houve, minha filha? Por que anda tão triste?

— Nada.

— Nada, não. Alguma coisa aconteceu.

— Brigou com o namorado? — disse Bianca.

— Não é bem isso — disse ela, as lágrimas já se insinuando. — Foi o Bruno. Está estranho, me evitando. Não sei o que fiz.

— Você não fez nada — rebateu Bianca. — Os homens são todos iguais. Não prestam desde meninos.

Júlio olhou-a com irritação, tentando ignorar suas provocações.

— Deixe Bruno para lá. Você é uma menina linda; aposto como há muitos rapazes atrás de você. Bruno é um bobão, não a merece.

— É isso mesmo — incentivou Bianca. — Não ligue para ele. Se arranjar outro, logo você o esquece.

Natália não estava bem certa. Podia esquecê-lo, mas doía-lhe não saber o motivo de sua indiferença. Considerava injustas as evasivas dele. Se ela fizera algo que o desgostara, ele devia lhe falar, dar-lhe uma chance de se explicar.

Era com uma satisfação mórbida que Patrícia acompanhava esses fatos. Ver a irmã triste dava-lhe indescritível prazer.

— Por que Bruno brigou com você? — perguntou ela, com aparente inocência.

— Ele não brigou.

— Mas então, por que ele não vem mais aqui?

— Não sei. Deixe isso para lá. Você ainda é muito pequena para entender.

Não era. Patrícia não só compreendia tudo, como era capaz de arquitetar planos eficientes para atrapalhar a felicidade de Natália e, com isso, promover a sua. Ao menos era essa a ilusão que ela alimentava. Achava que, roubando a alegria da irmã, ela seria mais feliz. Não sabia que, quando alguém perde a alegria, ela não se transfere para mais ninguém.

Os namorados seguintes de Natália tiveram fim parecido. A moça não compreendia por que seus relacionamentos não davam certo. Sempre que se interessava muito por alguém, ele desaparecia. Só ficavam aqueles por quem não tinha muito interesse. Julgava não ter sorte com os homens, sem saber que Patrícia cuidava de envenenar todas as suas relações. Na maioria das vezes, deixava escapar, sem querer, que a irmã estava interessada em alguma menina ou que havia saído com um amigo mais íntimo.

Instaurados o ciúme e a dúvida, eles terminavam o namoro. Como Natália era ainda muito jovem, não tivera tempo de ter muitos namorados, de forma que não deu para desconfiar das fofocas de Patrícia. Ingênua, também não percebia as artimanhas da irmã, que sempre arranjava um jeito de deixá-la mal ou afastá-la do pai.

No domingo, dia de sol, Júlio acordou mais tarde do que de costume. As filhas haviam ido à praia com Bianca, mas ele preferiu não ir. Gostava de ficar em casa e aproveitar a manhã para dormir, luxo que não podia se dar nos dias de semana. Sentou-se à mesa da cozinha para tomar café e ler o jornal.

Não conseguiu. A cabeça cheia de novidades não se centrava nas notícias. Bianca ainda não sabia, mas ele recebera uma proposta irresistível. Uma promoção para a diretoria executiva do banco, só que em São Paulo, onde ficava a sede. Sabia que seria difícil convencer a mulher a se mudar do Rio de Janeiro, mas ele não podia recusar aquela oferta. Era a realização de toda uma vida, tudo por que sempre trabalhara.

O cargo deveria ter sido oferecido a Anselmo, um homem mais velho, mais experiente. Mas Anselmo metera os pés pelas mãos. Defensor da moral e dos bons costumes, acabou se envolvendo com uma estagiária do banco, flagrado no almoxarifado em pleno ato sexual. Foi uma vergonha. Só não ganhou a justa causa, com que ele antes ameaçara tantos empregados, porque a diretoria do banco quis evitar o escândalo.

O fato, contudo, chegou aos ouvidos da mulher, que acabou se divorciando. Anselmo ficou arrasado, sofrendo as consequências de tudo aquilo que recriminara a vida inteira. Agora, perto da aposentadoria, com dificuldades para encontrar novo emprego, vendia sanduíche natural na praia para conseguir pagar as cotas faltantes da previdência, até se aposentar.

Apesar da pena que sentia de Anselmo, Júlio não deixava de agradecer-lhe a oportunidade que lhe dera. Não fosse a sua imprudência, ele teria de esperar ainda alguns anos para galgar àquela posição ou, quem sabe, nunca chegaria até ela. Por isso é que sabia que não poderia recusar a promoção. Mesmo que Bianca não o acompanhasse, teria de aceitar.

A mulher já não lhe fazia mesmo falta. Viviam um casamento de aparências. Sentiria saudade apenas das filhas. Natália e Patrícia eram seu maior tesouro, principalmente a caçula. Até já se esquecera de que ela não era sua filha de verdade. Por mais estranho que pudesse parecer, a afinidade que tinha com a menina tornava sem importância o fato de ela não ser sangue do seu sangue.

A partir do momento em que aceitou Patrícia em seu coração, Júlio se desligou definitivamente de Bianca. Ela que tivesse os homens que quisesse, desde que não arranjasse outros filhos. Por sorte, Bianca fizera a ligadura de trompas logo após o nascimento de Patrícia, evitando, assim, surpresas desagradáveis. E ele não aceitaria criar outra criança que não fosse sua. Com Patrícia fora diferente. Ele se afeiçoara à menina, que nada tinha a ver com as sandices da mãe.

Assim como o filho de Geórgia nada tinha a ver com a violência do pai. Patrícia lhe mostrara que era possível aceitar o filho de outro homem, gostar dele como se fosse seu próprio. O que dizer do filho de Geórgia? Ele não sabia, talvez nunca descobrisse. Com Bianca, não fizera a mesma pressão para que abortasse. Pensou que fosse detestar a criança, contudo amava-a muito mais do que qualquer outra pessoa. Teria ele sido capaz de amar também o filho de Geórgia?

Quando elas chegaram da praia, Júlio já havia preparado o almoço. Não era de seu feitio cozinhar, mas se saía bem com a macarronada. Famintas, sentaram-se à mesa para comer, ainda de biquíni.

— Está uma delícia, pai — elogiou Natália.

— Você é muito boazinha — gracejou ele. — Está mais ou menos.

— Você não faz nada mais ou menos — objetou Patrícia. — Tudo que faz é maravilhoso.

Aquele era o momento. Ele soltou o garfo no prato, olhou de uma para outra e começou a falar:

— Muito bem, se tudo o que faço é maravilhoso, então tenho uma notícia maravilhosa para dar.

As três o encararam ao mesmo tempo, à espera da notícia. Vendo seus olhares ansiosos, sentiu a coragem se esvair, até que Bianca o cutucou e falou com irritação:

— Não vai contar o que é, não? Para que o suspense?

— Fui promovido — falou de chofre.

— Que maravilha! — exclamou Bianca, já pensando nas joias que poderia comprar. — A quê?

— Diretor executivo.

— E paga bem?

— Muito bem.

— Legal, pai — disse Natália. — Parabéns!

— É, pai, parabéns! — repetiu Patrícia.

— Só tem um probleminha — comentou ele.

— Que probleminha? — perguntou Bianca.

— Vamos ter que nos mudar para São Paulo.

Foi um silêncio geral. Todas pararam de mastigar ao mesmo tempo, encarando-o com espanto.

— Eu não vou — afirmou Bianca. — Não vou mesmo.

— Ora, vamos, Bianca, não é tão ruim assim. Vou ganhar mais do que o dobro do que estou ganhando hoje.

— Eu vou, papai — disse Patrícia. — Vou para qualquer lugar com você.

— Gostaria que fôssemos todos juntos — retrucou, esperançoso.

— Nada disso — insistiu Bianca. — Não saio daqui de jeito nenhum.

— Quer que eu recuse a promoção?

— Não. Só acho que não precisamos nos mudar. Você pode pegar a ponte aérea.

— Todo dia?

— Você vai na segunda de manhã e volta sexta à noite. Muita gente faz isso.

— É muito cansativo e dispendioso.

— Então, pode vir de quinze em quinze dias. Ou uma vez por mês. Não me mudo do Rio por nada. Não vou trocar a praia por um monte de fumaça.

— Não é bem assim, mãe — contrapôs Natália. — Existem coisas boas em São Paulo, assim como o Rio também tem poluição.

— Pois, quando aparecerem as coisas boas, pode me chamar. De resto, fico por aqui.

— Lamento que você pense assim, Bianca — ponderou Júlio. — Há anos sonho com essa promoção. Não posso simplesmente recusá-la só porque minha mulher não quer se mudar.

— Eu não disse para você recusar. Acho apenas que tenho o direito de não querer sair da minha casa.

— Você é quem sabe. A escolha é sua, mas eu vou.

— E nós? — tornou Patrícia, agarrada ao pai. — Quero ir aonde você for.

— Se sua mãe deixar... — divagou ele, fitando Bianca discretamente.

— Tem graça você querer tirar minhas filhas de mim — retrucou Bianca, com medo de perder a boa vida caso as meninas se mudassem dali.

— Ah, pai — choramingou ela, encarando Bianca com raiva.

— Você vai vir nos fins de semana? — quis saber Natália.

— Vai ficar muito puxado. Talvez venha de quinze em quinze dias ou uma vez por mês, como sugeriu sua mãe.

— Por mim, tudo bem — concordou Bianca.

— E vocês, meninas? — ele dirigiu-se às filhas. — O que dizem?

Natália concordou, mas Patrícia não queria se separar do pai.

— Não quero — disse ela, aos prantos. — Vou morrer de saudades.

— Também vou ficar com saudades de vocês. Mas olhe, papai vai lhe trazer um presente toda vez que voltar.

— Que tipo de presente?

— O que você quiser.

— Quero um vídeo game.

— Muito bem. Que seja. Um vídeo game.

— E um notebook.

— Vá devagar, querida. Uma coisa de cada vez.

Ela se agarrou a ele, realmente triste com a sua partida.

— Vai me ligar todo dia? — pediu ela, queixosa.

— Com certeza.

— Pode me comprar um celular? Para poder falar com você quando eu quiser?

— Está bem.

— Não tem graça gastar dinheiro com celular para uma criança — opôs-se Bianca.

— Deixe, mãe — intercedeu Natália. — Vai fazer bem a Patrícia.

— Só posso comprar um — anunciou Júlio, olhando para a outra filha.

— Não faz mal, pai, o meu ainda está bom — falou Natália. — Dê um para ela.

Júlio sentiu um certo remorso. Um celular não custava tão caro assim. Podia comprar dois, se quisesse, mas aí teria de dar a Patrícia um aparelho mais barato.

Finalmente, Júlio conseguiu ajeitar as coisas. Como o divórcio estava em seus planos, trataria de não aumentar o patrimônio enquanto estivesse casado. Bianca podia ficar com o apartamento do Rio, que agora lhe parecia pequeno, simples demais para suas ambições. Separar-se das filhas é que seria o mais doloroso, mas era por uma boa causa. Com o tempo, esperava que elas fossem morar com ele, diminuindo o custo de uma possível pensão.

Daí a dois meses, Júlio embarcou para São Paulo. Lá, abriu uma caderneta de poupança em nome de Patrícia, com o seu CPF, sem o conhecimento de Bianca, só por precaução, para que ela não ficasse de olho grande no seu dinheiro. Nela efetuava depósitos vultosos, para sacar antes de a filha completar dezoito anos, mas depois do divórcio.

Vinha ao Rio de quinze em quinze dias, como programado, trazendo presentes cada vez mais caros para Patrícia e Natália. Para Bianca, uma coisinha ou outra, nada de especial, já amadurecendo a ideia do divórcio.

Capítulo 25

O maior desejo de Régis passou a ser descobrir tudo sobre sua origem. Durante a infância, pouco se incomodara com aquilo, mas depois que Alex o alertara, vivia pensando em como seria seu pai. As tentativas de descobrir tudo com a mãe nunca surtiam efeito. Seus olhos marejados faziam-no sentir-se culpado pela curiosidade, e ele sempre retrocedia. Agora, porém, estava decidido. Já não era mais criança, tinha o direito de saber.

Passava das dez horas quando ele saiu do quarto. A mãe e a avó estavam na sala, assistindo a um DVD. Ele se sentou ao lado delas, fingindo prestar atenção ao filme. Agora seria mais direto, sem lhe dar tempo de se desmanchar em lágrimas.

— Mãe — chamou. — Posso lhe fazer uma pergunta?

— É claro, meu filho. O que é?

— O que foi que houve com o meu pai?

A pergunta deixou-a desconcertada. Era a primeira vez que ele a abordava daquela maneira. Geórgia olhou para Cléia, que evitou encará-la.

— Seu pai morreu, já disse.

— Morreu de quê? Quando? Ele era jovem? E por que vocês não se casaram?

Geórgia deu pausa no DVD e olhou para ele.

— Por que quer saber isso agora? — indagou, preocupada.

— Por que não? Estou crescido, acho que é meu direito.

Fitando Cléia de soslaio, Geórgia disse com cautela, esforçando-se para conter as lágrimas:

— Seu pai era um homem muito doente.

— Que doença ele tinha? Era algo contagioso?

— Não.

— Era o quê? Algum tipo de câncer?

Geórgia olhou novamente para a mãe, em busca de ajuda. Um olhar imperceptível de Cléia a estimulava a falar sobre o passado. Ela nunca pensara em mentir para Régis, mas era-lhe difícil falar sobre coisas que haviam lhe causado tanta dor.

— Talvez você não goste de saber.

— Por quê? É algo tão terrível assim?

— Mais ou menos — disse ela, escolhendo as palavras com cautela. — Na verdade, seu pai... seu pai era viciado em drogas. Morreu de overdose.

A revelação escapou subitamente, um desabafo que havia muito oprimia o peito de Geórgia.

— O quê?! — indignou-se Régis. — Como é que você foi se meter com alguém assim?

— Eu não sabia — foi a desculpa que ela logo arranjou.

— Como vocês se conheceram?

— Num churrasco.

— Ele era casado?

— Não. Estava se divorciando. A mulher dele o largou por outro.

Nesse ponto, ela estava chorando, mas Régis fingiu não notar. Não daquela vez.

— Não entendo você, mãe — tornou com uma certa revolta. — Vive se fazendo de certinha e foi se envolver justo com um viciado.

Ela não disse nada, as lágrimas não permitiam. Cléia, contudo, se adiantou:

— Não se apresse em julgar sua mãe, Régis. Você não faz ideia do que ela passou para ter você.

— Pois então me contem. O que foi que houve?

Geórgia não conseguia falar. Um medo atroz de que ele a acusasse quase paralisou seu coração. Cléia queria contar-lhe sobre o estupro, mas Geórgia a fizera prometer que não diria nada. Não queria que Régis se tornasse ainda mais revoltado do que já era.

— Régis, por favor — suplicou ela. — Deixe o passado onde está.

— O passado é meu também. Você não tem o direito de me esconder nada. E não é você que vive se gabando de nunca mentir para mim?

— Não estou mentindo.

— Está me ocultando algo. As duas estão. O que é? Tenho o direito de saber.

— Não há mais nada para saber, Régis — esclareceu Cléia. — Essa é a vida da sua mãe, não sua. Há coisas no passado que somente a ela dizem respeito.

— Você não entende, mãe — ele ajoelhou-se ao lado dela, segurando-lhe as mãos. — É horrível não conhecer sua própria história. As pessoas fazem comentários maldosos, Alex até insinuou que meu pai era casado e que não me registrou por causa disso.

— Não foi por isso.

— Eu sei, acredito em você. Mas existe algo que você não quer me contar, e é isso que me deixa louco. Só posso pensar que tem a ver com o meu nascimento.

— Deixe sua mãe em paz, Régis — disse Cléia. — Ela já sofreu demais.

— Por quê? O que houve que a fez sofrer tanto? Fui eu?

— É claro que não — contestou Geórgia. — Você é meu maior tesouro.

— Então, o que foi? Do que teve que abrir mão para ficar comigo?

Com um suspiro doloroso, Geórgia fitou Cléia por uns momentos.

— Pare com isso, Régis — censurou Cléia. — Está fazendo sua mãe sofrer.

— Não tem importância — falou Geórgia, visivelmente abalada. — Ele tem razão, mãe. Se quer saber a verdade, é o que lhe direi.

Geórgia estreitou-o com amor, deixando que ele se envolvesse mais uma vez naquela onda energética e poderosa. Ante o olhar ansioso de Cléia, Geórgia revelou:

— Eu era noiva quando conheci seu pai. Envolvi-me com ele, engravidei. Depois que ele morreu, meu ex-noivo quis aceitar-me de volta, mas com a condição de que eu abortasse você.

Régis não sabia o que realmente sentia: se revolta porque ela traíra o noivo ou se alegria porque ela abrira mão do casamento para que ele pudesse nascer. Descobriu que o fato de estar vivo era muito mais importante. Além do mais, ainda que quisesse, não poderia revoltar-se contra a mãe.

— O cara foi um otário — desdenhou ele. — Perdeu uma mulher maravilhosa feito você.

— Ele teve seus motivos.

— Imagino. Não queria ser chamado de chifrudo.

— Isso agora não importa mais — afirmou Cléia. — Sua mãe não aceitou e você nasceu.

— E não me arrependo, nunca me arrependi, nem por uma fração de segundos, por ter escolhido você. Não há homem no mundo que pague a felicidade de ter um filho. Você é o que existe de mais importante na minha vida.

Essas palavras o emocionaram. Régis abraçou-a com ternura, beijou-a nas faces.

— Eu a amo, mãe — disse com sinceridade. — E você também, vovó. São as únicas pessoas no mundo que merecem o meu amor.

— Não diga isso — objetou Geórgia. — Há muitas pessoas no mundo que merecem ser amadas.

— Não conheci nenhuma.

— Isso é porque você é ainda muito jovem. Espere só até conhecer uma garota.

Desde esse dia, Régis deixou a mãe em paz. Com o tempo, vendo que ele não reagia, Alex também deixou de provocá-lo, voltando seus interesses para outras coisas. Sem que Geórgia ou Cléia soubessem, Régis prosseguia envolvendo-se em tudo que não devia. Estimulado por Damien, matava aulas e gostava de se dar bem. Saía de lanchonetes sem pagar, pulava o muro de estádios para assistir a shows, passava a mão nas garotas.

Contudo, por mais que Alex insistisse, não se interessava por drogas. O efeito da maconha que fumara fora suficiente para que ele nunca mais experimentasse nada. Acompanhava o amigo à boca de fumo, tinha contato com viciados, mas não se envolvia com eles. E, depois de saber que o pai morrera de overdose, tomou horror às drogas.

Tão logo concluiu o ensino médio, Régis deixou a escola. Por mais que a mãe insistisse, não conseguiu convencê-lo a prestar vestibular. Seu objetivo era ganhar dinheiro. Gostava de frequentar a boca de fumo, atraído que era pela malandragem. Costumava acompanhar Alex só pelo fato de que se sentia bem entre malandros e bandidos.

— Você não devia cheirar isso — disse ele a Alex, vendo-o preparar uma carreira de cocaína. — Depois, quando quiser largar, não vai conseguir.

— Virou meu pai agora, é? Deixe de ser trouxa. Você é que é um frouxo, com medo de se viciar.

— Tenho medo mesmo, e daí? Não quer dizer que seja frouxo. Só não quero ficar dependente de um pó.

— Tudo bem, então não se meta. Vá cheirar uma florzinha.

Dando de ombros, Régis se afastou. No momento em que ia iniciar o primeiro passo, uma figura imponente chamou sua atenção. Caminhando pelo meio da praça, vinha uma figura singular. Um homenzarrão com cara de mau, porte atlético, no pescoço um cordão grosso, de ouro maciço, em que se destacava pesado medalhão. Anéis extravagantes, igualmente de ouro, guarneciam dois de seus dedos da mão direita, na qual também havia uma pulseira de ouro ilustrando-lhe o pulso. Do outro lado, um relógio caríssimo, tudo de ouro.

Era a primeira vez que o chefão do tráfico da região passava por ali. Sua aparência majestosa impressionou Régis, que, de algum lugar de sua mente, extraiu a lembrança de Atílio. Foram apresentados. Bira, o traficante, não lhe prestou muita atenção. Estava mais interessado na mulher que conhecera e que morava por ali. Por isso fora até lá, para impressioná-la com seu galanteio de machão.

Tudo isso era acompanhado de perto por Damien e Tácio. Durante anos a fio, os dois espíritos não desgrudaram de Régis, mas, enquanto Damien o incentivava ao crime, Tácio o fazia lembrar-se da mãe, desestimulando-o na surdina, sem saber que seus conselhos eram ouvidos por Damien. Não podendo desobedecer às ordens de Atílio, Damien permitia que Tácio levasse Régis pelo caminho do fracasso nos seus planos anteriores.

Quando notou a proximidade de Bira, Damien exultou. Cutucou Tácio a seu lado e apontou para ele com o queixo, olhando rapidamente para o outro lado, como se aguardasse a chegada de alguém. A mulher, de nome Gislene, apareceu pouco depois, rebolando as ancas para atrair a atenção dos homens. Bira se desfez num sorriso malicioso. Saiu de perto dos garotos e foi ao encontro dela. De onde estava, Régis o observava, fascinado com seu porte altivo.

— Vai ser mais fácil do que imaginei — comentou Damien.

— Como assim?

— Você não reparou? — Tácio meneou a cabeça. — O traficante é a cara do Atílio.

— É?

— A cara é exagero. Mas lembra muito. E Mizael, é claro, inconscientemente percebeu isso também. Não vai ser difícil aproximá-lo de Bira.

— O que você pensa em fazer?

— Sei dessa mutreteira — ele apontou para a moça. — E não vai ser nada mau se Mizael descobrir.

— Não estou entendendo nada.

— Não precisa. Basta me acompanhar.

Damien fazia o possível e o impossível para bem cumprir as ordens de Atílio. Nem por um momento sequer pensou em desobedecer-lhe ou sabotá-lo. Esmerava-se para fazer o melhor, preocupado com o sucesso de sua missão. O fracasso, deixava a cargo de Tácio.

Depois que Bira saiu com ela, Damien sumiu, levando Tácio com ele. Por ora, nada podia fazer. Mais tarde, seria hora de agir. Ele tudo faria para que seu plano saísse certinho. Teve o cuidado de sincronizar os acontecimentos, tomando conta de Bira e de Régis.

Em sua ânsia de começar a ganhar dinheiro, Régis escolheu a carreira de modelo. Aproveitaria o que possuía de melhor: a fisionomia e o corpo. Para iniciar-se na profissão, tinha de divulgar sua aparência e seu potencial. Precisava, com urgência, de um book de estilo, mas conseguir isso não era nada fácil. Confeccionar algo que valesse a pena custava caro, e ele não tinha um tostão sequer. O jeito era apelar para a mãe.

— Isso não vai dar certo, meu filho — objetou ela. — Você escolheu uma profissão ingrata. Sabe como é esse meio.

— Deixe de preconceito, mãe. O cara lá da agência de modelos disse que eu tenho tudo para me dar bem. Só preciso de um book legal.

— Mas é muito caro.

— Por favor, mãe, é para o meu futuro. E eles aceitam pagamento parcelado. Você pode dar dez cheques pré-datados.

— Está bem, Régis. Vou ver o que posso fazer.

Pagar por aquele book seria um desequilíbrio no orçamento doméstico. Sem contar que aquela não era uma profissão do agrado de Geórgia, que pensava em ver o filho formado. Régis, porém, estava decidido. Acreditava em seu futuro como modelo. Faltava-lhe apenas arranjar dinheiro para o book.

— É a nossa chance — comentou Damien, assim que Régis deixou a mãe e ganhou a rua.

— Como assim? — questionou Tácio.

— Você vai ver.

Damien se colou a Régis, que ia ao encontro de Alex. Quando os dois se encontraram, veio a sugestão imediata:

— Alex pode lhe arranjar um financiamento. Ele conhece gente importante.

A princípio, Régis rejeitou a ideia, ainda focado em Geórgia. Acompanhou o amigo até a boca de fumo, onde ele foi comprar cocaína. Lá estava Bira novamente, gargalhando com os garotos, exibindo seu jeito de malandro. Não era comum que Bira parasse por ali. Só quando Gislene demorava é que ele saltava para cumprimentar a rapaziada.

Quando Gislene apareceu, Bira foi-se com ela, deixando Régis cada vez mais fascinado. Nada sabia do traficante, mas o admirava em silêncio. Tinha até medo de pensar naquela admiração, tentava resistir-lhe, voltando os pensamentos para outras coisas. Mas a interferência de Damien mantinha em alta aquela simpatia.

Certa noite, Régis havia acabado de sair de um baile funk em companhia de Alex e duas garotas, para onde haviam ido por sugestão de Damien. Pensavam em ir a um motel, mas ele estava desanimado, um pouco alto da bebida.

— Vamos pegar um táxi — sugeriu Alex, completamente chapado.

As duas garotas também estavam drogadas, para desagrado de Régis. Não gostava de dormir com viciadas, não tinha paciência para suas crises nem seus acessos de riso.

— A essa hora vai ser difícil achar um táxi — comentou Régis.

— Vamos pegar um ônibus — sugeriu a acompanhante de Alex.

— É isso aí — concordou Alex. — Estamos longe à beça de casa. Não dá para ir a pé.

— Não vamos para o motel? — queixou-se a outra, fazendo beicinho.

— Não vai dar. Mas podemos ir à praça lá perto de casa. Tem uns cantinhos maneiros para namorar.

— Na praça? — decepcionou-se a menina.

— Por mim, está tudo bem — falou a outra, tentando abraçar Régis, que a repeliu com irritação. — O que há? Não gosta de mim?

— Dê o fora — falou ele, cada vez mais irritado. — Não gosto de mulher chapada.

— Qual é, cara? — revidou ela, mal se sustendo em pé. — Você é careta, é?

Régis não respondeu. Empurrou-a para o lado, atravessando a rua em direção ao bar da esquina, para onde Damien desviara sua atenção.

— Aonde você vai, Régis? — perguntou Alex, puxando-o pelo braço.

— Vou embora.

— E a menina?

— Fique com ela.

Sem paciência, Régis entrou no bar e puxou uma cadeira. Estalou os dedos, chamando o garçom. Pediu uma cerveja e relaxou. O dinheiro que tinha era pouco, ainda proveniente da mesada que a mãe lhe dava. Era um absurdo um homem feito ele depender da mãe para tudo. Tinha de arranjar dinheiro. Precisava de um emprego, mas não gostava de nada. Detestava a prisão dos escritórios, a arrogância dos chefes. Devia haver um jeito mais fácil de conseguir dinheiro sem correr o risco de se envolver com a polícia. Não podia dar esse desgosto à mãe.

O book seria a solução. Régis estava certo de que teria futuro na carreira de modelo. O problema era que a mãe não só não tinha dinheiro, como não concordava com a sua escolha. Queria que ele se formasse, que trabalhasse engravatado como os idiotas sem personalidade que circulavam pelo centro da cidade.

Eram esses seus pensamentos quando uma voz de mulher os interrompeu. Vinha de uma mesa mais atrás, onde um casal conversava à meia-voz. Régis não queria se voltar para encará-los, mas o nome que a ouviu pronunciar fez arrepiar sua pele, aguçando seus sentidos.

— Estou com medo — dizia ela. — E se o Bira descobrir que fui eu?

— Ele não vai — contrapôs o homem, visivelmente irritado. — Não vá dar para trás agora.

— Não se esqueça do que me prometeu, Joel. Quero a minha liberdade.

— Não é bem assim, Gislene. Liberdade é com o juiz. Mas o promotor concordou em aliviar a sua barra e processá-la apenas por furto simples, para dar uma satisfação aos donos da loja que você roubou, entende?

— Vou ser presa?

— Provavelmente, não. Uma restrição de direitos, talvez, mas vai ficar na rua, para continuar vadiando, como sempre. Agora, para isso, você tem que nos ajudar a prender o cara. E aí? Como vai ser? Descobriu ou não?

Seguiu-se um minuto de silêncio, no qual Régis mal respirava. Não acreditava que estivesse ouvindo a confissão daquela traidora. Ela e o homem, provavelmente um policial, estavam planejando dar um flagrante em Bira, e ele era o único que podia impedir. Fingindo desinteresse, tomou um gole da cerveja, ouvidos colados na outra mesa.

— Descobri — revelou ela, de forma quase inaudível.

— E quando vai ser? — questionou Joel, quase eufórico. — Onde?

— Num armazém abandonado lá em Vila Kennedy, no sábado, à meia-noite.

— Sábado para domingo? — Ela assentiu. — Tem certeza?

— Absoluta. Ouvi quando Bira combinou tudo ao celular.

— Ótimo! E onde, exatamente, fica esse armazém?

— Sabe a quadra da escola de samba? — Ele assentiu. — Então, à esquerda, três ruas abaixo...

Ela deu a informação direitinho. Só não deu o endereço por escrito porque não sabia, mas o que dissera era suficiente para levar a polícia até lá e dar o flagrante em Bira. Assim como o policial, Régis sentia a excitação da descoberta.

Pouco depois, levantaram-se para ir embora. Joel se despediu do garçom com um aceno de cabeça, demonstrando que ambos já eram conhecidos ali. Régis pensou em perguntar algo ao garçom, mas teve medo de que ele alertasse o policial.

Alguns minutos após a saída deles, Régis pagou a conta e se foi, levando na mente a preciosa informação. Não sabia se contava ou não ao Bira, mas achava que devia. Não podia assistir passivamente a uma emboscada como aquela. Por outro lado, se contasse o que sabia, corria o risco de envolver-se com a quadrilha de Bira e matar a mãe de desgosto.

Precisava tomar uma decisão rapidamente. Não havia ninguém em quem pudesse confiar. Alex ainda era capaz de correr na sua frente e revelar tudo, só para cair nas boas graças de Bira. Régis não podia contar com ele.

— Isso não vai dar certo — arriscou Tácio, andando ao lado do Régis junto com Damien. — Ele pode até ser morto.

— Não seja tonto! — bradou Damien. — Acha que eu colocaria Mizael em risco? O tal do Bira é que está com os dias contados, e Mizael vai ser o seu sucessor.

— Como foi que você armou tudo isso? Você sabia?

— Mais ou menos. Atílio me deu a dica de Bira. Tão logo ele soube onde Mizael iria reencarnar, começou a procurar alguém que pudesse introduzi-lo no tráfico. Bira era criança na época, mas Atílio vislumbrou seu futuro. Inteligente como é, programou o encontro, deixando o resto por minha conta. Mas fui eu que descobri Gislene e fui eu que levei Mizael até aquele baile ridículo, porque sabia que era ali que o policial iria se encontrar com ela.

— Vocês são diabólicos — comentou Tácio, assustado.

— No sentido exato da palavra — Damien gargalhou. — Atílio vai ficar muito satisfeito comigo. Vou agora mesmo contar-lhe o que consegui.

Esquecendo-se do outro, Damien desapareceu. Tácio ficou silencioso, pensativo, seguindo Régis pelas ruas escuras. Era uma longa caminhada até sua casa, tempo suficiente para que Tácio, às escondidas de Damien, tentasse alguma intervenção.

— Não faça isso, meu filho — aconselhou timidamente. — Você vai se encrencar. Quer ser preso? Pior, quer ser morto? Bandido tem vida curta. Mais dia, menos dia, acorda com a boca cheia de formiga.

A advertência de Tácio foi parcialmente percebida por Régis, vindo na forma de um temor indizível. O medo passou a acompanhá-lo, entornando em sua mente as cenas de horror que Tácio ia lhe transmitindo, desde Geórgia visitando-o na prisão até seu corpo perfurado de balas, jogado na sarjeta.

— Se você não disser nada, vai fazer a coisa certa — prosseguiu Tácio. — Sua mãe vai ficar satisfeita.

As imagens foram fortes, apavorantes. Será que o que sabia compensava todos os riscos? Ou seria melhor contar tudo à mãe e impressioná-la para que ela, julgando-o muito correto, finalmente se decidisse a pagar o seu book? Enfim, com um sorriso enigmático, entrou em casa, já sabendo o que deveria fazer.

Capítulo 26

A vida de Júlio em São Paulo corria melhor do que no Rio. Tinha liberdade, não precisava fingir um casamento perfeito. Com o ótimo salário que passou a ganhar, alugou um apartamento na Vila Nova Conceição, de onde tinha uma vista parcial e deslumbrante do Parque do Ibirapuera. Sua intenção era comprar um imóvel de luxo ali mesmo, com o dinheiro que vinha juntando em nome de Patrícia, mas ainda não podia. Não antes do divórcio.

O sábado amanheceu cinzento e frio, mas Júlio não se incomodou, feliz por não ter de sair da cama logo cedo. A seu lado, a bela morena que conhecera num bar na noite anterior dormia preguiçosamente, completamente nua. De leve, tocou sua pele lisa, pronto para despertá-la com beijos e carícias. Não teve tempo. No mesmo instante, a campainha estridente do interfone fez esvanecerem suas intenções.

Pensou em atender rapidamente e voltar para a cama antes que a mulher abrisse os olhos, para ele mesmo ter o prazer de acordá-la. De um salto, vestiu o roupão e correu à cozinha, segurando o interfone com irritação:

— O que é?

— Doutor Júlio — era a voz do porteiro —, desculpe incomodar, mas achei que o senhor gostaria de saber que suas filhas acabaram de subir...

Mal ele terminou de falar, foi a vez de a campainha da frente se esganiçar. Júlio quase fez o aparelho se soltar da parede, tamanha a violência com que desligou. E agora? Não dava tempo de acordar a mulher, de cujo nome nem se lembrava, e mandá-la embora. Não podia deixar as filhas esperando. Talvez conseguisse se arrumar e sair com elas para um café da manhã caprichado, antes que a moça despertasse. Pensando nisso, bateu a porta do quarto e correu para a da frente. Olhou pelo olho mágico e, fingindo surpresa, abriu esbaforido.

— Minhas filhas! — exclamou de forma artificial. — Que surpresa! Por que não me disseram que vinham?

— A ideia era essa — anunciou Patrícia. — Por que está ofegante?

— Eu estava no banheiro. Vim correndo.

— Está sozinho? — tornou ela, reparando nas duas taças e na garrafa de vinho sobre a mesinha.

— Ah! Estou, claro. Foi um amigo que veio me visitar ontem.

— Espero que não estejamos incomodando — observou Natália.

— Desde quando meus dois tesouros me incomodam? Sabem do que mais? Vamos sair e tomar café da manhã. Tem uma confeitaria nova aqui perto que dizem que é maravilhosa. Por que vocês não largam as malas no quarto e damos um pulo lá?

— Boa ideia — concordou Natália. — Estou mesmo faminta.

— Eu também — acrescentou Patrícia.

— Ótimo! — exclamou, entrando no corredor com as duas atrás. — Vou mudar de roupa e já volto.

Como os dois quartos ficavam frente a frente, Júlio parou na porta do seu, esperando que as meninas entrassem no que ele montara especialmente para elas. Inútil. Na mesma hora, a bela morena apareceu sonolenta, atraída pelo barulho no corredor. Praticamente despida, envolta em uma toalha de banho que mal lhe encobria as pernas, fixou em Júlio um olhar interrogador.

— O que significa isso? — exaltou-se Patrícia, encarando a outra com fúria. — Quem é essa vagabunda? O que ela está fazendo nua no seu quarto, pai?

Desconhecendo os detalhes da vida de Júlio, a mulher também se assustou.

— Eu... — embaraçou-se. — Já estava de saída. Com licença.

Voltou rapidamente para o quarto, enquanto Patrícia continuava a extravasar sua indignação:

— Era só o que me faltava, papai! Francamente! Então vem para São Paulo sozinho para ficar livre e dormir com outras mulheres?

— Não se trata disso, minha filha.

— Ah! Não? Trata-se de que, então? Não vai querer nos convencer de que ela é sua empregada, vai?

— Calma, Patrícia — intercedeu Natália. — Papai tem a vida dele e não temos o direito de interferir.

— Interferir? Como pensa que mamãe se sentiria se descobrisse uma coisa dessas?

— Sua mãe não liga a mínima para mim — defendeu-se ele. — Vocês sabem disso tão bem quanto eu.

A porta do quarto tornou a se abrir, e a mulher passou por eles sem dizer nada. Saiu sem nem se despedir, para alívio de Júlio.

— Dormindo com vagabundas — censurou Patrícia. — Isso não se faz.

— Deixe papai em paz, Patrícia — ponderou Natália. — Ele e mamãe são adultos, podem cuidar da vida deles.

— Sua irmã tem razão — concordou Júlio. — Sua mãe e eu não devemos satisfação de nossos atos. Importante é o que sentimos por vocês.

— Você quer se divorciar dela?

— Tenho pensado nisso, na verdade.

— Mamãe também — esclareceu Natália. — Na verdade, foi por isso que viemos. Ela quer o divórcio.

Foi uma agradável surpresa para Júlio. Nunca imaginou que Bianca quisesse, um dia, se divorciar.

— Você acha que ela arranjou alguém? — questionou Patrícia, interrompendo seu espanto.

— Não sei. É possível. Mas fico aliviado que ela tenha decidido assim. Podemos fazer as coisas amigavelmente. Sua mãe e eu, há muito, nos distanciamos.

— Você vai ter que pagar pensão a ela?

— Provavelmente — respondeu contrariado. — Sua mãe não trabalha, muito embora eu pense que não há nada que a impeça de fazê-lo.

— Posso vir morar com você? — pediu Patrícia.

— Sua mãe não vai permitir.

— Vai, sim — contestou Natália. — Ela nos disse que éramos livres para escolher.

— Sério? O que a fez mudar de ideia?

O silêncio de Natália deu a entender que ela sabia que a mãe tinha outro homem. Júlio sentiu uma certa raiva pela traição, mas foi muito rápida. No fundo, era melhor assim, pois de que outra maneira ele conseguiria que ela abrisse mão da pensão de Patrícia?

— Quero vir morar com você, papai — reafirmou Patrícia. — Por mim, já está decidido.

— Tem certeza? — indagou ele.

— Absoluta.

— E você, Natália?

— Não sei. Tenho a faculdade...

— Aqui tem ótimas universidades.

— Eu sei. Mas é que gosto de morar no Rio.

— Muito bem. Vou começar a procurar um bom colégio para Patrícia. Se tudo correr bem, no início do ano você já pode se mudar.

— Isso!

Patrícia atirou-se ao pescoço do pai, beijando seu rosto várias vezes. Ele a afagou com carinho, feliz por poder, finalmente, tê-la a seu lado. Agora, sim, compraria o tão sonhado apartamento, sem ter de dividi-lo com Bianca. Teria a filha, o divórcio e o dinheiro.

Terminado o fim de semana, as meninas retornaram ao Rio. Natália conversava com a mãe na sala, pondo-a a par das decisões e propostas de Júlio para o divórcio, quando o telefone tocou. Depois que Natália desligou, Bianca notou a palidez em sua fisionomia.

— O que foi? Que cara de espanto é essa?

— Ligaram do hospital. Vovó teve um AVC[19].

— Mais essa agora. Ligue para seu pai. Ele vai ter que vir para cuidar da mãe dele.

— Papai vai demorar a chegar. Vamos lá, mãe, ela está sozinha. Você sabe que papai não tem irmãos e vovô já faleceu.

— Ah, não, Natália! Odeio hospitais. E depois, sua avó me detesta.

— Isso não importa. Ela está internada, precisa de nós.

— Eu não vou. Vá você, que é neta.

— Será que Patrícia gostaria de me acompanhar?

— Patrícia não está. Saiu com as amigas. E duvido muito que ela queira perder o fim de semana no hospital.

— Está bem, então. Eu vou. Não posso deixar minha avó sozinha.

Infelizmente, quando Natália chegou ao hospital, a avó havia acabado de desencarnar. Segundo informaram, morreu tranquila, sem dor nem agonia. Foi um certo alívio para ela, que agora tinha de providenciar o funeral. Ligou para o pai, que já estava a caminho do aeroporto.

No hospital, Natália cuidava de tudo, já que Patrícia, com a desculpa de que precisava confortar a mãe, não apareceu. Ela escolheu a urna, coroa de flores, tudo o que foi necessário. Faltava o pagamento, única coisa que Júlio realmente precisou fazer quando chegou.

19 Acidente vascular cerebral.

— Vejo que a minha menina cuidou de tudo — elogiou, embora com pesar.

— Fiz o que pude.

— Pobre mamãe. Devia ter-lhe dado mais atenção quando era viva.

— Agora não adianta lamentar, pai. Ela se foi, mas você pode rezar por ela.

— Sim. Não vou esquecer a missa de sétimo dia nem a de mês, nem a de ano.

— Você não está triste?

— Um pouco. Meu relacionamento com seus avós esfriou muito quando conheci sua mãe. Eles não se davam lá muito bem.

Após o funeral, Júlio precisou ficar um tempo no Rio para cuidar do inventário. Não havia muito que fazer. Ela possuía apenas o apartamento de três quartos em que morava, do qual ele herdara metade após a morte do pai. Agora, ficara com tudo.

— O que vai fazer com aquele apartamento? — indagou Bianca.

— Vender, é claro. Mas nem adianta ficar de olho grande. Bens de herança não entram na partilha do divórcio.

— Como você é mesquinho! — fingiu-se ofendida.

— E as coisas dela? — indagou Natália, para romper o clima de animosidade. — Quando vai começar a mexer?

— Ainda não pensei nisso — declarou Júlio. — Preciso voltar a São Paulo com urgência. Já me demorei demais por aqui.

— Se você quiser, posso fazer isso para você — ofereceu-se Natália.

— Sério? — Ela assentiu. — Olhe que não é um trabalho dos mais agradáveis. Sabe como é mania de velho, vai juntando tudo.

— Deixe comigo. Diga-me apenas o que fazer com cada coisa.

— Se tiver alguma joia, é minha — adiantou-se Patrícia.

— É para dividir — contrapôs Bianca. — Por que você tem que ficar com tudo? Natália e eu também queremos.

— Não quero nada — contestou Natália, aborrecida.

— Não quer mesmo? — surpreendeu-se Patrícia. — Melhor!

— Vocês parecem urubus em cima da carniça — observou Natália, com uma certa irritação. — Vovó ainda nem esfriou no caixão e já estão discutindo sobre a herança dela.

— Onde ela está, não vai precisar de nada — comentou Bianca.

— Natália tem razão — concordou Júlio. — Não acho adequado minha mulher e minha filha ficarem brigando pelas joias de mamãe. É falta de respeito.

As duas se calaram, envergonhadas. Ficou acertado que Natália daria início à limpeza na casa da avó na semana seguinte.

— Olhe lá, hein, Natália! — alertou Patrícia. — Não vá nos enganar e esconder as joias para você.

— Não me julgue por você — aborreceu-se Natália. — Não tenho olho grande em nada que é dos outros. E se está desconfiada, vá você desfazer os armários.

— Eu, não! Detesto cheiro de velho e de defunto.

— Deixe disso, Patrícia — falou Júlio, escondendo a vontade de rir. — Aqui está, minha filha, o endereço do antiquário que consegui. Dizem que é muito bom, pega as coisas em consignação. É só você ligar para ele, que ele irá fazer uma avaliação das coisas. O que for vendável e ninguém quiser ele manda apanhar.

— Você vai vender tudo que era da vovó? — surpreendeu-se Patrícia, e ele assentiu. — E quem vai ficar com o dinheiro?

— Não havia pensado nisso — respondeu Júlio. — Mas já que é Natália quem vai ter todo o trabalho, nada mais justo que fique com ela.

— Ah! Não, pai, isso é que não! Natália está de olho grande, quer tudo para ela.

— Eu?! — defendeu-se a outra. — Pois até agora fui a única que não pediu nada.

— Chega, meninas! — intercedeu Júlio, sem saber como fazer para ser justo e, ao mesmo tempo, não desagradar Patrícia. — Vamos primeiro vender as coisas. Depois, pensaremos a respeito do destino do dinheiro.

Depois da aula, Natália partiu para a casa da avó. Tinha poucas lembranças dali, já que não costumavam muito visitá-la. O apartamento lhe agradou imensamente. Era amplo, arejado, tinha um astral excelente. Ao contrário do que o pai pensava, a avó não colecionava bugigangas. Suas coisas, muito bem arrumadinhas, eram, na maioria, úteis. É claro que havia lembranças: fotos antigas, suvenires de viagens, cartas de amor trocadas entre ela e o avô, uma cristaleira repleta de coisas bonitas, móveis aparentemente novos.

Além dos cristais e da louça, Natália não encontrou antiguidades. As joias nem eram tantas assim, de forma que colocou tudo numa caixa e levou para casa. A mãe e a irmã ficaram fascinadas, dividindo entre elas as peças de ouro.

— Já terminou tudo? — questionou Bianca.

— Ainda não. Comecei pelo quarto. Juntei algumas sacolas de roupa e sapatos.

— Isso tudo é lixo. Pensei que ela tivesse mais joias.

— O que tem está aí.

— Você não pegou nada escondido, pegou? — sondou Patrícia.

— Eu, hein! Desde quando você passou a desconfiar de mim? Já disse que não quero nada.

A ideia já se havia formado na cabeça de Natália. Ela não queria nada daquilo, a mãe e a irmã podiam se matar para ficar com tudo. Mas havia uma coisa que a interessara: o próprio apartamento. As duas teriam um ataque quando soubessem o que ela estava planejando.

No dia seguinte, telefonou para o pai da casa da avó. Não queria que Bianca e Patrícia ouvissem a conversa.

— Oi, pai, sou eu.

— Tudo bem, minha filha? Algum problema com as coisas da sua avó?

— Não, está tudo ótimo. Mas, pai, gostaria de lhe pedir uma coisa.

— O que é?

— Será que você podia não vender o apartamento?

— Por quê? Quer morar nele?

— Você acertou, é isso mesmo.

— Não acredito! É um apartamento grande e velho, nem suíte tem. E fica no subúrbio.

— Não me importo com isso. Gostei daqui, a rua é calma e o apartamento está todo reformado. Pelo visto, vovó havia comprado móveis novos.

— Pense bem, Natália. Você não está acostumada. E depois, como irá se sustentar?

— Pensei se você não poderia me ajudar no começo. O condomínio é barato e posso trabalhar.

— Mas, filha, você nunca morou sozinha.

— Sou maior de idade, muito responsável. Ah, vamos, papai, deixe! Ele é perfeito para mim.

Não agradava muito a Júlio permitir que a filha morasse perto de Geórgia. Fazia anos que não a via nem sabia se ela ainda morava por lá. No entanto, não tinha motivos para não permitir. E talvez fosse até bom manter o apartamento, que ficava em uma área bastante valorizada.

— Está bem — concordou por fim. — Se é o que você quer, podemos ficar com ele.

— Oh! Papai, obrigada! Vai dar tudo certo, você vai ver.

Era grande a euforia de Natália. Adorara o apartamento e a rua arborizada. A vizinhança era tranquila, tinha um comércio local sortido, condução para todos os lados. Perfeito para uma universitária sozinha. E permitiria que ela saísse de casa. Patrícia estava praticamente de malas prontas para se mudar para São Paulo no fim do ano, e a mãe não se incomodava com nada que não fossem seus próprios prazeres. Seria o melhor para todos.

Capítulo 27

O armazém abandonado em Vila Kennedy estava às escuras. Desde cedo, a polícia montou guarda nas cercanias, vigiando a movimentação no local. Algumas pessoas entraram, outras saíram, mas Bira ainda não havia sido identificado.

— Ele só vai chegar na hora — advertiu Joel. — Temos que esperar.

— Você tem certeza de que ela deu a dica certa? — questionou o capitão.

— Absoluta. Gislene tem medo de mim, não ia arriscar a vida por uma mentira.

De binóculos, alguns homens tomavam conta do armazém, que tinha todas as entradas vigiadas. Alguns minutos antes da meia-noite, um carro preto parou em frente ao portão e três homens saltaram. Carregavam uma mochila, aparentemente pesada. Abriram o portão, em seguida, a porta do armazém. Algumas luzes se acenderam lá dentro, colocando os policiais em alerta.

— É ele — afirmou Joel. — Veja só.

Pelo porte, só podia ser o Bira. Pouco depois, outro carro parou. Mais três homens saltaram, levando o que parecia ser uma bolsa de viagem.

— Acha que a droga está ali? — sondou um soldado.

— Só pode.

A porta do armazém foi fechada, iniciando-se uma movimentação suspeita no interior. Os homens da polícia se colocaram a postos, fazendo silêncio geral. A um sinal do capitão, avançaram. Em poucos segundos, estouraram o armazém. A porta foi ao chão com estrondo, soldados entraram por todos os lados, correndo entre corredores formados por velhas estantes de ferro.

Em pouco tempo, alcançaram uma sala central. Com um pontapé, escancararam a porta, surpreendendo-se com o que viram. Bem no meio da sala, uma mesa fora montada. Sobre ela, várias velas acesas circundavam um bolo de padaria. Ao redor, alguns homens corriam atarantados, soltando gritinhos de pavor. Vassouras voaram, velas se esparramaram pelo chão. Um dos sujeitos, rendido pela polícia, dava chiliques de pânico:

— Ai, meu Deus, o que é isso? Por favor, seu guarda, não nos mate! Não fizemos nada.

— O que significa isso? — balbuciou o capitão, irado.

— Não sei de nada — choramingou outro rapaz. — Só nos deram uma grana para fazer a limpeza e acender as velas para uma festa.

— Quem pagou? — rugiu Joel, agarrando um moço pela gola da camisa.

— Não sabemos — respondeu um outro. — Um cara, não o conhecemos. Ele simplesmente chegou, nos deu o dinheiro e nos mandou para cá.

— Quem trouxe vocês?

— Um sujeito, sei lá. Não o conheço, já disse.

— Vimos dois carros pretos parando aqui na frente. Quem estava dirigindo?

— Não sei, não sei! — desesperou-se o primeiro garoto. — Eles só nos deram dinheiro, nos apanharam de três em três. Fizemos o que mandaram.

— E os traficantes? — rugiu o capitão. — Onde estão o Bira e o outro malandro?

— Não sei nada de traficantes. Pelo amor de Deus, seu guarda, não somos bandidos. Os caras chegaram até a gente, pensamos que queriam uma transa. Um deles pegou o dinheiro, esfregou na nossa cara. Perguntou se estávamos interessados num serviço fácil. "É claro que estamos", dissemos. Aí ele falou que era para limpar esse armazém, colocar as velas ao redor do bolo e aguardar, que uns caras viriam para uma festa com a gente.

— E você? — Joel indagou ao de porte atlético, que ele havia confundido com Bira.

— Foi a mesma coisa. Não sei de nada. Estava curtindo a noite e uns caras apareceram. Fizeram a mesma coisa comigo. Me ofereceram dinheiro, e eu topei. Disseram que era para primeiro fazer a limpeza em um lugar onde haveria uma festa. Achei estranho, mas concordei. A gente não discute quando o dinheiro é muito. Pensei que fosse algum tipo de festa surpresa, sabe? Marcaram de me buscar onde eu fazia ponto. Fui lá e esperei. Quando entrei no carro, havia mais dois caras lá dentro — ele apontou para outros dois do grupo. — É só o que sei.

— Quantos caras eram?

— Dois.

— Como eles eram?

— Sei lá. Eram uns tipos comuns.

— Como estavam vestidos?

— De calça jeans e camisa preta.

— Os dois?

— Sim.

— Usavam alguma coisa especial? — Ele meneou a cabeça. — Um cordão, relógio?

— Nada.

Joel e outros policiais se afastaram do bando trêmulo.

— Acha que eles estão dizendo a verdade? — indagou.

— Acho que sim — respondeu o capitão. — Eles estão se borrando de medo.

— Se a gente apertar, talvez eles nos deem uma boa descrição dos sujeitos.

— De que isso iria adiantar? Pelo visto, os caras fizeram tudo direitinho. São tipos comuns, sem nada especial que os pudesse identificar. E depois, não é crime pregar uma peça em seis bichas afetadas.

— Maldição! — esbravejou Joel. — Gislene estava certa de que a transação iria ocorrer hoje.

— E ia. Isso me parece coisa de delator. Alguém descobriu o plano e deu com a língua nos dentes.

— Mas quem? Gislene? Será que ela deu para trás?

— Não sei. Tudo é possível.

— E agora, capitão? O que faremos?

— Nada. Voltamos à estaca zero. Vamos liberar os caras e começar tudo de novo. Ligue para Gislene e marque um encontro para o mais breve possível.

— Se ela ainda estiver por aí, capitão. Temo pelo que possa acontecer a ela. Se Gislene nos traiu, o Bira vai dar um jeito de sumir com ela. Se não, alguém contou ao Bira, e ela vai sumir de qualquer maneira.

Os seis rapazes foram liberados, deixando enorme sensação de frustração em Joel e nos outros policiais. Realmente, eles não sabiam de nada. Tudo se passara exatamente como eles narraram.

Na véspera, Bira mandara dois comparsas escolher seis homossexuais para o serviço, tomando o cuidado de apanhar alguém que fosse fisicamente parecido com ele, ao menos no porte. Assim fizeram. Em diferentes partes da cidade, elegeram as vítimas. Por cem reais, tinham de fazer um serviço simples: limpar um armazém, colocar o bolo, as velas ao redor e esperar a chegada de vários homens para uma festa.

No dia marcado, cada um recebeu um casaco preto com capuz, com a orientação de puxá-lo sobre o rosto o máximo que pudesse. Dois carros participaram da operação, cada qual levando três pessoas, como se fossem três do bando de Bira e três do vendedor da droga.

Deixados no armazém, os rapazes não desconfiavam de nada. Foram ao local designado, encontraram a mesa. Enquanto uns varriam o chão e tiravam pó, outros ajeitavam as velas e o bolo. Estavam assim entretidos quando ouviram um barulhão se aproximando pelo corredor. Pensaram que fossem as pessoas chegando adiantadas para a festa, espantando-se terrivelmente quando os policiais surgiram, derrubando tudo.

Da laje de uma casa vizinha, um dos comparsas de Bira assistia à cena. Reconheceu os carros, viu quando a polícia chegou. Ouviu a barulheira da falsa prisão, rindo da esperteza do chefe. Na verdade, a ideia partira do sujeito que ninguém conhecia e que levara a notícia a Bira.

Assim como acontecera com Atílio, Bira se impressionara sobremaneira com a inteligência de Régis. Todo aquele plano fora ideia dele.

Na véspera, quando Bira estacionou o automóvel para esperar Gislene, foi Régis que encontrou. Antes que a moça aparecesse, ele entrou no carro do traficante, implorando para que ele ouvisse o que tinha a dizer.

— Você é muito atrevido, rapaz — protestara ele, visivelmente aborrecido. — Saia, vamos! Tenho mais o que fazer.

— Por favor, Bira, é importante. Mande o motorista dar a volta no quarteirão. É tempo mais do que suficiente para lhe contar tudo. Ouça-me e não vai se arrepender.

Curioso, Bira fez como Régis pediu. Ao final da primeira volta, Bira mandou o motorista dar outra, até ouvir toda a história.

— Isso é impossível — divagou ele. — Gislene não seria louca de me trair.

— Louca ou não, o fato é que traiu. Segundo entendi, o promotor prometeu aliviar a barra dela na Justiça. Ia acusá-la de um crime mais leve em troca dessa informação.

— Se isso for verdade...

— É verdade, pode crer.

— Desgraçada! Vou cuidar dela depois. Agora, preciso avisar o Tutu para sumir do pedaço.

Tutu era o fornecedor da droga, a quem Bira mandou uma mensagem para que não aparecesse. Verdade ou não, iria tirar a limpo aquela história. E, fosse quem fosse que o estivesse enganando, iria pagar muito caro.

— Por que você não aproveita e manda um recado para a polícia? — sugeriu Régis.

— Um recado? — interessou-se Bira.

— Sim, um recado. Para que eles vejam como você é esperto e não se deixa intimidar.

— Como assim?

— Tenho uma ideia que talvez lhe interesse.

Em pouco tempo, Régis narrou a Bira sua ideia. O traficante achou-a genial. Curtir com a cara da polícia até que não era nada mau. Rapidamente, o plano foi posto em execução, com o sucesso esperado.

A presença da polícia no armazém deixou Bira dividido. Sentia ódio de Gislene e admiração por Régis. Um homem feito ele em seu bando seria um excelente negócio, um lucro que não poderia perder. Mas Régis não estava interessado. Tinha medo de desgostar a mãe.

— Não tem nada que você queira em troca? — perquiriu Bira, querendo dar-lhe uma bonificação. — Não é possível. Todo mundo quer alguma coisa.

— Não fiz nada por dinheiro. Só não achei justa a traição.

— Fico-lhe muito grato, mas, ainda assim, gostaria de presenteá-lo com alguma coisa. O que você quer? Um relógio? Um cordão de ouro?

Aqueles eram presentes que Bira tinha em estoque, fruto dos roubos e furtos que encomendava. Régis, contudo, hesitava em aceitar. Temia comprometer-se com uma pessoa feito Bira. Ao mesmo tempo, não queria perder a oportunidade de receber uma gratificação. Foi pensando nisso que confessou:

— Bom, na verdade, tem só uma coisa que eu quero.

— Muito bem, diga lá. O que é?

— Estou tentando fazer um book para apresentar nas agências de modelo.

— Um book? O que é isso?

— Um álbum de fotografias especialmente preparado para fazer a minha apresentação como modelo.

— Você quer ser modelo?

— Quero, sim. Acho que levo jeito.

— É. Até que você é um cara pintoso. Muito bem, é justo. Diga quanto é que lhe darei o dinheiro para o tal book.

— Vou ver o preço direitinho e depois lhe falo.

— Ótimo. Seja quanto for, pode contar comigo.

— Obrigado, Bira. Você é muito generoso.

— Sou generoso com aqueles que me servem bem e implacável com os que me traem.

No dia seguinte, Régis compreendeu bem o significado daquelas palavras. O corpo de uma mulher fora encontrado crivado de balas, a língua cortada, atirado dentro de uma vala fétida algumas ruas abaixo. Mesmo sem vê-la, Régis sabia que se tratava de Gislene.

A morte de Gislene permaneceu insolúvel. Embora a polícia estivesse certa de que fora obra de Bira, não tinha como provar. Nenhuma testemunha, ninguém que se atrevesse a falar. Perdida a informante, diminuíam as chances de colocar o traficante na cadeia.

A reação de Bira foi inesperada para Régis, ainda ingênuo no que se referia ao mundo do crime. Não passou pela sua cabeça que Bira mandasse matar Gislene. Nem mesmo pensou no que poderia lhe acontecer. Tentava eximir-se, dizendo a si mesmo que não tinha nada a ver com aquilo. Não desejava sua morte, e não fora ele quem dera os tiros. Também, ninguém mandou que ela assumisse o papel de dedo-duro.

É claro que Régis não era responsável pela morte de Gislene. O que lhe aconteceu foi obra de sua própria imprevidência, fruto de desequilíbrios pessoais. Todavia, nenhuma engrenagem se opera sozinha. Para que o destino se movimente, é necessária a união de forças. Cada um é responsável pela sua porção individual de ações que, somadas, alimentam as relações humanas. As situações assim geradas vão sucessivamente atraindo outras, de acordo com seu ponto de magnetismo, modificando-se quando esse ponto é alterado ou suprimido. Onde está esse ponto é tarefa que cabe a cada um, individualmente, descobrir.

Para encontrar o elemento magnetizador, basta olhar para dentro de si mesmo. Ninguém atrai nada que não esteja em conformidade com os meandros de sua alma. Magnetizar experiências favoráveis ao bem traz a recompensa da paz e da iluminação. No entanto, a magnetização de acontecimentos daninhos causa perturbação, gerando ressentimento, culpa e ódio. Tudo porque o ser humano não aprendeu ainda a ser livre, já que a liberdade é o estado da alma isenta dos grilhões mentais e emocionais que aprisionam o indivíduo nesse mundo de matéria.

Alheio às verdades da vida, Régis tentava não pensar na morte de Gislene. Já aprendera que aquele era o fim destinado aos traidores, delatores e inimigos de Bira. Viver no crime não é fácil. É preciso ser corajoso e não temer a morte. Régis não temia a morte, não temia nada. Tinha medo apenas de se tornar escravo do traficante. Isso, ele não queria. Não desejava obedecer a ninguém além de si mesmo.

Talvez o melhor fosse afastar-se de Bira. Aliando-se a ele, comprometeria sua liberdade. Prestara-lhe um favor, salvara-lhe a vida. Nesse ponto, Bira é quem lhe devia. Em gratidão, o pagamento seria o tão sonhado book. Régis estava indeciso, confuso.

Se, por um lado, queria desvencilhar-se de qualquer compromisso com o traficante, por outro, sonhava com a carreira de modelo. E Bira era sua chance mais próxima de realizar esse sonho.

— Se ele aceitar o dinheiro de Bira, podemos nos considerar vitoriosos — comentou Damien, que caminhava ao lado dele, lendo todos os seus pensamentos.

Tácio não respondeu. Por mais que tivesse de fazer o que Damien pedia, não era aquilo que desejava. Queria que Régis se afastasse de Bira o máximo possível. Também ele lia os pensamentos do filho, conhecia suas dúvidas. Ele não estava decidido a aceitar. Hesitava. Se havia hesitação, havia uma chance de fazer com que ele mudasse de ideia.

Embora Tácio não revelasse o que pensava, Damien não era tolo. Mais experiente, conhecia os pensamentos do outro. Só não interferia porque Tácio fazia exatamente o que ele queria. Enquanto Damien se esforçava para levar Mizael pelo caminho do mal, Tácio, silenciosamente, tentava impedi-lo. Através dele, conseguiria seu objetivo sem precisar se revelar.

Sem saber que era usado, Tácio pensava no que fazer para evitar que o filho caísse nas mãos de Bira, temendo, mais do que tudo, ser descoberto por Damien.

— Bem, acho que por hoje já chega — anunciou Damien. — Tenho um relatório a apresentar. Você vem?

— Não — respondeu Tácio, sem pensar. — Vou ficar mais um pouco.

— Está bem. Mas cuidado, hein? Não vá fazer besteiras.

— Pode deixar.

A saída de Damien era proposital, uma oportunidade de deixar Tácio influenciar Régis sem o seu conhecimento. Depois que ele se foi, Tácio continuou ao lado do rapaz, que já se aproximava de casa, onde ele não conseguiria entrar. Tinha de ser rápido.

— Não faça essa besteira de cair nas mãos de Bira — aconselhou. — Se você aceitar o dinheiro dele, vai ficar comprometido para sempre. E, depois que entrar, não vai mais conseguir sair. Ele vai usar a sua inteligência para ações criminosas.

Régis recebeu o pensamento como se fosse seu. Não queria se comprometer com o traficante, mas a promessa do book era por demais poderosa.

— Esse book não vale a sua vida. Pense em sua mãe.

A mãe ficaria decepcionada, arrasada, na verdade. Régis sabia o quanto Geórgia o amava, logo sabia o quanto ela sofreria se ele fosse preso ou morto. Com essa dúvida, entrou em casa, aonde Tácio não pôde acompanhá-lo.

Do lado de fora, pensava numa maneira de intervir. Tentou atravessar a barreira, contudo uma força invisível o impelia para trás. E se pedisse a ajuda de alguém? Muitos anos atrás, parado diante daquela mesma muralha, vira um espírito sair e falar com ele. Como era mesmo o nome dele? Tácio puxou pela memória, até que, subitamente, se lembrou.

— Josué? — invocou baixinho.

Na mesma hora, o espírito apareceu ao lado dele. Tácio levou um susto. Não imaginava que a resposta fosse instantânea.

— Você me chamou? — perguntou Josué, sorrindo bondosamente.

— Eu? Não, não... Quero dizer, só pensei no seu nome. Aí, você apareceu.

— Você me chamou — afirmou Josué, encarando-o serenamente.

— Sabe o que é? — tornou desconcertado. — É que você me parece um cara legal. E acho que gosta de Régis. Pensei se não poderia me ajudar.

— O que você deseja?

Embora Josué soubesse do que se tratava, queria ouvir de Tácio. Pedir ajuda era um ótimo início de transformação.

— Estava pensando. Será que não dá para você dar uma ajudinha ao Régis?

— Que tipo de ajudinha?

— É que tem um traficante oferecendo dinheiro a ele para fazer o tal book que ele tanto deseja, para ser modelo fotográfico. Agora, imagine se ele aceita. Vai se encrencar para o resto da vida. Você não acha que o traficante vai deixar barato, acha?

— Não. No entanto, a escolha é de Régis.

— Eu sei. Mas isso não vai dar certo. Tentei impedir, mas Régis não me ouve. Ou melhor, acho até que ouve, mas está em dúvida. Será que você, que sabe das coisas muito mais do que eu, não conhece um meio de desviar a atenção dele para outros assuntos?

— Não posso interferir com Régis, porque ele é muito mais propenso a ouvir as suas sugestões do que as minhas. Mas posso tentar com a mãe dele.

— Como?

— Deixe comigo.

Em instantes, Josué desapareceu dentro da barreira energética, deixando Tácio nervoso do lado de fora. Como demorava a voltar, Tácio teve de ir embora. Se ficasse mais tempo, Damien poderia desconfiar e aparecer para tentar puni-lo.

Régis estava sozinho com a avó. Josué deu um passe em Cléia e no rapaz, transmitindo-lhe uma sensação de sono. Queria que ele adormecesse para não se precipitar antes da chegada de Geórgia. Depois que ele dormiu, Josué energizou também o seu corpo fluídico, para que ele não saísse de perto do físico. Depois, partiu em busca de Geórgia.

Encontrou-a no trabalho, cercada por uma aura brilhante que o emocionou. Geórgia era uma criatura fantástica, muito sensível e acessível às sugestões do invisível. Aproximou-se. Na mesma hora, ela levantou as mãos do computador, deixando os pensamentos vagarem até o filho.

"Não sei o que fazer com Régis", pensou subitamente. "Ele quer o tal do book, mas é caro, e eu não sei se esse seria um bom caminho para ele."

— Não é tão caro assim — falou Josué, mentalmente. — Você tem condições de pagar. E depois, é melhor ser modelo fotográfico, que é uma profissão honesta, do que se envolver com bandidos.

"Será que Régis se envolveria com bandidos?", repetiu para si. "Não, acho que não. Ele pode ser meio sem juízo, mas é uma pessoa direita."

— Mais ou menos. Ele é muito melhor do que foi em outras vidas, mas a tendência para o crime ainda está lá. Você não pode ser responsabilizada pelo caminho que ele escolher, mas não seria bom mostrar a ele uma possibilidade diferente? Que tal o book com que ele tanto sonha? Pode ser que isso o estimule a resistir ao crime.

"Pensando bem, vou pagar pelo book", admitiu ela, temendo vê-lo perdido na marginalidade. "O aniversário dele está se aproximando e posso pagar parcelado."

— Excelente ideia! — exclamou Josué. — Você não vai se arrepender.

No momento em que Geórgia saía do trabalho, Régis acordava em casa, surpreso com a sonolência repentina. Foi para a sala, onde a revista do jornal de domingo ainda jazia sobre a mesinha de centro. Apanhou-a displicentemente, folheando-a ao acaso. Numa das páginas, a foto de um rapaz vistoso exibia a marca de um desodorante masculino.

A decisão foi imediata. Régis atirou a revista para o lado e saiu, decidido a procurar Bira. No portão, quase esbarrou com a mãe, que entrava apressada.

— Aonde você vai, meu filho? — indagou ela, notando sua ansiedade.

— Dar uma volta — disfarçou.

— Agora, não. Venha comigo, tenho algo importante a lhe falar.

Um pouco contrariado, Régis acedeu, entrando em casa atrás dela.

— O que foi? — indagou ele, contendo a impaciência.

Geórgia abriu a bolsa e tirou o talão de cheques, destacando os que estavam preenchidos. Estendeu-os a Régis, que os pegou, avaliando um a um com assombro.

— Mãe! — espantou-se. — O que é isso?

— É o pagamento do seu book. Dez cheques. Seu presente de aniversário adiantado.

— Não acredito! Puxa, mãe, obrigado! Obrigado mesmo!

Ele a ergueu no colo, beijando suas faces. Mal acreditava no que via. Não sabia o que levara a mãe a mudar de ideia nem lhe interessava. Estava feliz por conseguir o book sem precisar se envolver com Bira.

— Só uma coisa — alertou ela. — Procure uma agência de renome. Não vá confiando em qualquer uma.

— Não precisa se preocupar. A agência que tenho em vista é de confiança. Já me informei.

— Não quero lhe cobrar nada, mas é com muito sacrifício que vou pagar esse book. Não trate isso como uma aventura sem consequências. Pense que é um investimento para o seu futuro.

— Garanto que você não vai se arrepender. Assim que conseguir o meu primeiro trabalho, vou lhe pagar tudo e ainda vou ajudar nas despesas de casa.

— Não precisa me pagar. É um presente. Se quiser me dar um presente em troca, seja feliz, exerça a profissão que escolheu honestamente. Não se envolva com drogas nem mentiras. Essa é a maior recompensa que um filho pode dar a sua mãe.

— Eu sei. Confie em mim, mãe. Vai dar tudo certo.

Geórgia abraçou-o com carinho, ainda insegura sobre o que estava fazendo. Em seu íntimo, as palavras de Josué ecoavam, indistinguíveis, enchendo-a de esperança.

Capítulo
28

Fazia algum tempo que Régis não se encontrava com Bira. Sabia que a polícia estava de olho nele e não pretendia ser confundido com alguém do bando. Para seu desagrado, avistou na esquina a figura esquálida de Alex, de quem também procurava se afastar.

— E aí, cara? — cumprimentou Alex. — Está sumido.

— Tenho andado ocupado.

— Ocupado com o quê, se você nem trabalha?

— Estou trabalhando no meu book.

— Sério? Conseguiu o dinheiro? — Régis assentiu. — Quem foi que deu? O Bira?

— Não, minha mãe.

— Sua mãe? — espantou-se. — Mas você não disse que ela era contra?

— Ela mudou de ideia. Ainda bem, porque não queria dever favores ao Bira.

— Não entendo você, Régis. O Bira é um cara legal, dá a maior força para a rapaziada. Queria recompensá-lo por tê-lo livrado da polícia. Por que está fugindo dele?

— Não estou fugindo. Só que fiquei chateado com a morte da Gislene. Ele não precisava ter apagado a mulher.

— A Gislene era uma traidora. O que você queria que ele fizesse? Que lhe desse uma gratificação e a mandasse embora?

Régis não respondeu. A morte de Gislene ainda era um problema para ele.

— Olhe, Alex, não me leve a mal, mas estou com pressa. Depois a gente se fala.

Régis virou-lhe as costas, caminhando pela rua. Estava tão aborrecido que desistiu até de tomar o ônibus ali. A agência era longe, mas seguiria a pé até um ponto mais abaixo. Precisava arejar a cabeça.

Ia cabisbaixo, as mãos no bolso, chutando pedras e latinhas. Estava quase chegando ao ponto quando o ônibus que passava pela agência surgiu. Régis fez sinal, correndo para não o perder. Já ia subindo as escadas quando uma moça veio correndo pelo outro lado. Com a mão na alça da porta, ele aguardou até que ela chegasse.

— Obrigada — disse ela ofegante, subindo apressada.

Régis subiu atrás dela. Pagou a passagem, acompanhando-a com o olhar. Ela sentou-se em um lugar perto da janela, e ele ficou de pé, um pouco mais atrás, esperando para poder sentar-se ao lado dela.

Estava fascinado pela sua beleza, seus gestos delicados, sua voz suave. A todo instante, fitava-a de soslaio, mas ela nem parecia se dar conta de sua presença. Queria puxar assunto, contudo não sabia o que dizer. Ela olhava pela janela, os cabelos esvoaçando ao vento. Ele prestava atenção a todos os detalhes, logo percebendo o relógio de pedrinhas que ela usava. Olhando para seu próprio relógio, teve uma ideia.

— Por favor, moça, pode me dizer as horas? — indagou. — Meu relógio parou.

— São dez para as duas — anunciou ela.

— Tudo isso? Meu Deus, estou atrasado!

— A que horas era o seu compromisso? — tornou ela, por educação, reparando no quanto ele era bonito.

— Às duas. Estou perdido. É nisso que dá confiar em relógio digital. A bateria acaba, e a gente nem percebe que a hora passou.

Ela sorriu graciosamente, deixando-o ainda mais encantado.

— Não se desespere — retrucou ela. — A vida sempre dá um jeito de nos favorecer, quando a gente realmente quer uma coisa.

— É verdade? — tornou embevecido. — Sim, acho que tem razão, porque eu queria muito conhecer você.

Ela corou violentamente, abaixando os olhos, envergonhada. Um sorriso tímido emoldurou o seu rosto.

— Por que você queria me conhecer? — perguntou ela, já cativada pela aura dele.

— Porque você é linda.

— Acha mesmo?

— A moça mais linda que já vi.

— Que exagero.

— Não é exagero. É a mais pura verdade.

— Sei...

— Como você se chama?

— Natália. E você?

— Régis.

— Muito prazer, Régis.

— Se eu disser que o prazer é todo meu, vai parecer clichê?

Ela riu gostosamente e respondeu:

— Não sei. Talvez.

— Pois é verdade, acredite.

— Se você diz...

— Sem querer ser indiscreto, para onde está indo?

— Tenho uma entrevista de emprego na cidade às três horas.

— Emprego de quê?

— Para a área de informática de um banco.

— Informática, é? Interessante.

— Faço faculdade de informática também. Vai ser uma boa experiência. E você, o que faz?

— Sou modelo.

— É mesmo? — impressionou-se ela.

— Quero dizer, vou ser modelo. Na verdade, estou fazendo um book, mas já tenho algumas propostas.

— Legal. Bom, Régis, espero que tenha sucesso na carreira — finalizou ela, fazendo menção de se levantar.

— Você já vai saltar?

— É o meu ponto.

— Espere. Será que não podemos nos encontrar novamente? Queria muito conhecê-la melhor.

Régis estava tão encantado com Natália quanto ela por ele. Por isso, foi sem hesitação que ela lhe deu o número do seu celular, esperando, sinceramente, que ele telefonasse.

— Quando posso ligar?

— Estarei em casa à noite.

— Aguarde meu telefonema, Natália.

Ela sorriu, deu o sinal e desceu. Régis seguiu para a agência, tendo Natália em seus pensamentos. Fez as fotos, louco de vontade de conseguir logo um trabalho. Queria estar à altura dela, para impressioná-la, caso conseguisse levá-la para sair.

Quando Natália saltou, Tácio seguiu com ela, deixando Régis aos cuidados de Damien. Havia alguma coisa naquela moça que o confundiu. Damien nem de longe percebeu que se tratava de Nora, a mesma Nora que Atílio o mandara procurar. Notou a luminosidade de sua aura, mas não lhe deu maior importância. Não imaginava que ela fosse envolver-se com Régis, acreditando que ela não passava de um flerte sem importância.

Apenas Tácio viu além das aparências. Havia nela uma familiaridade que ele não sabia explicar. Era como se identificasse parte daquela energia. Acompanhou-a por todo o percurso, até a sala onde se desenrolaria a entrevista. Havia uma espécie de bloqueio natural em sua mente, impedindo que ele a lesse com facilidade.

Chamada para a entrevista, Natália entrou. Logo no início, Tácio identificou a razão de sua familiaridade.

— Você é filha do doutor Júlio Macedo, não é? — foi a primeira pergunta.

— Sim, senhor — respondeu ela, com naturalidade.

Tácio não precisava ouvir mais nada. Um leve torpor o abalou, levando-o a pensar que desmaiaria, se vivo estivesse. Angustiado, saiu do edifício, reaparecendo no estúdio fotográfico, onde Damien se divertia com as poses de Régis.

— Isso não é coisa de homem — gracejou, tão logo Tácio surgiu.

— Temos um problema — Tácio anunciou, ignorando os comentários irônicos dele.

— Que problema?

— Sabe a moça que eu segui? — Damien assentiu. — Eu sabia que havia alguma coisa errada. Ela é filha de Júlio.

— De Júlio? — surpreendeu-se Damien. — O mesmo Júlio que não quis se casar com Geórgia?

— Esse mesmo.

Damien ainda não sabia se a notícia era boa ou ruim.

— E daí? Em que você acha que isso pode atrapalhar nossos planos?

— Você não percebe? — Ele balançou a cabeça. — Se Júlio não aceitou Régis...

— Mizael.

— Se Júlio não aceitou Mizael quando ele ainda estava na barriga da mãe, como acha que vai reagir ao saber que ele está namorando a filha dele?

— Vamos com calma, Tácio. Ninguém está namorando ninguém.

— Você sabe que os encontros não são casuais. Deve haver algum motivo para esses dois se encontrarem.

— Tudo bem. Mas em que isso pode nos atrapalhar? Acho até que vai ser bom. Um homem infernizando a vida de Mizael só pode contribuir para despertar ainda mais a agressividade dele.

Tácio fazia o raciocínio inverso. Achava que Júlio podia, sim, infernizar a vida de Régis, mas causando-lhe algum tipo de prejuízo. E ele não queria ver seu filho prejudicado pelo homem que o odiava desde antes de ele nascer.

Quanto a Damien, nem de longe imaginava estar diante de Nora. Por vezes até se esquecia de que Atílio o mandara encontrá--la. Não a conhecia, nunca tivera contato com ela. Se contasse a Atílio sobre Natália, o chefe imediatamente identificaria sua energia. Contudo, Natália não lhe parecia um problema, e Nora, segundo ele, jamais seria encontrada.

Capítulo 29

Assim que Damien entrou no gabinete de Atílio, percebeu alguma coisa errada. O ar hostil do chefe não deixava dúvidas de que ele não estava satisfeito. Os outros espíritos que estavam ali não ousavam levantar os olhos para ele.

— Mandou me chamar, chefe? — indagou Damien, aproximando-se vagarosamente.

Atílio fuzilou-o com o olhar. A um gesto seu, os demais espíritos se retiraram, deixando-os a sós. Damien sentiu-se desconcertado com aqueles olhos intimidadores, temendo novo castigo. Não sabia o que acontecera, mas só podia ser grave.

— Por que acha que mandei chamá-lo? — retrucou Atílio, em tom ameaçador.

— Sinceramente, não sei. Ontem mesmo lhe fiz um relatório e...

— E você está mentindo sobre Mizael! — esbravejou ele, dando um soco na mesa.

— Mentindo? Como assim? Não estou mentindo.

— Não está? Desde quando Mizael é trabalhador? Quer me explicar?

— Que eu saiba, ele não tem trabalho algum.

— Ele não está tirando fotos para revistas?

— E isso lá é trabalho?

— Idiota! — vociferou. — Se não é trabalho, é o quê?

— Uma brincadeira de adolescente.

— Essa brincadeira está lhe rendendo dinheiro. E, se ele ganha dinheiro honestamente, o que ele faz? — Damien não respondeu. — Eu lhe fiz uma pergunta, Damien!

— Ele se afasta do crime.

— Exatamente. E é isso que nós queremos?

— Não.

— Pelo menos você não é burro. É só incompetente.

Damien engoliu a ofensa, sentindo uma raiva que Atílio percebeu, mas para a qual não deu importância. Não tinha medo dele nem o julgava uma ameaça.

— Sinto muito, Atílio — falou Damien com voz sumida. — Não pensei por esse lado.

— É óbvio que não pensou.

— Vou dar um jeito de acabar com essas fotos.

— Ótimo.

— É só isso?

— Não, tem mais uma coisa. E Tácio?

— Está me ajudando.

— Não o quero mais a meus serviços. Ele é uma ameaça. Livre-se dele.

— Mas estamos juntos há muitos anos!

— Não me interessa. Sinto um perigo no ar, vindo da direção dele.

— Com todo respeito, Atílio, Tácio não é um problema. Ele é meu amigo.

— Amigo? — desdenhou. — Ninguém é amigo de ninguém, muito menos de você. Tácio só não vai embora porque se sente culpado pelo que fez a Geórgia e por se julgar um suicida. Mas ele não está exatamente na mesma vibração que nós, está? Do contrário, não teria fugido das masmorras.

— Você sabe disso?

— Sei disso e de muitas coisas — afirmou, fixando nele os olhos penetrantes, dos quais Damien desviou temeroso. — Não confio nele. Tem vezes em que não consigo sondá-lo. Ele é estranho, diferente. Poucos aqui conseguem bloquear a mente para impedir que eu leia seus pensamentos. Tácio consegue. Isso me preocupa.

Ao ouvir isso, Damien gelou. Se Atílio sondasse seus pensamentos, leria neles traição. Atílio, contudo, parecia não perceber o que lhe passava pela cabeça. Talvez o julgasse tão submisso, tão incompetente, que nem se preocupava com o que ele pensava ou sentia. Ou então, havia uma possibilidade remota de Damien também estar lhe ocultando seus pensamentos.

— O mal foi eu confiar em você — prosseguiu Atílio. — Deixei Mizael aos seus cuidados quando devia ter me encarregado dele pessoalmente. Agora as coisas parecem estar saindo do controle.

— Não tem nada saindo do controle, chefe. Essa questão das fotos, eu posso resolver. Quanto a Tácio, também percebi que uma luzinha se acendeu dentro dele... bem fraquinha. Por isso o mantenho junto a mim. Para vigiá-lo e impedir que ele atravesse para o lado da luz, aí sim, comprometendo o sucesso da nossa obra de tantos anos.

Atílio pensou por uns minutos, surpreso que Damien houvesse tido uma ideia daquelas.

— É, faz sentido — concordou ele. — Manter a ameaça nas proximidades a coloca sob controle, impedindo-a de se concretizar. Mas tome cuidado. Ele é mais esperto do que você.

— Deixe comigo. Pode confiar em mim. Não vou decepcionar você.

— Se você fosse Mizael, eu confiaria plenamente. Mas acontece que você não é. É só mais um idiota que me serve.

— Com todo respeito, chefe — rebateu Damien, um tanto ou quanto irritado. — Se pensa mesmo isso de mim, por que não põe outro no meu lugar?

Foi uma ousadia, mas agora estava feito. Damien assustou-se com sua coragem, coisa que, até então, não pensou que tivesse. Ficou à espera da reação violenta de Atílio, que não veio. De onde estava, Atílio apenas olhava-o, tentando esconder uma pontada de medo.

— Saia daqui! — rosnou ele. — Antes que eu o açoite novamente.

Damien não esperou uma segunda ordem. Rodou nos calcanhares e saiu quase correndo. Pensou que Atílio fosse usar aquele chicote de pontas triplas para despedaçar seu corpo fluídico, espantando-se porque não o fizera.

Atílio estava confuso. Durante todos aqueles anos, Damien nunca esboçara qualquer reação. Obedecia-lhe em silêncio, embora ele percebesse seus momentos de revolta, principalmente depois que Mizael apareceu. Sabia de sua inveja, contudo não a julgava uma ameaça. Até agora.

Não que tivesse observado algum sinal de luz em Damien. Seu corpo continuava tão denso como antes, mas havia algo diferente. Uma sombra pálida, um esboço malfeito, um ensaio desencontrado de algo que podia ser bem maior. Alguma coisa que não se havia ainda instalado, mas que estava ali, com todas as suas possibilidades. Atílio era bem experiente para saber do que se tratava. Era um cansaço, um desânimo, uma incerteza sobre a inevitabilidade de estar preso às sombras.

Aquele era o primeiro passo para a fuga. Em breve, Damien ganharia forças para pensar em sair. Mais um pouco, algo brilharia dentro dele, como começava a brilhar em Tácio. A tendência dessa luzinha era ir se acendendo cada vez mais, até se tornar uma aura de proteção para mantê-los intactos, aguardando a chegada dos enviados da luz. Ali, naquele momento, Atílio soube que iria perdê-los.

Precisava fazer alguma coisa. Ficar sentado, à espera de ser traído, não era de seu feitio. Podia mandar alguém vigiá-los, mas não conhecia ninguém que pudesse enfrentá-los. O único, além dele, capaz de conter Damien ou qualquer outro, estava encarnado, pelo visto, correndo o risco de perder-se também.

Atílio devia ter previsto aquilo. Em sua ilusão de poder, não imaginou que as influências materiais seriam muitas. Se, por um lado, há a tentação dos prazeres, que pode levar ao crime se mal controlada, por outro, existe a interferência palpável do amor. Só agora percebia que a mãe que arranjaram para Mizael fora uma armadilha. Ele deixava de fazer muitas coisas só para não desgostá-la. Era tudo o que ele não esperava: um filho preocupado com a mãe.

Fazia anos que Atílio não se lembrava de sua própria mãe. Das muitas que tivera, em sucessivas encarnações, não se afeiçoara particularmente a nenhuma. Mal se recordava de suas feições. A única mulher que marcara sua vida fora Nora, e ele se vira obrigado a abrir mão dela por causa de Mizael. Este, sim, era o único a quem podia, verdadeiramente, dizer que amava.

Não sabia por onde ela andava. Damien se demonstrara inútil para localizá-la. Nunca a vira, não a conhecia, nada sentia da energia dela. Ela não estava entre seus antigos conhecidos, conforme Damien lhe informara. Mas então, por onde andaria?

Nora não era seu maior problema. No momento certo, a encontraria. Precisava agora concentrar-se em Mizael. Não podia perdê-lo, não daquela forma. Logo Mizael, que sempre lhe fora fiel, um espírito empedernido, como ele, seduzido pelo poder. Recebera um posto importante na hierarquia do crime, que ele conquistaria através de Bira. Agora, Mizael parecia dar para trás. Tudo porque resolvera virar boneco de revistas. Se ele tivesse ao menos aceitado a oferta de Bira, teria se colocado nas mãos dele. Era meio caminho andado. Mas não. Tinha que receber o dinheiro honesto da mãe. E agora, o que iria fazer?

Longe dali, Damien preocupava-se com seu futuro. Embora percebesse a hesitação de Atílio em puni-lo por sua impertinência, ainda assim tinha medo dele. Atílio podia ter sido apenas indulgente, coisa que não era comum, mas ele não queria abusar.

Entrou em sua cabana, onde Tácio o aguardava, e foi logo falando:

— Temos que nos movimentar. Atílio não está nada satisfeito com a gente.

— Por quê?

— Ele descobriu tudo sobre nós. Sabe até que você fugiu da masmorra.

— E daí?

— E daí que é perigoso. Se ele quiser, pode acabar com a gente.

— Se ele quisesse, já o teria feito.

— Como assim? Você acha que Atílio está nos dando mais uma chance?

— Não. Acho que Atílio não tem tanto poder como você pensa.

— Você é doido mesmo, não é? Ainda não aprendeu? Quer morrer novamente?

— Francamente, Damien, esse poder que você tanto teme, na minha opinião, não vem de Atílio. Vem do que vocês dão a ele.

— Dá no mesmo, Tácio. O que importa é o que ele pode fazer conosco.

— Nada. Ele não pode fazer nada.

— Está enganado. Ainda me lembro da última surra que levei. Atílio me açoitou pessoalmente. Foi uma humilhação terrível.

— Isso foi antes, porque você acreditava que ele podia. Se você resistir, aposto que ele não conseguirá. — Damien deu de ombros, em dúvida, pensando no episódio de momentos atrás. — Pense bem, Damien. Há anos estamos cuidando de Mizael praticamente sozinhos. Atílio nem chega perto dele. Por que será?

— Porque confia em nós.

— Porque tem medo. Ele morre de medo de sair daqui, do seu refúgio. Lá fora, os perigos são muitos. Nada nos impede de topar com um espírito de luz, como já aconteceu.

— Atílio não tem medo de espíritos de luz. Só não gosta da companhia deles.

— Não gosta porque sabe que eles podem vencê-lo.

— Isso que você está dizendo é uma tremenda besteira. Espíritos de luz não fazem guerra, portanto não vencem ninguém.

— Engano seu. Eles não fazem o tipo de guerra a que estamos acostumados. Suas armas são outras. Eles lutam com o amor, a compreensão, a serenidade. Quem é que pode resistir a essas coisas?

— Eu, no seu lugar, pararia de falar essas barbaridades. Se Atílio ouvir...

— Não tenho medo de Atílio. Se ele quiser, que venha me enfrentar.

— Cale a boca! — censurou baixinho. — Quer que ele o escute?

— Ele não me escuta. Se escutasse, já teria vindo pessoalmente dar cabo de mim.

— Por quê? Em que você pensa?

— Quando ele o chamou, pus-me aqui a refletir. Pensei muitas coisas que não são do agrado dele, que ele consideraria verdadeira traição. Duvido que, se me ouvisse, deixaria passar. Mas ele não apareceu por aqui nem mandou nenhum de seus algozes. E, se não fez isso, é porque não pode. Ele desconhece o que eu penso.

— Você não sabe o que está dizendo. Atílio não é de brincadeiras.

— Estou de saco cheio desse cara. Ele fica lá, no seu gabinete particular, mandando e desmandando em todo mundo. Quem é ele para fazer isso?

— Pare com isso, já falei! — apavorou-se Damien, tentando colocar uma das mãos sobre a boca de Tácio. — Você não faz ideia do que é virar uma massa disforme de energia, sem consciência.

— Que se dane! Ninguém vai fazer isso comigo. Atílio não tem esse poder.

— Está enganado. Já vi muitos decaírem da forma astral por causa de Atílio.

— Por causa das sugestões que ele lhes dá e que eles acatam por puro medo. Só por isso. Mas Atílio mesmo nunca arrancou o corpo astral de ninguém, arrancou?

— Não.

— Porque não pode. Só a própria pessoa tem essa faculdade, consciente ou não. Por medo, culpa, sei lá, mas esse não é o meu caso. Não vou mais aceitar ser prisioneiro de Atílio. Aguardava você para dizer isso.

— Ficou louco, Tácio? Para onde você vai?

— Qualquer lugar. Estou desencarnado, posso atravessar paredes, me locomovo com a velocidade do pensamento. Não preciso de um lugar para morar. Posso montar guarda na casa de Mizael, morar no quintal, em qualquer lugar. Não me importo.

— Aposto como você vai parar lá naquela boca de fumo, drogando-se com os viciados.

— Não vou. Estou resistindo a isso. Eu mesmo transmito a mim a sugestão mental de que o vício é só uma impressão. Não tenho mais corpo físico para intoxicar nem para me deixar dependente.

— Não vá, Tácio, por favor. Não me deixe aqui sozinho.

Aquele era o dia de falar coisas sem pensar. Primeiro ele enfrentara Atílio. Agora suplicava a Tácio. Em ambos os momentos, estava sendo sincero.

— Você não precisa de mim — observou Tácio. — Eu nem o estava ajudando mesmo...

— Eu sei.

— Sabe? Como?

— Li em seus pensamentos, muitas vezes. Sei que você tem procurado desfazer tudo o que faço pelas minhas costas.

— Damien, eu... sinto muito. Não queria traí-lo. Queria apenas proteger o meu filho.

— Sei disso. Não precisa se desculpar. Tenho vergonha de dizer, mas eu também não tenho sido muito honesto com você. Mesmo sabendo o que você estava fazendo, não o impedi. E sabe por quê? — Ele meneou a cabeça. — Porque quero que Mizael falhe. Se você o levar à derrota, eu poderei acusá-lo depois, livrando-me da ira de Atílio.

Não era comum Damien fazer confissões, mas aquela serviu de alívio a sua alma.

— Olhe, Damien, nós dois somos espíritos das sombras. Somos iguais. Não precisamos nos acusar de nada. Em vez disso, por que não nos aliamos?

— Como?

— Juntos, podemos afastar Mizael do crime.

— Não! Isso é loucura. Atílio não vai me perdoar.

— Atílio não pode fazer nada contra você. Será que não entende? Atílio não tem o poder que vocês pensam que ele tem. É você quem o está fortalecendo. Fortaleça-se, em vez disso.

— Não posso. Tenho medo.

— Se tem medo, então, fique aqui com ele. Estou indo embora.

— Você não pode fazer isso. E Mizael?

— Estaremos em lados opostos.

— Não. Por favor, Tácio, não faça isso. A verdade é que... acostumei-me com você. Gosto da sua companhia.

— Também gosto da sua. Somos amigos, coisa rara por aqui.

— Foi mais ou menos o que Atílio disse.

— Está vendo só? No fundo, ele sabe o poder que tem a amizade verdadeira. É muito maior do que o poder dele.

— Será?

— Não sei como você pode duvidar.

— E se a gente se esconder em outro lugar? — aventou Damien, agora vendo uma perspectiva de sair dali.

— Como?

— Aprendi a manipular matéria astral para construir coisas. Fui eu quem plasmou essa cabana aqui, só com o poder da minha mente.

— Por isso está horrível — Tácio gracejou, para aliviar a tensão. — Mas se você pode construir outra, em outro lugar, então, vamos para lá.

— Ainda não estou certo. Foi só uma sugestão.

— Vamos, Damien. Isso aqui não tem mais nada a ver com você.

— O que faremos lá fora sozinhos?

— Não sei. Pensaremos nisso depois.

— Você sabe que, se sairmos, não poderemos voltar. Nunca mais.

— Quem foi que disse que pretendo voltar? Quero me livrar desse buraco.

— Você não está pensando em atravessar para a luz, está?

— Não sei. Quem sabe?

— Ficou doido de vez.

— Ou, então, podemos nos aliar a outro bando. Há muitos por aí.

— Em outro bando nos farão de escravos.

— Se é assim, seremos autônomos. Não precisamos de ninguém.

— Atílio vai ficar furioso.

— Desvincule-se de Atílio. Você não lhe deve nada. Só o que ele faz é humilhá-lo.

— É verdade. Atílio nunca deu valor ao meu trabalho. Só se importa com Mizael.

— Vamos, homem, decida-se. Você vem ou não vem?

Damien deu uma olhada breve ao redor da cabana que ele mesmo construíra. Não era nada bonita nem luxuosa. Era tosca, pequena, lúgubre, uma espécie de prisão domiciliar vigiada por Atílio.

Embora temeroso, chegou à conclusão de que não precisava mais de Atílio. Durante todos aqueles anos, fora humilhado e diminuído por ele. Tácio tinha razão. Era ele quem conferia a Atílio todo o seu poder. Por isso os seres da luz eram livres, porque não eram submissos a ninguém. Deviam ter lá as suas ordens, mas não havia repressão nem medo, nem opressão, coisas com as quais Atílio dominava a todos. Cansara-se disso. Se Tácio tinha forças para sair dali, ele, que já estava desencarnado havia muito mais tempo, também haveria de ter.

Damien desviou os olhos dos objetos que guarneciam a cabana. Encarou Tácio com uma firmeza que nem ele sabia que possuía. Empertigou o corpo e, com a voz convicta, afirmou:

— Eu vou.

Na mesma hora, os dois desapareceram no ar.

Capítulo 30

Desde cedo pronto para o encontro com Natália, Régis dava voltas na sala, olhando o relógio de pulso a cada cinco minutos. Sentadas à mesa, Cléia e Geórgia jogavam uma partida de buraco, para passar as horas do sábado à noite.

— Está tudo bem, meu filho? — indagou Geórgia, notando o nervosismo dele.

— Está.

— Arranjou uma namorada? — perguntou Cléia. — Está tão elegante!

— Na verdade, conheci uma garota, sim.

— Sério? — animou-se Geórgia. — Ela mora por aqui?

— Dois quarteirões abaixo.

— E o que ela faz? — tornou Cléia, tentando não demonstrar preocupação.

— Trabalha no departamento de informática de um banco e está na faculdade de informática também.

— Que maravilha! — Geórgia estava realmente feliz e impressionada. — Quando poderemos conhecê-la?

— Calma, mãe. Nada de precipitação. Nem sei se vai dar certo.

— Tomara que dê. Vai lhe fazer bem.

— Tomara mesmo. Bom, está na hora. Fiquei de encontrá-la às oito na portaria do prédio dela. Torçam por mim.

— Torceremos.

Assim que ele saiu, Alex foi ao seu encontro. Parecia mesmo que o estava esperando.

— E aí, cara, tudo bem? — indagou, com seu jeito malandro de sempre.

— Tudo.

— Está sumido.

— Nem tanto. Tenho andado ocupado com as fotos. Sabia que consegui um trabalho?

— Eu vi na revista. Foi rápido, não?

— A revista estava precisando, e a agência logo me encaminhou. O book ficou uma beleza, eles aprovaram, e lá fui eu para a sessão de fotos.

— Maravilha. Bira também viu. Gostaria de falar com você sobre isso.

— Falar comigo? O quê?

— Não sei. Pediu-me apenas para dar o recado. Ele ainda não esqueceu o que você fez por ele.

— Aquilo não foi nada, já disse. Ele pode esquecer.

— Bira jamais esquece os que lhe são leais.

— Olhe, Alex, a verdade é que fiquei meio chateado. Ele não precisava ter matado a garota. Fez-me sentir culpado.

— De novo com essa besteira? Você não foi culpado, foi um herói.

— Não sei. Não gostei do que ele fez.

— Se você for falar com ele, aposto que ele vai lhe explicar tudo.

— Outra hora eu vou.

— Bira não gosta de ficar esperando.

— Lamento, mas agora tenho um encontro.

— Uma garota?

— Sim.

— Eu a conheço?

— Não.

— Bom, se é esse o motivo, então é justo. Bira respeita um homem que é gentil com as mulheres.

— Isso é alguma piada?

— Não, é sério.

— Está bem, Alex, seu recado está dado. Vá tomando seu rumo, que vou seguir o meu.

Agora sozinho, sem a presença constante de Damien e Tácio, Régis não sentia mais tanto pendor para o crime. O desejo de ganhar dinheiro fácil fora substituído pelo entusiasmo com a nova profissão. Régis ia muito bem. Lindo de morrer, elegante, vistoso, esbanjando charme e simpatia, não havia quem não o disputasse.

Para completar, conhecera uma garota maravilhosa e conseguira marcar um encontro com ela. Régis tocou o interfone de seu apartamento. Natália atendeu, informando que já ia descer. Quando ela chegou, ele quase engasgou, tamanha a emoção. Ela lhe pareceu muito mais bonita do que da primeira vez que a vira.

— Oi, Régis — cumprimentou ela, dando-lhe dois beijinhos no rosto. — Tudo bem?

— Melhor agora, que a vi. Você está linda!

— Obrigada — respondeu, corando.

— E aí? Vamos pegar um táxi?

— Você é quem sabe.

Régis dava graças a Deus por ter conseguido o trabalho. Recebera um bom dinheiro. Nada que desse para extravagâncias, mas pelo menos podia pagar um táxi e a conta do barzinho. Queria impressioná-la.

No barzinho à meia-luz, escolheram uma mesa mais afastada, em um cantinho bem aconchegante. Do outro lado, uma banda tocava músicas românticas, deixando o ambiente calmo e propício ao namoro.

— Não via a hora de encontrar você — confessou ele, completamente embevecido.

— Sério?

— Não sei explicar, mas desde que a vi naquele ônibus, não consigo parar de pensar em você.

— Exagerado.

— Não é exagero, é sério.

Sem graça, ela mudou de assunto:

— Vi você na revista. Você fotografa muito bem.

— Você achou?

— Achei. Você vai longe na carreira. E, quando ficar famoso, nem vai mais se lembrar de mim.

— Que bobagem, Natália. Primeiro, nem sei se vou ficar famoso. E, depois, estou completamente apaixonado por você.

— Ah! Régis, não invente. Apaixonado?

— É, apaixonado.

— Mas é a primeira vez que saímos, e você mal me conhece!

— E daí? Parece que você saiu dos meus sonhos.

— Além de modelo, você é poeta?

— Para você ver o que faz comigo.

— Deixe de brincadeiras, Régis.

— Não estou brincando. Por que você não acredita?

Ela acreditava. No fundo, sentia o mesmo. Só tinha medo de expressar ou de estar se iludindo.

— Conte-me um pouco de você — desconversou. — Mora com seus pais?

— Com minha mãe e minha avó. Meu pai já morreu. E você?

— Na verdade, moro sozinha.

— O quê? Uma menina tão nova, sozinha num apartamento? O que houve?

— É complicado. Minha família é complicada. Meu pai mora em São Paulo com a minha irmã, e minha mãe anda ocupada com seu novo caso. Quando minha avó morreu, pedi a papai para me deixar morar no apartamento dela. E cá estou eu.

Ele estava fascinado. Ela era linda, inteligente e independente. Trabalhava, fazia faculdade, morava sozinha. Uma mulher, dona de seu nariz, enquanto ele era ainda um menino ensaiando os primeiros passos.

— Estou impressionado — confessou.

— Pare com isso. Você está me deixando sem graça.

— Perdoe-me. Mas é que me apaixono mais por você a cada minuto.

— Sei.

— Gostaria que acreditasse em mim.

Ele apanhou a mão dela, levando-a aos lábios. Em seguida, puxou-a para a frente, dando-lhe um beijo repleto de paixão. Ela correspondeu mansamente, sentindo-se cada vez mais atraída por ele.

— Por que não saímos daqui? — sugeriu ele, completamente envolvido por ela.

— Vá com calma — pediu ela. — Acabamos de nos conhecer.

— Eu sei. Mas estou louco de desejo por você. Podemos ir para o seu apartamento — arrematou ele, acariciando seu corpo.

— Por favor, não — ela o afastou, aborrecida. — Não é porque moro sozinha que deixo qualquer um subir.

— É claro — tornou ele aturdido. — Eu entendo. Por favor, Natália, desculpe-me. Não quero que pense que estou tentando abusar de você.

— Você foi rápido demais. Foi só eu falar que morava sozinha, que você logo se animou.

— Não é nada disso. Por favor, não me interprete mal. Eu só queria ficar a sós com você porque estou apaixonado. Há dias não penso em outra coisa que não seja você, mas não quero me aproveitar. Tanto faz o que façamos, desde que estejamos juntos. Se você quiser ficar aqui e só conversar, tudo bem. Para mim está perfeito. Fico aqui só olhando para você, nem lhe encosto a mão. Eu juro. Não foi para isso que a chamei para sair. Por favor, Natália, acredite. Só quero estar perto de você.

Apesar do medo de acreditar, suas palavras pareciam sinceras. Mais do que isso, seu olhar transmitia exatamente o que ele dizia.

— Está bem, Régis, acredito em você. Mas por favor, não insista mais. Deixe as coisas acontecerem normalmente.

— Farei tudo como você quiser. Só não me mande embora.

— Se você se comportar, eu não mandarei.

— Posso beijá-la? Se não puder, não faz mal. Como disse, contento-me em ficar ao seu lado.

Ela sorriu, entreabrindo os lábios, convidando-o para o beijo. Régis tomou-a nos braços, controlando-se para não avançar além do que ela permitia. Era óbvio que Natália não era igual às outras moças, o que lhe agradou ainda mais. Passaram a noite juntos. Dançaram, beijaram-se, conversaram. Régis contou a ela muito de sua vida. Evitou, contudo, falar do pai e omitiu que conhecia um traficante.

Assim como Régis, Natália também se sentia atraída por ele. Cada vez mais, o amor que experienciaram no passado retornava a seus corações.

Um ano após a morte da avó, Natália já estava bem instalada no apartamento. Tinha um emprego, tirava boas notas na faculdade. Para completar, conhecera um rapaz incrível. O que mais poderia desejar?

Apesar de pouco ver a mãe, Natália estava em contato permanente com o pai e a irmã. Ao telefone, contara a Patrícia que conhecera um homem maravilhoso chamado Régis.

— É mesmo? — enciumou-se ela. — O que ele faz?

— É modelo fotográfico, imagine!

— Modelo? Deve ser muito bonito, então.

— Se é. Um gato, cheio de pose, lindo de morrer. E carinhoso toda vida.

— Tem certeza de que ele existe? Não é virtual?

— Bobinha. Ele é real até demais. Saiu numa revista de modas.

— Você já dormiu com ele?

— Patrícia! Isso é pergunta que se faça? Você ainda é uma criança, não devia falar essas coisas.

— Tenho quinze anos, não sou mais criança. Sei de muito mais coisas do que você imagina.

— O que quer dizer com isso? — Ela não respondeu. — Patrícia, não vá me dizer que você já...

— Não estamos falando de mim, Natália. O assunto é você. Então? Quando vamos conhecer esse fenômeno?

— Não sei. Quando estão pretendendo vir ao Rio?

— No carnaval. Papai prometeu que me deixaria sair na Portela este ano.

— Não acredito! Papai ficou doido. Ele sempre morreu de ciúme da princesinha dele.

— Mamãe o convenceu. Ela vai sair, e vou com ela. Tenho fantasia e tudo.

— Mas você nem me disse nada!

— Queria fazer surpresa. Mamãe e eu vamos sair na mesma ala, com fantasias iguais — ela abaixou a voz e revelou: — Quase peladas.

— Vocês duas são terríveis.

— Papai ainda não viu a fantasia. Está com ela, aí no Rio.

— Imagino só o ataque que ele vai ter quando a vir praticamente nua.

— Aí já vai ser tarde demais. Mas me fale, Natália, quando poderei ver o seu namorado?

— Vou mandar uma foto por e-mail. Você vai se apaixonar por ele.

Natália nem sabia o quanto tinha razão. Ao abrir a foto de Régis em seu e-mail, o coração de Patrícia disparou. Nunca vira homem mais lindo. Correu à banca mais próxima e comprou a revista, procurando-o avidamente. Ele aparecia em várias fotos de jeans, camiseta e bermuda. Ao vê-lo, Patrícia tinha certeza de que aquele homem tinha que ser dela.

Quando o pai chegou do trabalho, veio a novidade. Ela estava com saudades da irmã e queria passar o resto das férias no Rio. Voltaria com ele após o carnaval.

— Não sei se é boa ideia, Patrícia — contrapôs ele. — Sua irmã trabalha de dia e estuda à noite. Quem vai cuidar de você?

— As aulas de Natália ainda não começaram. E, depois, não preciso de ninguém que cuide de mim. Não fico aqui sozinha?

— É diferente. Temos empregada.

— Deixe de bobagens, papai. Já está resolvido.

— Por que não fica na casa de sua mãe?

— Com a mamãe não dá. Ela não para em casa. E, depois, Natália é mais da minha idade.

— Está bem. Mas acho melhor avisar sua irmã.

— Não precisa. Vou lhe fazer uma surpresa. Já comprei até a passagem pela internet, com o seu cartão de crédito.

— O quê? Quem lhe deu ordens para isso?

— Ora, papai, não vá criar caso agora. Foi só dessa vez, quero muito ir.

Embora aborrecido, Júlio não conseguia contrariar Patrícia. Cedo ou tarde, acabava fazendo tudo o que ela queria.

— Está bem, minha filha, pode ir. Mas vou ligar para sua irmã.

— E a surpresa?

— Sem surpresas. Acho bom Natália estar preparada para quando você chegar.

Na mesma hora, Júlio ligou para a filha, avisando-a de que Patrícia estaria a caminho do Rio no dia seguinte. Natália ficou surpresa. Acabara de falar com a irmã ao telefone, e ela não dissera nada.

— Você sabe como é sua irmã — falou ele. — Tem algum problema ela ficar com você?

— Problema nenhum. Só não vou poder lhe dar muita atenção.

— Ela sabe. Aproveite e coloque-a para fazer alguma coisa, como varrer a casa, por exemplo.

— Está certo, pai. Deixe comigo.

Desligaram.

— Varrer a casa, pois sim — ironizou Patrícia. — Até parece que vou gastar minhas férias com uma vassoura na mão. Quero ir à praia.

Júlio riu e a abraçou.

— Você é terrível. Mas tudo bem. Não vá dar trabalho à sua irmã, viu?

— Pode deixar. Vou cuidar dela direitinho.

No dia seguinte, bem cedo, Júlio colocou-a no avião. Patrícia não conseguia esconder a ansiedade. Mesmo antes de conhecer Régis, julgava-se apaixonado por ele. Do aeroporto, seguiu de táxi até a casa de Natália, que a recebeu com alegria. Ajudou-a com a mala, levou-a ao quarto.

— Estou feliz de você estar aqui — falou apressada. — Já arrumei o seu quarto. Tem comida na geladeira e TV a cabo na sala. Não posso ficar aqui com você ou vou me atrasar para o trabalho. Qualquer coisa, ligue para o meu celular. Lá pelas sete, estarei de volta, e então poderemos conversar melhor. Agora, tenho que correr.

Com um beijo, despediu-se da irmã. Patrícia arrumou suas roupas no armário, foi para a cozinha e preparou um sanduíche. Não tinha interesse algum em conversar com Natália. O que queria era conhecer Régis.

Natália chegou pouco depois das sete horas. Encontrou Patrícia confortavelmente instalada no sofá da sala, comendo pipoca e vendo televisão.

— E aí? — perguntou ela, largando a bolsa em cima do aparador da entrada. — Como foi o seu dia?

— Chato, sem você.

— Você saiu?

— Para onde eu iria? Não conheço ninguém por aqui.

— Lamento estar trabalhando, mas no fim de semana, podemos ir à praia.

— De ônibus?

— Tem outro jeito? Não tenho carro.

— Papai quis dar-lhe um. Por que não aceitou?

— Porque não tenho como mantê-lo com o meu salário. E não é justo depender da mesada do papai para sempre. Espero poder abrir mão desse dinheiro em breve.

— Só você mesmo, Natália. Vir se enfiar nesse fim de mundo só para morar sozinha. Por que não pediu a papai para lhe comprar um apartamento mais perto da praia?

— Gosto daqui. E depois, se eu morasse em outro lugar, não teria conhecido Régis.

— É mesmo. Quando poderei conhecê-lo?

— Em breve. Vamos matar as saudades primeiro, depois o chamo aqui.

— Deve ser muito bom ter um apartamento só para você. Imagino como vocês devem ficar à vontade, sem ninguém para perturbar.

— Régis nunca veio aqui.

— Não? Não acredito, Natália. Vocês ainda não transaram?

— Isso não é da sua conta, mas não. Não gosto de apressar as coisas.

— Como você é boba! Fique se fazendo de difícil, que ele logo arranja outra.

— Se arranjar, então é porque não gosta de mim. Se gosta realmente, como ele mesmo diz, vai esperar.

— Esperar o quê? O casamento?

— Não seja tola. Quem falou em casamento? Só acho que devemos nos conhecer melhor.

— Ah! se fosse comigo...

— Se fosse com você, deveria fazer a mesma coisa. E não achei nada bom saber que você já tem experiência sexual. Você ainda é uma menina.

— E daí? Todas as minhas amigas já transaram. Por que acha que eu seria diferente?

— Tudo bem, Patrícia. Só tenha cuidado, está bem? Não esqueça o preservativo.

— Não esqueço. Sou doida, mas não sou burra. Não quero pegar doença nem gravidez. Papai iria me matar.

— E como ele está?

— Bem. Trabalhando feito um condenado, cheio de mulheres.

— Como você sabe disso?

— Não sou trouxa. Ouço os telefonemas, ele sai e volta tarde. Só pode ser mulher.

— Você não fica com ciúme?

— No princípio, sim, mas agora me acostumei. Desde que ele não as leve para casa, por mim, está tudo bem.

Continuaram conversando até altas horas da noite. Natália preparou o jantar, depois assistiram a um filme. Estava feliz com a presença da irmã. Sentia-se segura, inclusive, para convidar Régis para ir à sua casa.

Ele adorou a ideia. Não estava muito interessado em conhecer Patrícia nem pretendia abusar da confiança de Natália para dormir com ela. O que queria era se aproximar, participar de sua intimidade, de sua vida. Queria um compromisso, namorá-la de verdade. E ir à sua casa era essencial para estabelecer uma relação de seriedade.

Capítulo 31

Mais uma sessão de fotografias, para outra revista de moda. A carreira de Régis parecia decolar. Com isso, ele ia afastando, cada vez mais, a possibilidade de se envolver com o crime. Para Geórgia, foi um alívio. Temia que suas tendências o levassem por caminhos tortuosos. Vendo agora o resultado de seu trabalho, sentia-se gratificada por haver cedido à intuição e pago pelo tão sonhado book.

As perspectivas para Régis eram muito boas. Além da revista, recebera proposta para fazer um catálogo de roupas de inverno e tinha em vista até um comercial de televisão, sem contar o outdoor para uma campanha de praia limpa. Se ele emplacasse esses trabalhos, estaria feito na carreira.

Régis despediu-se da mãe e da avó, seguindo para o local onde seriam realizadas as fotos. Assim que pisou na rua, Alex se aproximou.

— E aí, meu camarada? — cumprimentou. — Cada vez mais famoso, hein?

— É. Estou com sorte.

— Bira quer falar com você. Insiste em lhe dar os parabéns pessoalmente.

— O que o Bira quer tanto comigo? Já não lhe fiz um favor? Agora, não tenho mais o que conversar com ele.

— Não fale assim, cara. O Bira é gente boa e só quer ajudá-lo.

— Ajudar-me em quê? Não preciso de nada. Minha carreira está decolando.

— Você sabe que tem muita gente nesse negócio que adora uma carreirinha[20], não sabe?

— E daí? Nem todo mundo gosta. Eu não gosto.

— Mas você podia fazer um outro favor a ele. Que tal apresentar aos seus colegas o produto do Bira?

— Ficou louco? Agora que estou me acertando, você quer me ferrar?

— Os negócios não estão indo lá muito bem. A polícia está apertando o cerco, e a concorrência é grande. Bira precisa de mais campo. Não seria nada mau para ele infiltrar-se no meio da moda. Em troca, ele promete muito dinheiro.

— Não preciso de dinheiro. Estou ganhando bem agora.

— Não tão bem quanto gostaria. Sua namoradinha não merece o melhor?

— Escute aqui, Alex, não se meta com ela, está bem? Deixe-a fora disso. Ela nada sabe sobre a boca do fumo, Bira ou você.

— Imagine só se soubesse. Coitada, ia ficar decepcionada.

— Está me chantageando, Alex? É isso?

— Não. Só estou tentando fazer você perceber o que é melhor.

— Isso quem decide sou eu.

— Pense bem, Régis. O Bira não está pedindo nada de mais.

— Não sei de onde ele tirou essa ideia. Não tenho tantos conhecimentos assim e não acredito que meia dúzia de modelos vão fazer diferença nos negócios dele.

— Não é meia dúzia de modelos. É a influência que esses caras têm.

— Então, Bira está atrás de poder. Quer a proteção dos poderosos. É isso?

---

20 Referência à carreirinha de cocaína.

— Mais ou menos. Com meia dúzia de pessoas importantes nas mãos, quem se atreverá a combatê-lo?

— Sinto muito, Alex, mas não posso ajudar. Como disse, não conheço quase ninguém. Estou nesse negócio há pouco tempo, ainda não fiz contatos importantes.

— Mas vai fazer. E, quando fizer, Bira quer se assegurar de que estará por perto. Sem contar a grana, Régis. Ele está lhe oferecendo uma nota por esse trabalho.

— Quanto?

— Vá conversar com ele.

— Não, sinto muito. Não vai dar.

Régis apressou o passo, deixando Alex para trás. A proposta até que era tentadora, mas ele não queria se envolver com Bira. Sabia de gente viciada em seu meio de trabalho, podia aproximá-los, se quisesse. Contudo, não pretendia ficar nas mãos de nenhum bandido. E estava apaixonado por Natália. Além da mãe e da avó, era outra pessoa que ele não gostaria de decepcionar.

As fotos ficaram perfeitas, deixando muito satisfeitos os donos da revista. Régis aparecia trajando roupas de inverno distintas, além de ternos e casacos de grife. Tudo muito clássico, muito elegante, já para a próxima estação. Ele era versátil, ficava bem em qualquer modelo, desde sungas até smokings.

No final, alguns colegas o convidaram para um festa, onde rolaria de tudo. Haveria muitas mulheres bonitas, bebida à vontade. Mesmo louco de vontade de ir, Régis recusou. Estava mais interessado no encontro que teria com Natália mais tarde. Mal conseguia conter a ansiedade. Conhecer o apartamento dela era seu sonho no momento.

Comprou um vinho e flores para Natália e a irmã dela. Chegou na hora marcada, estendeu-lhe o buquê de rosas vermelhas, que Natália apanhou e cheirou. Deu-lhe um beijo leve nos lábios, convidando-o a entrar. Atrás dela, veio Patrícia.

— Régis, esta é Patrícia, minha irmã.

— Muito prazer — cumprimentou ele, dando-lhe dois beijinhos nas faces e oferecendo-lhe rosas amarelas. — Para você.

— Obrigada.

Ela apanhou as rosas, lutando para não deixar transparecer a euforia. Aquele era o homem mais lindo que ela já vira em toda a sua vida. Com certeza, merecia uma mulher menos insossa do que Natália.

— Trouxe um vinho para o jantar — anunciou ele. — Mas é claro que Patrícia não poderá beber.

— Por que não? — questionou ela.

— Porque você é menor de idade — informou Natália. — E menores não podem beber.

— Papai deixa.

— Ele deixa? — surpreendeu-se a irmã.

— Deixa. Em casa, é claro.

— Pois não devia. É perigoso.

— Que nada, Natália. Deixe de ser careta. Uma cervejinha, de vez em quando, não mata ninguém.

Natália olhou para Régis em busca de apoio, mas ele deu de ombros. Aquele era um assunto em que não deveria se meter.

— O jantar está quase pronto — disse ela, para mudar de assunto. — Faça companhia a Régis, Patrícia. Vou tirar o assado do forno.

Era o que Patrícia queria. Esperou até Natália sumir na cozinha para sentar-se junto a Régis no sofá.

— Minha irmã disse que você é modelo — começou ela, fazendo-se de inocente. — Deve ser emocionante.

— É legal.

— E dá um bom dinheiro?

— Não muito, no começo. Mas espero progredir.

— Não duvido. Com a sua aparência, qualquer revista vai querer contratá-lo.

— Não é bem assim. Há outras coisas envolvidas, como postura, disciplina, boas maneiras. Não é só chegar lá e fotografar.

— Você também vai para as passarelas?

— Por enquanto ainda não fui, mas estou aberto a isso também.

— E eu? Você acha que eu tenho chance de ser modelo?

Meio constrangido, Régis avaliou-a. Ela era uma menina muito bonita, esguia, extrovertida. Com um pouco de treino e sorte, poderia chegar lá.

— Chance, você tem.

— Você me acha bonita?

— Acho.

— Eu nunca havia pensado nessa possibilidade, mas agora estou começando a considerá-la. Será que você poderia me ajudar?

— Posso falar de você lá na minha agência. Se houver interesse, eu a aviso.

— Posso ir com você para ver as fotos, posso? Natália sai para trabalhar e eu fico aqui sozinha.

— Pare de aborrecer o Régis — censurou Natália, que vinha chegando com a travessa do assado nas mãos. — Ele anda muito ocupado para cuidar de crianças.

— Não sou criança — irritou-se Patrícia. — E ele não precisa cuidar de mim. Só queria ver como é uma agência de modelos.

— Não tem problema, Natália — falou Régis, para não desagradar Patrícia. — Se ela quiser, posso levá-la comigo um dia.

— Quando podemos ir? Amanhã?

— Por que a pressa? — objetou Natália. — O mundo não vai acabar amanhã.

— Ah! Natália, eu só quero me divertir. Por favor, Régis, me leve amanhã.

— Amanhã não tem fotos, mas prometo levá-la comigo na próxima oportunidade.

Patrícia não estava nem um pouco interessada em seguir a carreira de modelo ou qualquer outra. Buscava apenas uma desculpa para aproximar-se de Régis. Estava encantada com ele. Durante o resto da noite, permaneceu observando-o. Cada detalhe dele, de sua roupa, seus gestos, sua voz, tudo lhe agradou.

Seu sorriso era inebriante, os olhos expressivos quase a hipnotizavam. Não conseguia desviar-se deles.

Quando o jantar terminou, Patrícia não queria acreditar que seria obrigada a despedir-se dele. Sua vontade era puxá-lo para o quarto e fazer o que Natália não fazia. Ardia de desejo por ele. Tinha medo até de se aproximar, tamanho o fogo que a consumia.

— Até logo, Patrícia — despediu-se ele, beijando-a levemente nas faces. — Foi um prazer conhecê-la.

— O prazer foi todo meu — respondeu ela. — E não se esqueça da promessa que me fez. Vou com você em sua próxima sessão de fotos.

— Não vou esquecer. Pode deixar.

Embora Régis houvesse notado a quentura no rosto de Patrícia, não a associou à febre de desejo que a consumia por dentro. Mais preocupado com Natália, só para ela tinha olhos.

— Vou levá-lo lá embaixo — anunciou ela. — A essa hora, a portaria deve estar trancada.

Desceram de mãos dadas, Régis sentindo uma felicidade que não pensava existir. Na portaria, relutava em despedir-se.

— Adorei a noite — comentou ele. — Estar com você é o que mais me deixa feliz.

— Gostou de Patrícia?

— Ela é muito bonita e simpática, mas é pela irmã dela que estou apaixonado.

O coração de Natália estava descompassado. A cada dia, gostava mais e mais de Régis.

— Acho que também estou apaixonada por você — confessou ela, olhando fundo em seus olhos.

— Está? — ele mal acreditava. — Meu Deus, isso é um sonho? Será que eu ouvi mesmo o que penso ter ouvido?

Em vez de responder, ela o beijou, permitindo que ele avançasse nas carícias.

— Vamos subir — disse ela. — Quero que fique comigo esta noite.

Não foi preciso repetir o convite. Régis estreitou-a com amor, puxando-a de volta para dentro do edifício. No apartamento, Patrícia ainda estava acordada, sentada no sofá diante da televisão. Não via nem ouvia nada. Apenas pensava no prazer que gostaria de dar a Régis.

Quando a porta se abriu, ela levou um susto. A última coisa que esperava era ver Régis de volta com Natália. Eles entraram de mãos dadas, agindo feito dois idiotas. Régis nem olhou para ela. Natália apenas piscou o olho e sorriu, indo com ele para o quarto.

Patrícia permaneceu muda em seu assombro. Não acreditava que Natália fosse dormir com ele justo naquela noite. Pensou em algo para impedir, mas nada lhe veio à cabeça. Tudo que dissesse soaria infantil, e ela não pretendia parecer uma criança aos olhos de Régis. Queria que ele a visse como mulher.

Ao ouvir o barulho da chave rodando na fechadura, Patrícia não aguentou. Pé ante pé, seguiu em silêncio até a porta do quarto de Natália. Pelo buraco da fechadura, tinha uma visão parcial de um lado da cama. A posição da chave impedia que ela visse melhor. Não conseguia divisar-lhes os rostos, mas acompanhava o movimento das pernas e do corpo.

A visão encheu-a de desejo e raiva. Devia ser ela deitada ali, não Natália. Não era justo que a irmã, que sempre fora sem graça, conquistasse o coração de um homem feito Régis. Furiosa, Patrícia voltou as costas à porta, mas os sussurros e gemidos a paralisaram. De onde estava, sentia o prazer deles, um prazer que deveria ser seu.

Sem conseguir mais se conter, disparou pelo corredor, de volta à sala. Na passagem, derrubou o jarro no qual a irmã havia colocado as rosas vermelhas que Régis lhe dera. Como era de se esperar, o barulho atraiu a atenção de Natália.

— O que foi isso? — espantou-se ela.

— Nada — falou Régis, pondo um dedo sobre seus lábios. — Nada que Patrícia não possa resolver.

Alheios ao que estava acontecendo, continuaram se amando, para desespero de Patrícia, que não conseguiu separá-los. Vendo que a irmã não aparecia, engoliu a fúria e foi para o quarto. Trancou a porta e atirou-se na cama, molhando o travesseiro com lágrimas de ódio.

Era tarde da noite quando Régis saiu do estúdio fotográfico, cansado após uma longa sessão de fotos para a campanha de uma marca de perfumes. Além disso, fora convidado para participar de um comercial de televisão. Estava eufórico, vendo deslanchar a carreira com que tanto sonhara. E com que facilidade!

Ao pisar na rua, notou que um carro preto o seguia. Pelo canto do olho, observou o veículo, rodando praticamente ao seu lado. Através dos vidros negros, não viu ninguém, embora desconfiasse de quem se tratava. O carro podia ser novo, mas seu ocupante era seu velho conhecido.

Acostumado a não sentir medo, Régis parou, voltando-se na direção do automóvel. Na mesma hora, uma janela se abriu no banco de trás. Bira botou a cara para fora e, com um sorriso debochado, cumprimentou:

— Olá, garoto. Como está passando?

— Bem — foi a resposta seca.

— Será que nós poderíamos conversar?

— Agora não dá, Bira. Estou cansado.

— É só um minuto.

— Outra hora.

— Que outra hora? Você não atende o meu chamado. Está me ignorando.

Régis achou melhor entrar no carro, para evitar a polícia. Bira abriu a porta, permitindo que ele se sentasse ao seu lado.

— Olhe, Bira, não estou ignorando você. É que agora arranjei um emprego.

— Depois de tudo, vai me abandonar?

— Que tudo? Não temos nenhum compromisso.

— Você me prestou um grande favor. Eu podia estar preso a essa hora. Quero retribuir.

— Não precisa.

— Faço questão. Ninguém nunca me serviu tão bem quanto você. — Régis o encarou, sem dizer nada, e Bira continuou: — Soube que você ficou chateado por eu ter mandado apagar a Gislene.

— Você não precisava ter feito isso.

— Não é assim que as coisas funcionam, Régis. Meu negócio não é brincadeira e não lido bem com traidores. Gislene teve o que mereceu. Mas você é diferente. É meu parceiro, meu irmão.

— Não sou seu parceiro. Muito menos seu irmão.

Com uma gargalhada estrondosa, Bira retrucou:

— Você é corajoso, cara. Admiro isso em você. Sabe quantos falariam comigo assim? — Régis deu de ombros. — Só você. E isso porque lhe devo a vida. Não é pouca coisa, não.

— Se você pensa mesmo assim, se quer realmente me devolver o favor, então deixe-me em paz.

— Vou deixar. Mas, antes, gostaria que você fizesse uma coisa por mim.

— Assim você não vai me retribuir o favor. Vai ficar me devendo mais um.

— Que seja. Mas eu preciso de você. Tem gente graúda no seu meio. Quero estar em contato com eles.

— Não vai dar. Não conheço bem essa gente. Vou lá, faço as fotos e volto para casa. Não saio com ninguém nem do estúdio, nem da agência.

Bira voltou o rosto para a frente, para que Régis não visse a raiva infiltrada em seus olhos.

— E a sua namorada? — indagou ele. — Como é mesmo o nome dela?

— Ouça aqui, Bira, já tive essa conversa com Alex. Minha namorada não tem nada a ver com isso. E, se quiser contar a ela, vá em frente, conte. Não trabalho para você, não tenho nada a esconder.

— Nem a morte de Gislene?

— Não fui eu que a matei.

— Não. Foi a sua língua. E não se trata apenas da morte de Gislene. Trata-se de ajudar um traficante a se livrar da polícia.

— Você está me ameaçando — retrucou com raiva. — Não acredito! Onde está o seu senso de gratidão?

— Não estou ameaçando você. Quero apenas abrir-lhe os olhos. Natália é uma boa menina, você não ia querer vê-la envolvida nisso, ia?

Ao ouvir o nome dela, Régis sentiu o perigo que a envolvia. É claro que Bira mandara investigá-la e, a essa altura, já sabia tudo sobre ela. Não podia, contudo, demonstrar o seu receio ou Bira o teria nas mãos.

— Já disse que você pode contar-lhe o que quiser — repetiu com irritação. — Não sou homem de ceder a chantagens.

— Pensando bem, é isso mesmo que vou fazer. Vou convidá-la para dar uma voltinha comigo, conhecer a minha casa, levar um papo com a rapazlada. Acha que ela gosta de churrasco?

Régis não aguentou. Agarrou Bira pela gola da camisa, encarou-o com fúria e disparou, ameaçador:

— Não se atreva a tocar nela. Se eu souber que você encostou um dedo nela...

— O que vai fazer? — interrompeu ele, afastando os dedos de Régis de sua camisa. — Vai me matar? Não seja ridículo, Régis. Você é só um garoto, um menino metido a homem, mas, ainda assim, um garoto.

— Garoto ou não, não tenho medo de você. Estou falando sério. Atreva-se a mexer com ela, e não responderei por mim.

— Natália é uma garota de sorte — ironizou ele, regozijando-se com o ar de dissimulado pavor de Régis. — Como já deu para perceber, sei o nome dela, como sei onde mora, onde trabalha e também sei da irmãzinha que está passando férias em sua casa.

Foi preciso muito esforço para Régis se controlar. Por pouco não esmurrou Bira até tirar-lhe sangue, mas o capanga no banco da frente não desgrudava os olhos deles. Furioso, Régis abriu a porta e saltou apressado, mal acreditando no que estava acontecendo. Como fora se envolver com um tipo daqueles?

Bira não o chamou de volta. Deu ordens ao motorista para seguir em frente.

— Quer que dê um jeito nele? — indagou o capanga, alisando a arma.

— Ainda não. Vamos esperar um pouco mais. Ele vai acabar cedendo. Sei como são essas paixonites de garoto.

Régis chegou em casa transtornado. Agora, sim, tinha motivos para temer Bira. Não podia proteger Natália nem Patrícia, ainda mais sem lhe contar do traficante. Duvidava muito que Natália mantivesse o namoro se soubesse de seu envolvimento com ele. Maldizia agora o dia em que conhecera Bira e, mais ainda, sua estupidez em contar-lhe sobre as investigações da polícia. Se não tivesse interferido, Bira agora estaria preso ou morto, de qualquer forma, fora de sua vida.

Sozinho em seu quarto, andava de um lado para outro no escuro, pensando no que fazer. Se cedesse à chantagem, ficaria nas mãos de Bira para sempre, tornando-se um joguete, manipulado para atender seus desejos. Sem contar que estaria se arriscando a ser preso também. O que Bira queria era que ele fosse intermediário na distribuição da droga entre seus colegas de trabalho.

Em outros tempos, poderia até considerar a oferta. Agora, porém, tinha Natália. Além do mais, não precisava de dinheiro. E havia ainda a mãe. Sempre houve a mãe. De tão agoniado, não percebeu alguém à porta, até que ela se abriu.

— Régis? — chamou Geórgia.

— Oi, mãe.

— Posso acender a luz?

— Pode.

A luz inundou o ambiente, revelando a figura preocupada de Geórgia. Ela entrou em silêncio, aproximando-se dele. Sem dizer nada, abraçou-o com ternura.

— Não sei o que está havendo com você — disse ela. — Mas, seja o que for, pode me contar. E, mesmo que não queira me dizer, não faz mal. Estou aqui para acolher você.

— Ah, mãe...

Ele chorou. Agarrado a ela, deixou o pranto desafogar. Geórgia permaneceu com ele nos braços, embalando-o como se fosse um bebê. Régis não dizia nada. Nem precisava. O sentimento dela era suficientemente grande para lhe dar forças.

— Tudo na vida são escolhas — disse ela. — Até morrermos, e mesmo depois da morte, estaremos diante de várias encruzilhadas. Seguir pela direita ou pela esquerda é opção da alma.

— Mas e quando a alma não sabe que caminho tomar?

— A alma sabe e sempre acerta. Quem envereda por caminhos difíceis é o corpo dos desejos. Se você não se deixar escravizar pelos seus desejos, vai sempre encontrar as respostas certas no seu coração.

— Não é desejo, mãe. É mais um medo, uma ameaça.

— Garanto que esse medo e essa ameaça tiveram origem quando você desejou alguma coisa. Não foi?

Pensando que tudo acontecera porque ele queria cair nas boas graças de Bira, por quem chegou a nutrir forte admiração, ele assentiu:

— Tem razão. E agora, mãe, o que faço?

— Não quer me contar o que está acontecendo?

Ele queria, contudo, não tinha coragem. Ia matá-la de desgosto.

— Deixe isso para lá. Não quero preocupá-la. Entrei nisso sozinho, posso sair sozinho também.

— Sozinho ou não, eu nunca vou deixar de me preocupar com você. Sou sua mãe, quero o seu bem, amo você acima de qualquer coisa. E dizer para uma mãe que ela não deve se preocupar com seu filho é o mesmo que dizer a uma nuvem para não chover.

Ele riu da comparação, sentindo o quanto a amava. Ela era a pessoa mais importante da sua vida, alguém que, um dia, talvez só fosse igualada por Natália.

— Você não entenderia — objetou ele.

— Por que não experimenta me contar? Se eu entender, vou procurar lhe dar um bom conselho. Se não, vou orar para que você ache o melhor caminho.

Não foi mais possível resistir. Régis tornou a chorar, abraçado a ela. Contou tudo. Desde o dia em que conhecera Bira até as ameaças a Natália, passando pelo favor que lhe fizera e que culminara com a morte de Gislene.

— Você não sabe como me sinto culpado pela morte dela — confessou.

— Imagino. Mas a culpa não foi sua. Você não é responsável pela reação do Bira, mas pela sua própria atitude. Ainda que ele não a tivesse matado, o que você fez não foi correto.

— Mas foi a minha atitude que levou à morte dela. Como não sou culpado?

— Ninguém atrai o que não precisa. Isso é uma coisa. Agora, você foi a ferramenta que facilitou a obra. É bom quando somos instrumentos de causas nobres, quando nos predispomos a salvar vidas, a ajudar. Mas, quando nos colocamos disponíveis para as forças do mal, temos que refletir e nos modificar.

— Como?

— Refazendo as atitudes. Desmanchando padrões de comportamento para dar início a outros. Em vez de se tornar delator e traficante, esforce-se para ser um homem íntegro. Você agora tem um emprego, conheceu uma boa moça. Falta amadurecer o caráter.

— Ah! Mãe, como fui ingrato com você — choramingou ele. — Você, sempre tão boa, tão compreensiva, não merecia um filho como eu.

— Ninguém tem o que não merece. E eu não ia querer outro filho além de você. Nós nos escolhemos por algum motivo, e o principal é sempre o amor. Se precisávamos aprender a nos amar, creio que conseguimos.

— Ao menos isso é verdade. Você sabe que eu a amo, não sabe?

— Sei.

— Foi por causa do seu amor que não me envolvi em coisas piores. Porque não queria desgostá-la.

— Não. Foi por causa do seu amadurecimento. Eu fui apenas o estímulo, a mola, o mecanismo. Mas a força que acionou tudo isso foi a sua.

— E agora, mãe? O que é que eu faço com o Bira? E se ele fizer algum mal à Natália?

— A situação é mesmo complicada — concordou ela. — Mas sempre há uma saída.

Depois de conversar com Geórgia, Régis se sentiu renovado. Tinha de haver uma solução. Ele precisava pensar muito bem no que deveria fazer, principalmente para não colocar Natália em perigo. Se fizesse o que Bira queria, estaria para sempre em suas mãos. Se não fizesse, correria o risco de ser morto junto com Natália.

Sem falar na mãe e na avó. Bira não as havia ainda ameaçado, mas quanto tempo levaria até metê-las no meio daquele rolo? Eram pessoas importantes para ele, cujas vidas ele não queria arriscar. Pensando na segurança delas, comprometer-se com Bira não parecia assim tão terrível. Afinal, não era tanta coisa que ele tinha de fazer. Apenas levar umas trouxinhas de maconha e coca para vender entre os colegas. Só isso. Nada de mais.

Depois de toda a conversa que tivera com a mãe, não era possível pensar naquilo, mas fora justamente a conversa com a mãe que o fizera resolver-se. Ela era boa demais, pura, inocente. E o amava tanto! Não podia permitir que nada lhe acontecesse. Preferia antes sacrificar-se, arriscando-se a ser preso. Pelo amor que tinha a elas, sabia o que devia fazer.

Capítulo 32

A poucos dias do desfile das escolas de samba, Patrícia vibrava de excitação. Pela primeira vez iria desfilar, trajando uma fantasia minúscula, cheia de brilhos. Era um sonho. Pensava nisso quando o interfone tocou. Ela deu um salto da cama e correu para a cozinha, mas a irmã já havia atendido.

— Quem é?

— O Régis. Quem mais poderia ser?

Os olhos de Patrícia cintilaram. Assim que ele surgiu na porta, sua vontade foi de abraçá-lo. Ela se esforçou para chamar-lhe a atenção, mas a única pessoa que ele conseguia enxergar era Natália. Por enquanto.

Régis beijou Natália longamente, causando um ciúme desmesurado em Patrícia. Propositalmente, ela empurrou um copo de cima de mesa, fingindo espanto quando ele se espatifou no chão.

— Meu Deus! — exclamou. — Desde que cheguei, não paro de quebrar coisas.

— Não faz mal — falou Natália. — Isso acontece. Mas limpe, Patrícia, por favor. Eu já ia entrar no banho.

— Pode deixar que eu ajudo você, Patrícia — falou Régis.

Parecia mentira que Natália os deixaria a sós por uns minutos. Ela apanhou uma pá de lixo e um jornal para colocar os cacos.

Abaixou-se para catar os maiores, tocando os dedos de Régis a todo instante, fazendo parecer casual, tão casual que ele nem percebeu, deixando-a deveras irritada.

— Você e Natália estão se dando bem, não estão? — perguntou, displicente.

— Muito bem. Adoro sua irmã.

— Que bom. E ela parece gostar de você também.

— Quero crer que sim.

— Pelo visto, ela agora se acertou.

— Como assim? Ela sofreu alguma decepção amorosa?

— Ela não lhe contou? — Patrícia fingiu surpresa.

— Não.

— Ai, meu Deus, falei demais. Deixe para lá, Régis. Se ela não lhe contou, não vou ser eu a contar.

— Não, pode falar. Ficará aqui entre nós.

— Jura?

— Juro.

Ela terminou de embrulhar os cacos no jornal e olhou na direção da porta da cozinha, para ver se Natália não vinha.

— Lembre-se de que me prometeu não contar.

— Tudo bem.

— Na verdade, Régis, Natália não gosta muito de homens.

— O quê?!

— Ela é sapatão.

Régis olhou para ela e desatou a rir.

— Dê um tempo, Patrícia. Invente outra.

— É verdade. Por que acha que ela demorou tanto a dormir com você?

— Ela me pareceu bem feminina quando transamos.

— Acho que ela gosta de você — disse, tentando ocultar a raiva. — Ou então não quer que nossos pais descubram, o que é mais provável. Não é nada de mais. Ela já fez isso antes, várias vezes.

— Não acredito.

— Pois pode acreditar. Caso ela não tenha lhe contado, papai está para chegar de São Paulo essa semana, e aposto como ela vai planejar um encontro entre vocês, para deixá-lo satisfeito.

Uma raiva surda alcançou o coração de Régis. Ele não era nenhum idiota. Era visível o que Patrícia pretendia fazer. Uma menina invejosa, tentando destruir a felicidade da irmã.

— Sabe de uma coisa, Patrícia? — tornou ele. — Não acredito em você. E depois, isso não me interessa. Não sou preconceituoso. O que importa é o que nós sentimos um pelo outro no momento.

— Acho que você não entendeu. Natália gosta de transar com mulheres. Ela está usando você.

— Quem não entendeu foi você. Falei que não acredito em uma só palavra do que disse. E, se Natália dormiu ou não com mulheres no passado, é problema dela. Eu não me importo. Repito: não sou preconceituoso. O que me interessa é o que ela sente por mim agora. E isso nem você nem ninguém vai poder destruir. Sei que Natália me ama, assim como eu a amo.

— Tudo bem — revidou ela entre os dentes. — Se quiser se enganar, é problema seu. Mas depois não diga que eu não avisei. Quando ela largar você por causa de uma garota qualquer, não venha chorar no meu ombro.

— Invejosa — rosnou baixinho. — Você não passa de uma garota fútil e invejosa. Devia ter vergonha de tentar envenenar a vida da sua irmã, que é tão boa com você.

A vontade de Patrícia foi de agredi-lo, arranhar o seu rosto para enchê-lo de cicatrizes e acabar com sua carreira de modelo. Era a primeira vez que suas intrigas não surtiam resultado. Régis não era tolo como os demais. Pensava com a própria cabeça, tinha intuição aguçada, logo percebendo que ela morria de inveja da irmã. Ia externar seu ódio quando Natália entrou na cozinha.

— Vocês ainda não tiraram esses cacos? — surpreendeu-se.

— Estamos acabando — concluiu Patrícia, atirando o jornal com os cacos no lixo.

Régis deu as costas a ela, aproximando-se de Natália. Estreitou-a junto ao peito, como se quisesse protegê-la da influência perniciosa da irmã.

— Está tudo bem? — estranhou ela.

— Eu a amo, sabia? — murmurou ele. — Não se esqueça. Por você, sou capaz de tudo.

Um tufão parecia ter passado por eles, tamanha a fúria com que Patrícia saiu da cozinha.

— Acho que ela está com ciúme — observou Natália. — Todo meu tempo livre, passo com você. Talvez seja melhor dar um pouco de atenção a ela.

— Patrícia não precisa da sua atenção. Precisa de um namorado.

— Você acha?

— Alguém que a deixe ocupada.

— Mas ela é tão novinha.

— Não se iluda, Natália. Ela pode ser novinha, mas é bem esperta.

— Por que diz isso? Você notou alguma coisa?

— Nada. Só que ela está na idade disso mesmo.

— Nós também — gracejou ela, apertando-se a ele. — Não sou assim tão mais velha do que Patrícia.

— Você é mais madura, mais consciente, mais mulher.

Beijaram-se longamente, acompanhados do olhar perscrutador de Patrícia, que fingia ver televisão. Em seguida, Natália se afastou, a fim de preparar sanduíches para o lanche. Régis a ajudou, contrariado por ter de aceitar a presença de Patrícia. Agora que a conhecia, gostaria que ela fosse embora.

— Venha comer, Patrícia! — chamou Natália, assim que aprontou tudo.

O tempo em que passou sozinha em frente à TV foi suficiente para Patrícia se recompor. Em vez da atração que sentira por Régis quando o vira pela primeira vez, o que experimentava agora era raiva. Ele descobrira quem ela era, desvendara seu segredo, e ela precisava impedir que ele contasse à Natália.

— Quando é que você vai cumprir sua promessa? — sondou ela, dirigindo-se a Régis.

— Que promessa? — tornou ele.

— Já se esqueceu? Você prometeu me levar para conhecer o estúdio e a agência onde você trabalha.

— Ah! Isso... Qualquer dia desses.

— Não pode ser amanhã?

— Acho que não vai dar.

— Está vendo só, Natália? Régis está querendo me enrolar. Prometeu e não quer cumprir.

Ele a fuzilou com o olhar. Já ia revidar quando Natália interveio:

— Será que não dá mesmo, Régis? Ia ser bom para ela sair um pouco.

— É, Régis, ia ser bom para mim. E que companhia seria melhor do que o namorado da minha irmã?

Se pudesse esganá-la, Régis o faria. Patrícia estava manipulando os sentimentos da irmã para alcançar seu objetivo.

— Por favor, querido, faça isso por mim — pediu Natália, com voz doce. — Eu ia ficar mais feliz sabendo que Patrícia está se divertindo, em segurança, ao seu lado.

— E então, Régis? — insistiu Patrícia. — Qual a sua resposta?

— Está bem. Mas a sessão de fotos começa cedo. Tenho que estar no estúdio às oito horas.

— Tudo bem. Às seis, estarei de pé.

Ficou acertado daquela forma. Às sete da manhã, Régis passaria por lá para apanhar Patrícia. Depois do lanche, assistiram um pouco de televisão, até que Régis foi para casa. Natália acompanhou-o da janela, esperando vê-lo sumir no fim da rua. Atrás dela, Patrícia também seguia os passos dele, remoendo a raiva por ter sido descoberta, sentindo uma inveja tão grande que se afastou, com medo de que Natália percebesse o que passava em seu coração.

Eram sete da manhã quando Régis tocou o interfone na casa de Natália. Falou com a namorada, mas não subiu. Não podia se atrasar. Patrícia desceu as escadas correndo, tão eufórica que nem quis esperar o elevador.

— Bom-dia, cunhado — cumprimentou, em tom de deboche.

— Bom-dia. Vamos logo.

Saiu andando sem esperar por ela, que precisou apertar o passo para acompanhá-lo. Tomaram o ônibus, Régis pagou a passagem dos dois, sentando-se com ela num banco à frente.

— Por que o mau humor? — provocou ela.

— Escute aqui, Patrícia, só estou fazendo isso pela sua irmã. Então, por favor, fique em silêncio e aproveite o passeio.

— Não acredito. Acho que você me trouxe porque gosta de mim. Do contrário, teria contado tudo a Natália.

— Não contei porque ela não acreditaria e porque não quero lhe dar esse desgosto. Mas não se iluda. Farei de tudo para que ela perceba quem você é.

— É mesmo? Cuidado para que eu não faça isso primeiro.

Parecia uma ameaça velada. Régis encarou-a com desprezo. Ela não sabia nada da vida dele, não podia prejudicá-lo. Patrícia o encarava de volta, com olhar divertido, os lábios entreabertos, tentando ser sedutora. De forma ousada, ela colocou a mão no joelho dele, subindo-a lentamente pela sua coxa.

— Ponha-se no seu lugar, menina — irritou-se, apertando-lhe os dedos. — Não gosto de crianças, muito menos de vadias.

A reação dele encheu-a de ódio. Patrícia recolheu a mão, fitando-o com uma fúria quase palpável. Estava com tanta raiva que seu rosto chegou a se avermelhar.

— Não pense que isso vai ficar assim — revidou colérica. — Ainda vou fazer você vir correndo para mim feito um cachorrinho.

— Vá sonhando.

— Quando Natália o deixar, é de mim que você vai se lembrar.

— Nem que você fosse a última mulher no mundo.

Chegaram ao ponto, onde Régis deu o sinal, cutucando-a para se levantar. Patrícia saltou na frente, seguida por ele, que vinha de cara emburrada. No estúdio, foi difícil se concentrar nas fotos. A presença de Patrícia o incomodava e ameaçava. Ele a apresentou a todo mundo, sentindo que iria se arrepender. Patrícia conversou com todos, tentou demonstrar uma simpatia forçada, interesseira. Ninguém simpatizou muito com ela. Trataram-na bem por educação, mas não lhe deram muita importância.

Régis deu graças a Deus quando terminou a sessão de fotos. Estava irritado, louco para se livrar de Patrícia. Após mudar de roupa, chamou-a para irem embora.

— Adorei conhecer seu local de trabalho — comentou ela, como se inexistisse hostilidade entre eles.

Régis não respondeu. Estava assustado, atônito. Ao alcançar a rua, viu um carro seu conhecido encostado ao meio-fio. Estremeceu. Não podia ser Bira. Não com Patrícia ali. Como da outra vez, o vidro traseiro se abriu e o rosto endurecido do traficante surgiu na janela.

— E aí, garoto? — cumprimentou ele. — Como vai?

— Não posso falar agora — revidou entre os dentes.

Por mais que ele quisesse, não conseguiu ocultar Patrícia de Bira, porque ela estava parada bem atrás dele.

— Quem é a gatinha? — tornou Bira, encantando Patrícia.

— Uma amiga. Agora, com licença. Estamos com pressa.

— Sou Patrícia — adiantou-se ela, ignorando a clara preocupação dele. — E você, quem é?

— Bira. Muito prazer.

A mútua simpatia quase fez Régis desmaiar. Queria arrancar Patrícia dali às pressas, nem que fosse aos tapas. Ela podia ser uma sem-vergonha atrevida, mas era uma menina, irmã de sua namorada. A última coisa que ele queria era que ela se envolvesse com um tipo feito Bira.

— Vamos embora — ordenou, puxando-a pelo braço.

— Calma aí! — objetou Bira. — Por que a pressa? Deixe a menina conversar.

Para aumentar ainda mais o desespero de Régis, Bira saltou do carro. Assim como acontecera com ele, Patrícia se deixou empolgar pela imponência de seu porte.

— Olhe, Bira, outra hora conversaremos. Agora tenho que levar a menina para casa.

— Não tem, não — objetou ela, passando na frente dele. — Na verdade, estou de férias, sem compromisso.

— Sério? Que tal então se nós três déssemos uma volta?

— Não vai dar...

Régis não conseguiu concluir a objeção, porque Patrícia já havia se antecipado e entrado no carro. Bira sorriu maliciosamente, entrando atrás dela.

— Você não vem? — perguntou a Régis.

Não lhe restou escolha. Régis não deixaria Patrícia sozinha com ele por nada. Encurralado, sentou-se ao lado de Bira, tentando olhar para Patrícia do outro lado. Ela, porém, parecia ter perdido completamente o interesse por ele, embevecida com as atenções do traficante.

— Aonde vamos? — perguntou ela, usando de uma inocência forçada.

— Aonde quer ir?

— Hum... Podíamos ir almoçar. Estou morrendo de fome.

— Ainda não almoçaram, até essa hora? — Bira fingiu indignação.

— Régis não quis me levar — queixou-se ela, fazendo beicinho.

— Então, vou levá-la a um lugar especial. A comida é maravilhosa.

Régis estava enojado. Patrícia fingia uma infantilidade que não era dela, só porque percebera que era o que agradava Bira. Este, por sua vez, forçava uma gentileza que não fazia parte de seu temperamento, obviamente, para conquistar a menina.

Foram a um restaurante de frutos do mar, mas Régis quase não conseguiu comer. Patrícia, por outro lado, comia com vontade, divertindo-se com os galanteios de Bira.

— De onde vocês se conhecem? — ela quis saber.

— Da rua — esclareceu Bira. — Somos praticamente vizinhos.

— É mesmo? E o que você faz?

— Sou um homem de negócios. Mercadoria importada, da mais alta qualidade.

— Que tipo de mercadoria?

— Produtos químicos, em geral.

— Tipo produtos de laboratório?

Ele riu gostosamente, causando calafrios em Régis.

— Pode-se dizer que sim — afirmou ele, fixando um olhar frio em Régis.

Patrícia podia ser tudo, menos tola. Fingia inocência para agradar Bira, mas imaginava o que ele fazia. Não tinha certeza se ele era traficante. Podia ser, como podia traficar armas, ser bicheiro ou coisa parecida. A única coisa que ela sabia era que o negócio dele era ilícito e devia dar muito dinheiro, a supor pelo seu carrão e as roupas de grife que usava. Sem contar o monte de ouro pendurado em seu pescoço.

— Está na hora de irmos embora — anunciou Régis, doido para sair dali.

— Régis tem razão — concordou Bira, consultando o relógio. — Está ficando tarde.

— Podemos nos encontrar de novo?

— Acho que não — objetou Régis. — Bira é um homem ocupado, não tem tempo para perder com crianças.

— Na verdade, Patrícia, eu adoraria — contrapôs Bira, divertindo-se imensamente com a contrariedade de Régis.

— Sério? Quando pode ser isso?

— Por que não me dá seu telefone? Podemos nos falar.

— Está certo. Quer anotar meu celular?

Aumentando a contrariedade de Régis, Bira e Patrícia trocaram telefones. Ele não podia acreditar que aquilo estivesse acontecendo. Natália jamais o perdoaria por envolver a irmã com um traficante, mas ele nada podia fazer. Bira era perigoso, e Patrícia, inconsequente.

Na porta da casa de Natália, os dois saltaram. Bira abraçou Patrícia, beijou-a nas faces. Régis assistia a tudo sem dizer nada, paralisado pela sua impotência.

— Mande um abraço a sua mãe e sua avó por mim — finalizou Bira, piscando um olho para ele. — Outra hora, voltaremos a nos falar.

Ele se foi, deixando Régis apavorado, trêmulo, temendo, mais do que nunca pela vida das pessoas de quem mais gostava. Não sabia mais o que fazer. Era uma pressão quase irresistível, um medo atroz de perder quem amava.

— Você ficou louca? — ele quase gritou, apertando o braço de Patrícia.

— Solte-me. Está me machucando.

— Tem ideia do que você fez? Sabe quem é esse cara?

— Não é amigo seu?

— Não se faça de cínica, idiota! Ele é um traficante de drogas. É com esse tipo de gente que quer se envolver?

— E daí? Não tenho nada a ver com o que ele faz.

— Não seja estúpida, Patrícia. Quando alguém se envolve com um traficante, tem tudo a ver com o que ele faz.

— É assim com você, Régis? Está envolvido com ele?

— De uma certa forma, sim, mas estou lutando para que ele me deixe em paz.

— O que ele quer de você?

— Nada que lhe interesse.

— Você usa drogas? É viciado?

— Não uso drogas. Detesto qualquer tipo de droga. E aconselho você a ficar longe disso também.

— Já experimentei maconha na escola. Até que foi legal.

— Você não sabe o que está dizendo. Quer estragar sua vida?

— Não exagere, Régis. Achei Bira muito simpático. Não creio que me fizesse algum mal.

— Idiota. Bira a usará até não precisar mais. Depois, vai mandar alguém dar sumiço em você.

— Não acredito. Bira é simpático, gentil, um verdadeiro cavalheiro.

— Pelo amor de Deus, menina, escute o que estou dizendo. Afaste-se de Bira. Ele é perigoso, do tipo que manda matar.

— Só tem um jeito de você fazer eu me afastar dele.

— Qual?

— Transando comigo.

— O quê?!

— É isso mesmo que você ouviu. Transe comigo, e ficarei longe dele. Se recusar, não apenas dormirei com ele, como contarei tudo a Natália. E não estou falando de mim. Estou falando de você. Não sei se ela gostaria de saber que o namoradinho perfeito dela está comprometido com um traficante.

— Você não seria capaz.

— Acha mesmo que não? Experimente não fazer o que eu quero.

— Cachorra! — rugiu ele, empregando considerável esforço para não a esbofetear.

Ela sorriu de um jeito diabólico. Deu as costas a ele e entrou no prédio. Faltava pouco para Natália chegar, o suficiente para uma transa rápida.

— Você vem ou não vem? — indagou ela, parada na portaria. — Nosso tempo está acabando.

Por um momento, Régis quase cedeu. Encurralado, achava que não tinha outro jeito. Deu dois passos em direção a ela, resignado ante a inevitabilidade do destino. Ao se aproximar, mudou de ideia. O sorriso de vitória dela o encheu de raiva.

— Faça o que quiser — sussurrou com revolta. — Não vou me vender a você.

Nem teve tempo de assistir à mudança na fisionomia dela, que passou do triunfo ao ódio em questão de segundos. Régis rodou nos calcanhares e quase correu pela rua. Queria afastar-se dela o mais rápido possível. Sabia que estava colocando sua felicidade em jogo, mas ao menos naquele momento não podia ceder. Não queria. Em nome do amor que sentia por Natália, não se deixaria chantagear por ninguém.

Capítulo 33

Atílio parecia desesperado. Mandara vários soldados atrás de Damien e Tácio, mas ninguém conseguira encontrá-los. Não fazia a menor ideia de onde eles estavam, o que o deixava atônito, preocupado. Como fora imprudente! Tão logo percebera uma certa dificuldade em ler alguns dos pensamentos de Damien, devia ter detectado seus planos de traição.

— Não é possível — disse ele a um de seus comandados. — Damien tem que estar em algum lugar.

— Já procuramos em tudo. A cabana dele está abandonada. Parece que ele e Tácio fugiram.

— E largaram Mizael à própria sorte. É por isso que meu plano está ruindo. Sem a influência deles, Mizael está se deixando tomar pela influência da mãe. Isso não pode acontecer. Foram anos de um projeto muito bem calculado. Mas agora tudo parece perdido.

— Quer que mande alguém ocupar o lugar de Damien? Temos bons soldados aqui que ficariam honrados em assumir essa tarefa.

— Não. Não confio em mais ninguém. Eu mesmo vou cuidar desse assunto.

— O senhor?

— Não me agrada muito me afastar daqui, mas é preciso. Não posso abandonar Mizael depois de haver-lhe prometido apoio. Sem mim, ele vai se perder. E depois, vai me acusar.

Atílio falava como se sua proteção fosse a única coisa que manteria Mizael longe do caminho da luz. Não compreendia que essa escolha pertence ao próprio espírito, não é um fracasso provocado por ninguém. É, sim, uma vitória sobre as tendências malignas, uma conquista da alma, incapaz, portanto, de gerar arrependimentos ou cobranças. Uma vez superada a índole daninha, o espírito não retorna mais ao mal.

Preparou-se para partir. Fazia tempos que não ia à superfície, de modo que estava inseguro. Habituado a transitar no submundo das sombras, tinha medo de se deparar com coisas com as quais não soubesse mais lidar. Ainda assim, foi-se. Mizael merecia aquele sacrifício. Depois de colocar Mizael de volta no eixo, cuidaria de Damien e Tácio.

Chegou à porta da casa de Régis, o máximo aonde poderia ir. Logo na entrada, percebeu o cinturão energético que havia anos protegia a residência. Olhou para os lados, mas nem sinal de seus dois comandados. Régis também não estava por ali. Andando de um lado para outro, aguardou.

Quando, finalmente, Régis apareceu, Atílio partiu atrás dele, impressionado com a sua aparência física. Ele se tornara um homem realmente atraente.

"Como sempre" pensou. "Mizael nunca aceitaria um corpo feio."

Caminhando a seu lado, auscultou-lhe os pensamentos, surpreendendo-se com o avanço da situação. As coisas estavam muito piores do que ele imaginava. Além de ter dispensado a amizade do traficante, trabalhava honestamente e tinha até uma namorada. Não era possível.

— Mizael — chamou. — Pode me ouvir?

Régis não lhe registrava a presença. Fazia muitos anos que Atílio não assediava ninguém. Não estava mais acostumado ao contato com os vivos, sentia-se incomodado com a energia vital que circulava ao redor do mundo. O que subtraía dessa energia era proveniente de feitiços e sacrifícios, nunca do contato direto com a vida física.

Ele parou na portaria de um prédio, Atílio parou com ele. Régis tocou o interfone, receoso, à espera de uma reação adversa de Natália. Podia ter telefonado, mas sabia que tinha de enfrentar pessoalmente a situação.

Assim que a porta do apartamento se abriu, Atílio sentiu um torpor indefinível, uma angústia inenarrável. Ficou parado na entrada, sem conseguir se mover. Régis passou para o lado de dentro, mas ele recebeu na cara a porta que se fechou. Estava paralisado, atônito, incrédulo. Seria aquilo mais uma ironia do destino, que tentava desmanchar seus planos usurpando seus entes queridos?

Recuperado do susto, Atílio atravessou a porta para uma sala de visitas lindamente decorada. O ambiente suave o perturbou, quase causando sua expulsão. Não percebia a presença de dois espíritos de luz, que, advertidos do encontro, tinham partido para a casa de Natália. Josué e Uriel assistiam ao desenrolar dos acontecimentos com serenidade e confiança.

— Não é possível — comoveu-se ele, perscrutando a mente de Natália. — Procurei-a por todo lugar. Como não imaginei que você estaria aqui? Nora...

Ao pronunciar o nome dela, desabou em prantos. Sentia-se mais perdido do que nunca. Não conhecia direito Geórgia, embora tivesse ouvido falar de sua grandeza espiritual. Nora, contudo, ele conhecia bem. Reconhecia a nobreza de sua alma só de olhar para ela.

E agora, o que iria fazer? Se o apelo de Geórgia já era difícil para Mizael resistir, que diria de Nora? Que armadilha era aquela que o mundo lhe armava, colocando em lados opostos as pessoas que mais amava? Pretendia afastar qualquer obstáculo do caminho de Mizael, mas não podia lutar contra Nora. Tudo estava perdido.

— Por que não desiste de vez desse projeto insano? — ouviu alguém dizer.

Aterrorizado, Atílio pensou em fugir, mas suas pernas grudaram ao chão, tal qual acontecera com Damien alguns anos antes. Na mesma hora, a figura diáfana de Josué se fez visível diante dele.

— Quem é você? — esbravejou. — O que faz aqui?

— Sou amigo de Geórgia. Por meu intermédio, ela conheceu Régis, ou Mizael, como preferir chamá-lo.

— É você o responsável por tudo isso?

— O responsável pela vida é Deus. E cada um, pela parcela que recebeu.

— Não me venha com joguinhos de palavras. Não estou interessado na sua filosofia barata. Solte-me agora, eu exijo!

— Não posso soltá-lo, porque não o estou prendendo. Na verdade, foi o seu medo que o paralisou.

— Mentira! Não tenho medo de nada. Muito menos de um fantasminha feito você.

— Fantasminha? — Josué sorriu. — Já me chamaram de muitas coisas, mas essa foi boa.

— Dê o fora, velhote. Esses dois não são problema seu.

— E são problema de quem? Seu?

— Vocês são todos uns covardes! Fingem-se de bonzinhos para nos fazer cair em suas esparrelas. Quem lhe deu autorização para interferir nos meus planos?

— Você não acha que essa sua arrogância não combina com o seu estado? Para alguém se impor com tanta veemência, deveria ao menos ser senhor da sua vontade.

— O que está dizendo? Que besteira é essa?

— Você não consegue nem se mover. Como pensa que pode me dar ordens?

— Canalha! — vociferou. — Está se aproveitando de mim porque me prendeu com cordas invisíveis. Solte-me e lhe mostrarei com quem está lidando!

Josué fez como ele pediu. Com a força do pensamento, desfez o elo mental que o prendia ao chão. Sentindo-se livre, Atílio avançou para ele. Ao tentar acertá-lo, porém, uma surpresa. Seus braços formigaram intensamente, caindo inertes ao longo do corpo.

— O que é isso? — esbravejou. — Mais uma de suas mágicas covardes?

— Não fiz nada — esclareceu Josué bondosamente. — Isso é só o resultado do contato da sua energia densa com nosso campo de luz, que a faz desmanchar devido ao desfazimento da crosta de sujeira astral grudada em seu corpo fluídico.

— Bruxo! — gritou. — Deixe-me em paz! Liberte-me, vamos!

— Não o estou prendendo, já disse. E não se desespere. O que você sentiu foi o resultado ínfimo de uma limpeza energética. Imagine essa sensação em seu corpo inteiro.

Atílio estava mais aturdido do que nunca. Julgava-se tão poderoso, mas perdia para um velho fraco e aparentemente inofensivo. Subitamente, Natália o atravessou, carregando uma bandeja de suco e biscoitos. À passagem dela, ele sentiu um arrepio frenético, quase uma dor.

— O que está acontecendo? — gritou ele. — Não compreendo.

— Tenha calma. Você apenas experimentou um pouco da energia dela. Não se sente bem?

— Quero ir embora daqui. Não devia ter vindo. Sabia que isso não ia acabar bem.

— Pense na oportunidade que está recebendo. Você pode partir comigo daqui, ir para um lugar melhor, mais tranquilo, onde terá a oportunidade de refazer sua vida.

— Foi isso que fez a Damien e Tácio?

— Damien e Tácio não estão comigo, mas espero vê-los em breve.

— Mentiroso! Você só quer nos enganar. É uma cilada para nos escravizar, fazer-nos retornar ao mundo como aleijados ou dementes, tudo para satisfazer seus prazeres mórbidos.

— Você não acredita, realmente, nisso. Está se comportando como criança porque sabe que, daqui para a frente, não poderá mais se iludir com o poder. Você não tem poder algum.

— Tenho muito mais do que você imagina. Pode ser que você saiba de truques que eu desconheço, mas sou o rei na minha cidade.

— Será? O que dirão seus súditos quando souberem que você está preso aqui pela fraqueza da sua vontade?

— Não tenho medo das suas ameaças.

— Sei que não. E, se não quer mesmo ir embora comigo, então sugiro que volte para o seu reino. Aqui não é mais o seu lugar.

Josué se tornou invisível, dando a Atílio a oportunidade de fugir. Não adiantava insistir para salvá-lo, se ele não queria ser salvo.

— E agora? — indagou Uriel.

— Penso que Atílio já percebeu que está perdendo.

— Você acha que Régis vai finalmente se acertar?

— Vamos orar para isso. Mesmo livre da influência dos espíritos das sombras, existe a tendência que ele tem que vencer.

— Natália é uma boa influência. Mas Patrícia...

— Patrícia é mais uma iludida. Oremos por ela também.

De mãos dadas, os dois espíritos rezaram pelo sucesso daquelas almas. Renovaram a energia do ambiente, um pouco perturbada pela presença de Atílio, e partiram.

Capítulo 34

Natália desligou o telefone e voltou para junto de Régis, apanhando um biscoito da bandeja em cima da mesinha.

— Era o meu pai — anunciou ela. — Vai chegar de São Paulo amanhã.

— Ele vai ficar aqui, na sua casa?

— Vai. Os hotéis estão todos lotados, e a casa da minha mãe não é lá uma opção muito boa. Eles estão se divorciando.

— Entendo.

Você vai gostar de conhecê-lo.

Ele fez cara de dúvida e mudou de assunto:

— E Patrícia, onde está?

— Foi à praia com mamãe.

— Você não quis ir?

— Só se você fosse comigo.

— Não gosto de praia. Detesto ficar torrado e todo ardido.

Natália riu, acariciando seu rosto.

— Para isso é que inventaram o protetor solar.

Ele riu também, beijando-a com amor.

— Tive uma ideia — falou ele. — Já que vou conhecer o seu pai amanhã, vou levá-la hoje para conhecer minha mãe e minha avó. O que acha?

— Sério, Régis? Eu adoraria!

— Então vamos.

— Agora? Você não vai nem avisá-las?

— Não precisa. Elas vão adorar a surpresa.

Saíram às pressas. Fora uma ideia repentina, uma vontade louca de inserir Natália em sua família. Tinha certeza de que a mãe e a avó gostariam muito dela. Como sua casa não era longe, logo a alcançaram.

— Oi, vó — cumprimentou ele. — Trouxe alguém para conhecer você.

Cléia levantou os olhos da tábua de passar roupas para encarar Natália, parada atrás de Régis.

— Quem é essa mocinha linda? — perguntou ela, estudando bem as faces de Natália.

— Minha namorada — respondeu Régis, satisfeito. — O nome dela é Natália.

— Finalmente! Ouvimos muito falar de você.

— Régis também fala muito bem da senhora — disse Natália. — E de dona Geórgia.

— Minha mãe não está? — quis saber Régis.

— Foi ao mercado, mas não se demora.

Efetivamente, dez minutos depois, Geórgia entrou. Achou Natália muito bonita e simpática. Deram-se muito bem, conversaram, contaram histórias e conheceram-se. Natália passou a tarde com eles. Régis mostrou a Natália seu book e várias fotos. Alugou um DVD, ouviram música, passearam de mãos dadas.

— Vou fazer um jantar para apresentá-lo ao meu pai — anunciou Natália. — Quero que você sinta pela minha família o que estou sentindo pela sua.

— Tomara que ele goste do futuro genro dele.

Natália abraçou-o emocionada. Era a primeira vez que ele falava em casamento, e ela sentia que era sincero. Quando Régis a deixou em casa, passava da meia-noite. O dia fora perfeito, maravilhoso. Ele achava que nada podia estragar sua felicidade, a não ser o Bira. Logo que Natália subiu, percebeu que o carro dele os seguia. Estacou, olhando para os lados, com medo de que Natália os visse. Como não havia ninguém por perto, ele mesmo abriu a porta do carro e entrou.

— Será que dá para parar de me seguir? — irritou-se.

— Você ainda não me deu a resposta.

— Já, sim. Só que não foi a resposta que você queria.

— Então, por que não me diz o que eu quero ouvir?

— Não entendo, Bira. Você diz que é grato por eu ter lhe salvado a vida, no entanto não para de me pressionar. Que gratidão é essa?

— Se eu não fosse grato, você já estaria morto. Ninguém fala comigo do jeito que você fala. E só permito isso porque você salvou a minha vida.

— Quer dizer então que agora sou eu que devo ser grato a você por me permitir viver?

— Não entendo você, Régis. Poucos dias atrás, você daria tudo para ingressar no meu bando. Sei disso porque Alex me contou. Mas agora você mudou, me evita, finge que não me vê. Por quê? — Ele não respondeu. — É por causa da Gislene?

— Você está se tornando repetitivo. Já disse que não gostei de você ter matado Gislene.

— Faz parte do negócio. E, se você quiser me substituir um dia, vai ter que se acostumar com isso.

— Como é que é? — indignou-se. — Substituir você?

— Ninguém vive para sempre. Quero alguém ao meu lado para me representar quando for preciso e para me ajudar com os negócios. Alguém de confiança. E ninguém pode ser de mais confiança do que o cara que salvou a minha vida.

— Você está me oferecendo um emprego?

— Exatamente.

— Agradeço muito, mas, caso não tenha percebido, eu já tenho um emprego. E não estou me saindo assim tão mal.

— Você não está entendendo. O emprego que estou lhe oferecendo é uma continuação do que você hoje exerce.

Régis balançou a cabeça, indignado. O que Bira lhe propunha era um disparate.

— Você quer que eu use dos meus conhecimentos como modelo para infiltrar você no meio. Já disse que não dá. Não conheço tanta gente assim.

— Conhece, sim — afirmou ele, dando um tapinha no joelho de Régis. — E eu já estou ficando impaciente. Lembre-se de que você tem muito a perder, a começar pela futura cunhadinha. Que garota gostosa!

— Você não se atreveria. Patrícia é só uma criança!

— Posso lhe assegurar que ela é tudo, menos criança.

— Está me dizendo que já transou com ela? Como? Quando?

— Isso não vem ao caso nem eu estou falando que sim. Meu negócio com você é outro. Como ia dizendo, além da sua futura cunhadinha, tem a namorada, a mamãe, a vovó... Olhe só quanta gente frágil disponível para uma bala perdida.

— Você não pode estar falando sério. Depois do que fiz por você, ainda se atreve a me ameaçar?

— Você continua não entendendo. O que você fez por mim está mantendo sua gente viva. Quando quero uma coisa, costumo ir lá e pegar. Não sou de ficar esperando nem de dar chances. Só faço isso porque é você. E a quem quer enganar, Régis? Você não é o cara bonzinho que quer parecer. Sei muito bem que você andou metido em besteiras, junto com aquele viciado do Alex.

— Isso foi no passado. Agora tomei jeito. Estou apaixonado...

Ele deixou escapar sem querer, mas Bira não perdeu a oportunidade:

— Apaixonado, não é? Por que as mulheres sempre estragam tudo? Você devia ser como eu. Devia usá-las e depois descartá-las quando não interessassem mais.

— Não sou assassino! — rugiu com raiva.

— Nem eu. Nunca matei ninguém. Tenho pessoas que fazem isso por mim. E depois, não são todas que mando matar. Ao contrário, sou até generoso. Costumo dar um carro a cada uma das minhas ex-namoradas, desde que não saibam muito da minha vida nem me traiam, como fez a Gislene.

— Chega, Bira, não quero mais saber da sua vida. Só o que quero é que você me esqueça.

— Então, o que está esperando? Faça o que estou pedindo e não o aborrecerei mais.

— Você não quer só uma vez. Quer que eu trabalhe para você. Nunca vai me deixar em paz.

— No começo, pode ser que você estranhe, mas depois vai gostar, eu prometo. Quando vir a grana entrar, vai mudar de ideia. Olhe só para mim. Pendurado de ouro até o pescoço, carrão do ano, uma mansão lá na comunidade, com segurança particular e tudo. Mulheres à vontade, roupas de grife, festas de arromba, com uísque importado. Dá para recusar um vidão desses?

Realmente, a proposta não deixava de ser tentadora. Uma vida como aquela era tudo com que Régis sempre sonhara, contudo não estava mais interessado. Natália jamais aceitaria casar-se com um bandido. Sem contar o desgosto que causaria à mãe e à avó. Tudo isso pesava na hora de fazer uma escolha, mas o principal mesmo era que ele já não sentia mais afinidade com o crime. Não pretendia passar o resto da vida fugindo nem se escondendo. Queria gozar sua liberdade com a tranquilidade dos que nada deviam, mas Bira parecia disposto a não permitir.

— Muito bem, Bira — falou por fim. — Farei como me pede. Dê-me apenas um tempo para escolher as pessoas certas. Não quero correr o risco de oferecer a droga a alguém careta.

— Tenho uma lista de nomes para você — ele afirmou, apanhando uma folha de papel da pasta que o capanga do banco da frente lhe estendeu. — Tenho o maior interesse nessas pessoas, gente cheia da grana e influente. São elas que garantirão o meu próximo passo.

— Que próximo passo?

— Eu não lhe contei? — Ele meneou a cabeça. — Quero me eleger vereador.

Se não estivesse sentado, Régis teria caído para trás. Podia esperar qualquer coisa, menos aquilo. Agora compreendia tudo. Bira não estava propriamente interessado em mais uma área de expansão da droga. Queria ter nas mãos pessoas influentes para apoiá-lo em sua futura campanha política, e ele se tornara marionete naquele jogo de poder.

— Tudo bem, Bira, dê-me a lista. A agência fecha na sexta e só reabre na segunda-feira depois do carnaval. Dê-me o número do seu celular. Ligarei para você assim que tiver uma posição.

— Sábia decisão, Régis. E parabéns. Você acabou de salvar a vida da sua avó.

Régis saltou do carro arrasado. Então a avó seria a primeira vítima de Bira. Depois, se não conseguisse o que queria, talvez escolhesse a mãe e, por último, Natália. Ele não podia permitir.

Vendo-se sem saída, Régis apertou a lista na mão e chorou, temendo pelo seu destino.

Capítulo 35

Desde que se casara, poucas foram as vezes em que Júlio visitara a mãe. Falava com ela ao telefone, ia buscá-la para o aniversário das netas, para passar o Natal com eles, e só. Ela e Bianca nunca se deram bem, desculpa que ele usava para não ter de retornar aos lugares de sua juventude.

Seu antigo bairro estava cheio de lembranças dolorosas. A agência bancária em que iniciara sua carreira ainda funcionava no mesmo lugar, com pessoas agora estranhas. Ninguém mais dos velhos tempos continuava ali. Soubera por conhecidos que Anselmo conseguira pagar o tempo que faltava para a aposentadoria vendendo sanduíches na praia e agora morava de favor na casa de um parente. Ele tivera melhor sorte.

Mais forte que tudo era a lembrança de Geórgia. Não sabia o que fora feito dela. Perdera contato com a vizinhança, e, sempre que a mãe falava nela, ele desviava o assunto ou saía de perto. Não sabia nem se ela ainda morava por ali ou se havia se casado.

Sentiu um ímpeto irresistível de passar diante da casa dela e deu ordens ao motorista do táxi para parar do outro lado da rua. A casa parecia a mesma, pintadinha de branco com as janelas azuis, como sempre fora. O jardim continuava bem cuidado, bem típico de Cléia. Mas não havia ninguém à vista. Antes que alguém aparecesse, Júlio mandou o taxista seguir adiante, virando a esquina para a casa da filha.

— Papai! — exclamou Natália, abraçando-o efusivamente. — Que saudade!

— Também senti muita saudade sua — respondeu ele, beijando-a no rosto. — Como estão as coisas?

— Ótimas! Estou cuidando direitinho da casa da vovó.

— Pelo visto, você é muito caprichosa, como sua avó era.

— Adoro morar aqui. E ainda bem que o apartamento é grande. Tem um quarto para você e outro para Patrícia.

— Onde está sua irmã, por falar nisso?

— Saiu. Vai à praia todos os dias com mamãe.

— Sua mãe não muda, não é mesmo?

— Deixe-a, pai. Ela é feliz assim.

— Ela está me enrolando com o divórcio. Não entendo por que não resolvemos logo isso.

— Acho que ela está com medo.

— O único medo que ela tem é de ficar sem nada.

— Você não vai deixar o apartamento para ela?

— Vou. Mas não quero lhe pagar pensão. Estou lutando por isso. Sua mãe é jovem, pode trabalhar.

— Acho que você deveria pensar bem a respeito. Mamãe já passou dos quarenta anos. Não é fácil arranjar emprego nessa idade.

— Por que ela não vai viver com um de seus casinhos? Para que um homem, se ele não pode nem sustentá-la?

— Você está ganhando bem, pai. Não acha que valeria mais a pena pagar a pensão e ficarem amigos?

Ele não respondeu. Por ele, Bianca não veria um tostão do seu dinheiro e ele não fazia questão de ser amigo dela.

— Sua irmã me disse que você está namorando — desconversou.

— É verdade.

— Disse-me que o rapaz é modelo.

— Pelo visto, Patrícia lhe deu o serviço completo.

— Mais ou menos. Ela está preocupada com você.

— Comigo? Por quê?

— Cá entre nós, minha filha, esse negócio de modelo não é trabalho para ninguém.

— Que preconceito bobo, pai. É uma profissão como outra qualquer.

— Essa gente vive metida com drogas, farras e bebidas. Não quero a minha filhinha envolvida nesse meio.

— Isso é uma injustiça. Há pessoas desequilibradas em qualquer meio social ou profissão. E Régis não é assim. Ele não se droga e só bebe socialmente. Também não é de farras. Passamos os fins de semana juntos, vamos ao cinema, ao barzinho, à boate, ao teatro. Coisas altamente inofensivas e normais.

— Tem certeza?

— Absoluta. Você poderá constatar pessoalmente. Marquei um jantar aqui em casa hoje, para você conhecê-lo. Depois, reuniremos as famílias.

— Nossa! Já está assim? Como estou atrasado!

— A mãe e a avó dele são pessoas maravilhosas. Você vai gostar delas, tenho certeza. Dona Geórgia ainda é jovem e está solteira — finalizou ela, piscando o olho maliciosamente.

— Dona Geórgia? — surpreendeu-se.

— É o nome da mãe dele. Tem que ver, pai, que mulher bonita! Nem parece mãe de um rapaz de vinte e um anos. Criou Régis só com a ajuda da mãe, sabia? Dona Cléia também é fantástica. Você e dona Geórgia podiam se conhecer melhor. O que você acha? Não, estou brincando. Dona Geórgia é muito séria, não ia gostar de um mulherengo feito você.

Júlio não ouvia mais nada. Era como se um zunido agudo bloqueasse sua audição, torturando sua mente. Como podia ser? Que brincadeira era aquela? Uma peça de mau gosto do destino? A última pessoa que Júlio pensaria encontrar namorando sua filha era o filho de Geórgia. Era muita coincidência. Um acaso macabro, pérfido, daninho. Horrível demais para ser verdade. Sim, talvez fosse isso. Talvez aqueles nomes fossem apenas coincidências. Devia haver muitas Geórgias no mundo, filhas de pessoas chamadas Cléia...

A emoção foi demais para Júlio. Não era um sonho nem brincadeira. Era real. Naquele lugar, um rapaz de vinte e um anos, filho de Geórgia e neto de Cléia só podia ser quem ele pensava que era. Só não entendia como aquilo fora acontecer justo com a sua filha.

— Pai! Pai! — ele ouviu, ao longe, uma voz o chamar. — O que foi que houve? Você está chorando?

As lágrimas desciam e ele nem percebeu. Não ouvia, não via, não sentia nada. De repente, era como se as emoções fossem roubadas de seu coração. Só um vazio muito grande contaminando seu peito.

— Vou me deitar — anunciou ele. — Não estou me sentindo muito bem.

— Quer ir ao médico? — tornou ela, preocupada. — Tem uma emergência pertinho daqui.

— Não, minha filha, estou bem. Deve ser o calor. Você mandou instalar o ar-condicionado?

— Nos três quartos — confirmou ela. — Como você pediu.

— Ótimo. Então, vou descansar um pouco. Mais tarde, conversaremos.

Natália ajudou-o a se acomodar. Ele estava pálido, trêmulo, suando frio. Devia ser o calor, realmente. Ela ajeitou a cama para ele e ligou o ar refrigerado.

— Está bom? — perguntou ela, testando a temperatura.

— Perfeito. Não se preocupe comigo, Natália. Mais tarde estarei melhor.

— Está bem. Descanse. Desfarei sua mala depois.

— Não se preocupe com isso. Faça o que tiver que fazer, não se prenda por minha causa.

— Certo. Se eu precisar sair, deixarei alguma coisa pronta para você comer. É só esquentar no micro-ondas.

Ela o beijou na testa e saiu, fechando a porta com cuidado. Não compreendia aquela reação do pai, que nunca fora dado a mal-estares. Enfim, podia ser que a vida em São Paulo o estivesse deixando desacostumado com o calor.

Júlio não conseguiu dormir. Queria afastar-se de Natália para poder pensar melhor. Alguma coisa tinha de ser feita para impedir aquele namoro. Não queria que sua filha se casasse com o fruto de um estupro. Perguntava-se se Régis sabia. Talvez Geórgia houvesse lhe contado, talvez não. De qualquer forma, ele não servia para Natália.

Por meio de Régis, feridas não cicatrizadas seriam remexidas, trazendo de volta toda a dor do passado. O destino lhe pregava uma peça de muito mau gosto e algo precisava ser feito. Falar com Natália não surtiria efeito. A experiência lhe dizia que, quanto mais se tentava afastar duas pessoas, mais elas se tornavam próximas. O jeito era apelar para o bom senso de Geórgia.

Geórgia não devia saber que Natália era filha dele. Imaginava qual seria sua reação ao descobrir. Assim como ele, ela teria mil motivos para desejar impedir aquele namoro. Sim, a solução seria procurá-la.

Em sua ilusão de menina fútil, Patrícia sentia-se uma princesa, a quem nenhum desejo podia ser negado. E Régis era o que ela mais desejava naquele momento. Depois do desprezo com que a tratara, Patrícia precisava conquistá-lo para depois rejeitá-lo. Só assim se sentiria satisfeita e vingada. Não tinha a menor ideia de como faria para conseguir seu intento, mas precisava de uma solução rápida. Foi quando Bira apareceu.

O traficante era atraente, másculo, respeitado por todos na região. Um homem de verdade. Patrícia não precisava de dinheiro, mas adorava a vida de emoção que ele levava. Queria participar daquela vida, ter um lugar em seu coração. Por isso, mentira à irmã na véspera, dizendo que ia à praia com a mãe, quando, na verdade, fora ao encontro de Bira.

Patrícia não pensou duas vezes quando ele a seduziu. Achava que o tinha nas mãos só pelo tom de sua voz ao telefone. Bira estava louco por ela, esmerou-se para agradá-la. Isso deixaria Régis louco. Vira como ele ficara no outro dia, quando Bira a cobrira de atenção. Agora, sabendo que ela praticamente se tornara amante dele, Régis não mais a ignoraria.

Naquele domingo, mesmo sabendo que o pai viria de São Paulo, Patrícia saiu cedo para a casa da mãe. Iriam à praia e, na volta, Bianca a levaria para casa, junto com sua fantasia de carnaval. Faltavam dez minutos para as sete da noite quando ela abriu a porta da cozinha.

— Você demorou — observou Natália, contrariada.

— A praia estava uma delícia. Você devia ter ido.

— Domingo tem muito trânsito. E Régis detesta praia.

— Não sabe o que perderam.

— Mamãe trouxe você?

— Trouxe.

— Por que ela não subiu?

— Estava com pressa, sei lá. E cadê o papai?

— Está se arrumando — informou Natália, cuidando do jantar. — Vá tomar o seu banho e venha me ajudar.

— Ah! Natália, detesto cozinhar. Não sei fazer nada.

— Não precisa cozinhar. Basta me ajudar a arrumar a mesa. Régis vem jantar aqui em casa para conhecer o pai.

— É? — ela mal conseguiu conter a euforia. — Está certo.

— O que é isso nessa bolsa?

— Minha fantasia. Ficou linda!

— Posso ver?

— Vou experimentar depois do banho.

— Então, vá logo.

— Vou falar com papai primeiro.

Ela bateu à porta do quarto, atirando-se no pescoço dele quando ela se abriu.

— Que saudade, pai! Pensei que você não viria.

— Imagine se eu perderia o desfile da minha filhinha.

— Você vai ao desfile?

— Vou. Consegui um lugar no camarote da diretoria do banco. Vou vê-la pessoalmente.

— Vai levar Natália e Régis com você?

— Não, vou sozinho. Infelizmente, o convite que arrumei foi só para um.

— Que pena. Mas pelo menos, você vai.

— Depois do carnaval, acho bom você voltar para casa comigo. Já perdeu uma semana de aula.

— Ah, pai, a vida só começa depois do carnaval. E estou pensando em me mudar para cá.

— O quê?

— É isso mesmo que você ouviu. Acho que vou voltar para o Rio. Quero morar com a Natália.

— Você está falando besteira. Sua irmã trabalha e estuda.

— E daí? Sei me virar sozinha.

— Mas só tem um ano que você se mudou para São Paulo! E o colégio? Como pensa que vou arranjar uma transferência assim, de uma hora para outra?

— Se não arranjar, não faz mal. Volto a estudar ano que vem.

— E se atrasar um ano? Nem pensar!

— Tudo bom, pai, sei que você vai dar um jeito. É isso que eu quero. Já está decidido.

Júlio suspirou profundamente. Não conseguia negar nada a Patrícia. Depois de todo o trabalho que tivera para levá-la para São Paulo, não compreendia por que ela queria voltar às pressas para o Rio.

Mal sabia ele que seus interesses eram outros. Patrícia só queria ficar por causa de Régis e Bira. Não era possível ir para São Paulo, onde não tinha nada, e deixar a irmã com aquele namorado divino. Régis tinha de ser dela, e Bira a ajudaria a conquistá-lo.

— Já falou com Natália? — tornou Júlio.

— Ainda não. Mas tenho certeza de que ela vai concordar. E depois, alguém precisa ficar por aqui para pôr um freio nela. Você acha certo ela ficar trazendo o namorado para dormir aqui?

— Sua irmã faz isso?

— Faz.

Por mais que Júlio soubesse que Natália se transformara em mulher, era-lhe difícil aceitar que sua filha já dormia com homens. Ainda mais se o homem era o filho de Geórgia.

— Pensando bem, talvez seja uma boa ideia. Mas precisamos falar com ela antes.

— Deixo isso com você, está bem? Afinal, esse apartamento é seu. Tenho tanto direito a ele quanto Natália.

Com um beijo, saiu. Deixou a sacola com a fantasia no quarto e foi para o banho. Demorou-se o mais que pôde, para não ter de ajudar Natália com a mesa. Detestava qualquer serviço doméstico. Para isso, o pai tinha empregada.

Do banheiro, ouviu o interfone tocar, sinal de que Régis havia chegado. Fechou a torneira, antegozando o momento em que faria sua entrada triunfal.

Natália recebeu Régis na porta da sala. Ele a beijou suavemente nos lábios, com medo de desgostar seu futuro sogro. Quando Natália o apresentou a ele, Régis estendeu-lhe a mão com cortesia, recebendo dele um cumprimento frio.

Sentaram-se no sofá, onde Natália havia servido uns canapés que ela mesma preparara. Régis elogiou seu dom para a culinária, esperando que o pai dela fizesse o mesmo. Júlio, porém, não se mostrava nada simpático.

— Então, você é modelo — disse em tom glacial.

— Sou, sim, senhor.

— E isso é uma profissão?

— É.

— Quanto anos você precisou estudar para ser modelo?

— Pai! — censurou Natália, espantada com a atitude dele.

— Na verdade, não é preciso muito estudo para ser modelo — esclareceu Régis. — Mas quanto mais inteligentes formos, mais respeito obteremos na carreira e mais chance de sucesso teremos.

"Boa resposta", pensou Natália, olhando para ele com orgulho. Régis podia não fazer faculdade, mas era muito inteligente.

— Para que, exatamente, serve a inteligência nessa profissão? — insistiu Júlio, para desespero de Natália, que o fuzilava com os olhos.

— Temos que ter carisma, ser simpáticos, bem falantes. Não adianta nada ser bonito e falar errado com os publicitários, por exemplo. Nosso dom para o diálogo deve ser natural, precisamos nos relacionar bem com todo mundo, e, se você não é uma pessoa inteligente, pode ter problemas nessa hora. Clareza de raciocínio e facilidade de comunicação são fundamentais. Sem contar a disciplina. Não somos vagabundos fazendo figura bonita. Temos que respeitar os horários, as regras, os contratos. É uma disciplina meio rígida, porém, compensadora.

Júlio não sabia como rebater. Limitou-se a balançar a cabeça, pensando em algo para dizer. Como não encontrou, resolveu mudar de assunto:

— E seus pais? O que acham disso?

— Meu pai morreu. Moro com minha mãe e minha avó, e elas são totalmente a favor.

— Seu pai morreu? De quê?

— Ele era doente — respondeu acabrunhado.

— Que tipo de doença ele tinha?

Sentindo-se encurralado, Régis evitou encará-lo. Mordeu o canapé, para pensar no que fazer. Por fim, resolveu ser sincero:

— Desculpe-me, senhor, mas não gosto de falar sobre isso.

— É, pai, deixe de ser indiscreto — censurou Natália. — Você nunca foi assim.

— Desde que não esteja em jogo a vida da minha filha. Mas, se você traz um sujeito para dormir em minha casa com você, tenho todo o direito de interrogá-lo.

Régis quase engasgou com o canapé. Ia responder alguma coisa, mas Natália interveio:

— Isso não se faz, pai. Está deixando Régis sem graça. Sou maior de idade e você me deu o apartamento para morar. Posso fazer o que quiser da minha vida.

— Por certo — concordou Júlio, meio aborrecido. — Mas isso não me impede de querer o melhor para minha filha. Ou será que não devo me preocupar com você?

— Deixe, Natália, eu compreendo — intercedeu Régis. — Seu pai está preocupado, o que é plenamente compreensível. Mas posso assegurar-lhe, seu Júlio, que tenho pela sua filha o maior respeito.

— Estou vendo.

— Amo-a de verdade. Futuramente, pretendo casar-me com ela.

"Mas nem que os oceanos sequem!", ele pensou, porém disse outra coisa: — Casamento é coisa séria. Vocês são duas crianças.

— Por isso falei: futuramente. Estou no início da carreira, e Natália ainda está na faculdade. Contudo, nada nos impede de fazermos planos para o futuro.

— Sei. E sua mãe concorda com isso?

— Ela pensa mais ou menos como o senhor. Acha que somos muito jovens e podemos esperar.

— Pelo menos ela tem juízo. Falando em mãe, o que a sua faz?

— Ela é pedagoga. Trabalha na Secretaria de Educação.

— Ela fez faculdade? — admirou-se.

— Fez — respondeu Régis, estranhando a pergunta.

— Sua mãe fez faculdade. Quem diria?

— O que tem de mais, pai? — replicou Natália. — Você fala como se fosse algo do outro mundo uma mulher fazer faculdade. Mesmo naquela época, já era uma coisa normal.

— É claro, minha filha. Que bobagem a minha. Mas conte-me mais sobre sua mãe, rapaz. Ela é feliz?

— Feliz? — espantou-se. — Acho que sim.

— Não se casou? Quero dizer, depois que seu pai morreu?

— Não.

— Vocês ainda moram na mesma casa?

— Como assim? O senhor conhece a nossa casa?

Por muito pouco, Júlio não se delatou. A conversa levava sua mente ao passado, fazendo-a divagar nas reminiscências da juventude.

— Conhecer a sua casa? — repetiu ele, atônito. — É claro que não. De onde tirou essa ideia? Só perguntei isso porque minha mãe morou anos nesse apartamento. Queria saber se vocês também moram aqui há muito tempo.

— Desde sempre. Nasci neste bairro.

— Compreendo...

A palavra morreu nos lábios de Júlio, tornada muda pelo espanto do que ele agora via. Seguindo seu olhar, Natália e Régis tiveram a mesma visão surpreendente. Patrícia havia acabado de entrar na sala, vestindo a fantasia com que desfilaria na escola de samba, de salto alto, toda maquiada. Era uma roupa sumária, transparente, cheia de paetês. Uma pequena tanga e um bustiê, encimados por um manto diáfano.

Ela entrou na sala como se pisasse na passarela. Estendeu os braços, mostrando a transparência cintilante da capa, e deu várias voltas pela sala, exibindo as formas perfeitas, o corpo quase despido por debaixo do traje minúsculo.

Mesmo sem querer, Régis sentiu o efeito daquela visão. Patrícia estava deslumbrante, sensual, revelando a mulher sedutora por cima da imagem de menina. Ele prendeu o fôlego, temendo desviar os olhos da estonteante figura. Todos estavam atônitos, embasbacados, paralisados de espanto. Até que, de repente, o grito enérgico de Júlio quebrou o feitiço do momento:

— Patrícia! O que significa isso?

— Minha fantasia — anunciou ela, de forma displicente e atrevida. — É assim que vou desfilar na Portela.

— Isso lá são trajes de menina? Pensei que você fosse desfilar com uma fantasia decente.

— Não sou menina — queixou-se. — E minha mãe deixou.

— Isso só podia ser coisa de Bianca. Vá já trocar essa roupa! Não vê que nem fica bem você aparecer assim na frente do namorado da sua irmã?

— O que é que tem? Régis só tem olhos para Natália. Não é, Régis?

Régis não respondeu. Estava com Patrícia em seu limite. Simplesmente apertou a mão de Natália, olhando-a com ar de paixão, como a dizer-lhe que nada daquilo o impressionava. O impacto que Patrícia lhe causara fora só físico, momentâneo. Cada vez mais a desprezava pela sua falta de senso e de respeito.

Nem viu quando Patrícia se foi. Altamente aborrecido, Júlio levantou-se do sofá e arrastou-a de volta ao quarto pelo braço. Régis e Natália ficaram a sós, tentando entender por que a noite dera errado.

— Acho melhor eu ir embora — comentou Régis. — Seu pai não gostou de mim e sua irmã quer chamar a atenção.

— Por favor, Régis, não vá. Fiz tudo com o maior carinho, para você e meu pai se conhecerem.

— Eu sei, querida, mas está na cara que seu pai não simpatizou comigo. Acho que é preconceito, por eu ser modelo.

— Ele vai se acostumar. E Patrícia é só uma criança. Você mesmo disse que ela quer chamar a atenção.

Júlio reapareceu em seguida, envergonhado. Deixou Patrícia no quarto, proibindo-a de voltar à sala, com medo de despertar a cobiça de Régis. Ele já dormia com Natália. Júlio não suportaria se seduzisse também Patrícia.

— Perdoe-me pela minha filha — balbuciou ele. — Não sei o que deu nela.

— Patrícia é muito mimada, isso sim — disse Natália, com uma certa irritação. — Você a deixa fazer tudo o que quer.

— Eu não sabia que ela ia vestir essa fantasia.

— Não estou falando disso. Você é permissivo demais, não lhe dá nenhum corretivo. Sempre foi assim, desde que éramos pequenas.

— Acho melhor eu ir andando — anunciou Régis, sentindo--se mal em presenciar aquela discussão em família.

— Também acho — concordou Júlio. — Não foi uma boa ideia esse jantar, minha filha. Bem se vê que vivemos em mundos totalmente diferentes. Você não devia ter vindo se enfiar aqui, nesse subúrbio.

— Essa foi a casa da sua mãe! O lugar onde você foi criado.

— Nossa realidade agora é outra. Régis pertence a este lugar. Você, não.

— Não acredito! — esbravejou ela. — Não é meu pai que está falando.

— Por favor, Natália, não briguem por minha causa — pediu Régis, cada vez mais constrangido.

— Não tenha essa pretensão, rapaz — rebateu Júlio, com desdém. — Você não tem essa importância toda. Não passa de um namorico de estação.

— Pai! — objetou Natália, com veemência.

— Estou de saída — anunciou Régis, cerrando os punhos para não acertar um murro na face de Júlio.

— Régis, espere! — chamou Natália, seguindo atrás dele.

— Não se incomode, minha querida. Ligue-me quando seu pai voltar para São Paulo. Não quero ser motivo de desavenças em família.

Saiu, deixando Natália aos prantos no corredor. Sua vontade era voltar e estreitá-la nos braços, mas não queria ficar perto de Júlio. Por pouco não o esmurrara. E Patrícia também merecia uma lição.

— Estou mudado mesmo — disse para si. — Em outros tempos, teria partido a cara daquele otário.

Alcançou a rua, dando graças a Deus por ter saído dali. Amava Natália, não permitiria que o pai ou a irmã dela os separasse. Contudo, dividir com eles o mesmo ambiente era demais. Não entendia bem por que Júlio não simpatizara com ele. A única explicação que encontrou foi sua carreira de modelo. Mas ele estava errado em seu julgamento. Régis agora era uma pessoa decente, não tinha nada de que se envergonhar.

Capítulo 36

Finalmente, Tácio e Damien reuniram coragem para aparecer. Desde que haviam fugido do covil de Atílio, haviam permanecido escondidos em uma ravina árida no submundo astral. Por ali havia poucos espíritos, fugitivos como eles, seres atormentados que oscilavam entre a culpa e o desejo de se modificar. Todos tinham algo em comum: o medo.

— Quero ver o meu filho — anunciou Tácio, cansado de ficar sentado sem fazer nada.

— Você acha que é prudente? — contrapôs Damien.

— Nós já fugimos. O que pode nos acontecer?

— Atílio deve estar louco à nossa procura.

— Será que você ainda não se convenceu de que Atílio se impõe pelo medo? O poder dele é só uma ilusão criada para atemorizar os trouxas.

— Pode ser. Mas ele tem um exército. E se mandar nos prender novamente?

— Não entendo você. Está aqui há bem mais tempo do que eu e parece que não aprendeu nada.

— E desde quando você é o sabichão?

— Desde que fugi daquela masmorra e percebi que somos nós que criamos a nossa prisão. Ninguém pode contra nós, a não ser que permitamos. E não estou mais disposto a permitir que me escravizem. Sozinho, estou me libertando dos meus grilhões. Aconselho você a fazer o mesmo.

— Muito esperto. Mas ainda estamos aqui, escondendo-nos de Atílio. Cadê a sua coragem?

O olhar de Tácio para Damien foi de vitória. Vencera o medo acreditando em seu poder. Sabia que, se não permitisse, Atílio não poderia mais ameaçá-lo.

— Você tem razão, sabia? — retrucou confiante. — Não sou um covarde. Quero ver o meu filho e é o que vou fazer.

— Deixe isso para lá. Atílio deve ter mandado alguém nos espionar. Assim que dermos as caras, vai mandar nos prender.

— Será possível? — irritou-se. — Não adianta eu falar, que você não se convence. Pois fique aí você, atolado no medo. Eu vou ver o meu filho. E quero ver se Atílio ou alguém vai me impedir.

Ante o olhar atônito e apavorado de Damien, Tácio esvaneceu no ar. Não aguentava mais se esconder. Tinha lá os seus arrependimentos, mas não podia permitir que a culpa o paralisasse a ponto de não fazer nada para impedir a queda de Régis. Ele era seu filho, sentia que lhe devia isso como forma de compensar a violência que lhe impusera antes mesmo de nascer.

Chegou à Terra pouco depois do anoitecer. A rua em que Régis morava fervilhava com pessoas voltando do trabalho e de seus afazeres diários. Parado em frente à casa do filho, esperou. Logo Geórgia surgiu, causando-lhe uma comoção diferente. Havia muito não se detinha em Geórgia, sentindo-se tão culpado pelo que lhe fizera que nem se atrevia a aproximar-se.

Ela passou por ele sem notar sua presença. Entrou em casa como se ninguém estivesse ali. Além de Tácio, um outro espírito espreitava. A mando de Atílio, não desgrudava os olhos da casa de Régis. Assim que Tácio apareceu, ele logo partiu rumo ao seu covil.

— Tácio voltou — anunciou, satisfeito por ter sido ele a levar a notícia. — Está parado à porta da casa de Mizael.

— Sozinho? — indagou Atílio.

— Sim, senhor.

— E Damien?

— Nem sinal dele.

— Covarde. Está se escondendo. Tácio, pelo visto, tem mais coragem.

— Quer que junte um pessoal para prendê-lo?

— Não. Farei isso pessoalmente.

Atílio precisava vencer o medo. Afinal, era poderoso, não podia deixar-se dominar por um espírito inferior. Se não enfrentasse Tácio, perderia o respeito de seus comandados, que logo tratariam de enfrentá-lo. Se percebessem que ele estava fraquejando, alguém se atreveria a tentar derrubá-lo e assumir a posição de líder. Trazer Tácio e Damien de volta funcionaria como a reafirmação de seu poder.

Atílio apareceu bem ao lado de Tácio, que levou um susto ao vê-lo. A imponência de Atílio provocou um certo temor em Tácio, que quase correu. Mas ele sabia que, se não o enfrentasse, ficaria para sempre em suas mãos. Tinha de dar um basta naquela situação. Mesmo assim, não disse nada, permanecendo na defensiva.

— Onde está Damien? — indagou Atílio, com voz assustadora, à qual Tácio não respondeu. — Você ouviu o que eu disse?

— Ouvi — tornou ele, após alguns segundos. — Mas não sei onde ele está.

— É mentira. Os dois fugiram juntos. Covardes! — Tácio permaneceu em silêncio. — Não diz nada, covarde?

— Não tenho o que lhe dizer.

— Volte comigo agora mesmo e seu castigo será leve. Se resistir, acabarei com sua forma astral, devolvendo-o a um limbo de tormentos.

— Sabe de uma coisa, Atílio? — revidou Tácio, encarando-o firmemente agora. — Não creio que você tenha esse poder.

— Atreve-se a me desafiar? — retorquiu irado.

— Não o estou desafiando. Apenas não acredito mais no poder que você se atribui. Você não é nenhum mago das trevas para operar magias mirabolantes. Não passa de um espírito fútil, enganado pela ilusão do poder.

— Você tem coragem ou é muito burro. Ainda não decidi qual dos dois.

— E você fala demais e pouco age. Até agora, não o vi cumprir nenhuma de suas ameaças.

Atílio fervia de ódio. Não imaginava que um viciado insignificante feito Tácio fosse capaz de desafiá-lo. Precisava fazer alguma coisa. Seus soldados o observavam, à espera de uma reação eficaz. Pensando nisso, avançou para ele, braços estendidos para esganá-lo. Tentou passar as mãos ao redor de seu pescoço, mas Tácio segurou-as com força, impedindo-as de tocá-lo. Atílio ficou apavorado. Nunca ninguém o superara em força física. O medo paralisa os tolos, e era isso que permitia que Tácio fizesse o que queria.

Percebendo que não conseguiria sozinho dominá-lo, Atílio lançou mão de seu poder de mando. A um olhar seu, os espíritos que o acompanhavam avançaram na direção de Tácio. Cegos ainda pelo dever de obediência que o medo lhes impunha, nem sequer questionaram o porquê do fracasso da investida do chefe. Para eles, Tácio era uma ameaça que devia ser contida, e eles estavam ali para proteger Atílio.

Muitos avançaram sobre ele. Eram em maior número, causando espanto em Tácio. Ainda segurando os punhos de Atílio, encarou-o. O outro o olhava com chispas de fogo no olhar, um sorriso mordaz desenhando a ameaça em seus lábios. O medo derivou da prudência. Reconhecendo estar em desvantagem, Tácio empurrou Atílio para trás e correu na direção da casa, com os soldados em seu encalço.

Foi uma cena inusitada. Sem perceber, Tácio atravessou o cinturão energético ao redor da casa de Geórgia, saltando para a varanda. Nem se deu conta de que estava lá dentro, surpreendendo-se ao ver os soldados recuarem. Alguns tentaram atravessar a muralha, sendo arremessados para trás com a mesma força com que investiam contra ela.

— Não é possível! — esbravejou Atílio. — Não pode ser! Como ele conseguiu isso?

Os soldados estacaram atônitos, olhando para Atílio em busca de orientação. O líder não sabia o que fazer. Sentia-se impotente, vencido, humilhado. Jamais poderia imaginar que Tácio passaria para o outro lado, atravessando um caminho por onde não poderiam segui-lo.

— Saia daí, covarde! — Atílio gritou. — Enfrente-me como homem!

Tácio não respondeu. Vendo que os soldados haviam sido detidos pela barreira energética, percebeu que a havia atravessado. Olhando ao redor, viu que estava praticamente dentro da casa de seu filho. Bastava atravessar uma parede. Foi o que fez. Deu uma última olhada para Atílio, não de provocação, mas de vitória, e passou para o outro lado.

Dentro de casa, surpreendeu-se ainda mais. Após tantos anos, jamais imaginou penetrar naquele ambiente. Pensou que se sentiria mal ali, mas não. A atmosfera límpida revigorou suas forças, causando-lhe um bem-estar que nunca julgou existir.

— Seja bem-vindo — falou alguém mais adiante.

Tácio olhou na direção da voz. Quem ali estava era Josué, em companhia de Uriel. Sem medo, aproximou-se, embora meio acanhado.

— O que foi que houve? — sondou timidamente.

— Você não sabe? — Ele deu de ombros. — Não percebeu que atravessou a proteção energética que, por anos, o manteve afastado?

— Isso eu percebi. O que não compreendo é como consegui fazê-lo.

— Só você não vê o quanto se modificou.

— Sou um condenado — falou ele, ajoelhando-se diante de Josué. — Tudo isso é culpa minha. Geórgia perdeu o noivo, nunca foi feliz. E meu filho é quase um marginal.

— Geórgia não perdeu o noivo, porque ele nunca lhe pertenceu. Ninguém pertence a ninguém, essa é mais uma ilusão do ser humano, ainda preso aos desejos do mundo. E quem foi que disse que ela nunca foi feliz? À sua maneira, é feliz, sim. Seu filho, por outro lado, não é quase um marginal. Quase foi, é verdade. Agora, porém, está se endireitando.

— Do jeito que você fala, parece que eu não tive nada a ver com isso.

— Você foi a ferramenta. Colocou-se à disposição da vida para realizar a obra divina, manifestada nos projetos de cada um.

— Por que eu?

— Porque era o que você queria. Em sua ignorância, julgando satisfazer os desejos, aceitou participar desses eventos.

— Por quê?

— Digamos que foi uma forma de vingança pela rejeição.

— Vingança? Rejeição? Não compreendo.

— Mais uma ilusão, meu amigo. Rejeitado por Geórgia em outra vida, você acreditou que merecia tê-la, ainda que à força.

— Eu fiz isso? — Josué assentiu. — Mas por que Geórgia foi aceitar uma coisa dessas?

— Porque ela, por sua vez, sentia-se culpada por tê-lo acusado de um crime que você não cometeu. Achou que lhe devia isso.

Naquele momento, a lembrança desabou sobre a mente de Tácio. Viu-se um rapaz pobre em outra vida, em meados do século XIX, cortejando Geórgia, que o desprezava. Secretamente, Geórgia amava outro rapaz e dormiu com ele, numa época em que virgindade era sinônimo de virtude. Depois de conseguir o que desejava, o rapaz sumiu de sua vida, casando-se com outra. Desesperada, com medo de ser malvista pela sociedade, Geórgia resolveu usar Tácio para limpar seu nome.

Fingindo-se apaixonada, Geórgia convidou-o para um passeio nos jardins de sua casa. Parados sob uma amoreira, beijavam-se sofregamente. Estimulado pela atitude dela, Tácio começou a despi-la, surpreso com o fato de que ela rasgava as próprias roupas. Deitado sobre ela, não pensava em nada. Desejava apenas poder extravasar a paixão e o desejo.

Subitamente, ela o empurrou para o lado. Tácio caiu, atônito, enquanto Geórgia se cobria com os trapos de roupa. Aos gritos, desatou a correr feito louca, toda desgrenhada, a pele avermelhada do contato com ele.

Logo atraiu a atenção de seus pais. Vendo-a naquele estado, os pais chamaram a criadagem, que não custou a encontrar Tácio, tentando vestir-se às pressas para fugir. Indagada sobre o ocorrido, Geórgia inventou que estava passeando pelo jardim quando foi assaltada por aquele homem, que rasgou suas roupas e a violentou.

Por mais que Tácio negasse o ocorrido, as evidências eram por demais comprometedoras. Até sangue havia, já que Geórgia se encontrava nos últimos dias de seu período menstrual. Tácio foi preso e condenado a doze anos de prisão. Ao sair, levava no coração imenso rancor contra Geórgia. Durante anos, esteve à sua procura, sem encontrá-la. Os pais haviam conseguido casá-la com um viúvo de posses, penalizado com seu infortúnio. Desde então, nunca mais se viram.

— Agora me lembro — anunciou Tácio, após a rememoração espontânea. — Guardei tanto ódio por tanto tempo! E para quê? De que adiantou?

— Você guardou rancor, e Geórgia, culpa. Nenhum dos dois precisava passar por isso, mas enfim... A alma escolhe caminhos tortuosos na ignorância do amor.

— É verdade. Mas e Régis? Onde entra nessa história?

— Não entra. Geórgia aceitou recebê-lo porque queria ajudá-lo. E você não se importou em ser o pai, já que não pretendia criá-lo.

— Veja só. E agora me preocupo tanto com ele.

— Ainda bem. Ele o ajudou a despertar o amor que você escondia aí dentro. Viu como a vida é perfeita? Ao ajudar alguém, todos acabam se ajudando.

Tácio olhou ao redor, procurando por Geórgia e Régis. Tinha lágrimas nos olhos e o coração cheio de amor.

— Não quero mais continuar nas sombras — confessou ele. — Estou cansado. Sei que não devia ter me drogado, mas acho que consegui me livrar do vício. Desejo uma nova chance para corrigir os meus erros.

— Não fale assim. Você terá uma nova chance para reequilibrar sua vida.

— Não terei que vir aleijado ou demente?

— Não. Que ideia! De onde tirou isso?

— Foi o que me disseram lá naquele submundo onde eu estava.

— Não é bem assim que as coisas funcionam. Se o seu grau de culpa e falta de perdão for grande a ponto de você desejar se punir, ninguém poderá impedi-lo. Basta você saber que não precisa. Existem outras formas de harmonização com a vida.

— Quero encontrar essa outra forma. Você me ajuda?

— É claro.

— E o meu filho?

— Ele está indo muito bem. Ainda não está totalmente livre das tentações daninhas, mas o sucesso só depende dele.

— Não posso fazer nada?

— Pode acompanhar e aconselhar sem interferir.

— Já tenho feito isso.

— Muito bem. Quer vir conosco, então?

De mãos dadas com Josué e Uriel, Tácio preparou-se para partir. Em seu coração, o amor pelo filho reluzia, inatingível. Mas seus pensamentos permaneciam ligados a Damien. O que seria do amigo depois que ele se fosse?

Capítulo 37

Júlio não estava nem um pouco em clima de carnaval. Irritado com a fantasia indecente de Patrícia e aborrecido com o namoro indesejável de Natália, achava que sua família havia se desestruturado.

— Mamãe chegou! — exclamou Patrícia, ansiosa pela chegada da mãe, que a levaria ao desfile.

Júlio olhou para ela com impaciência. Não queria que ela fosse, contudo não tinha como evitar. Antes que ele repetisse os protestos que vinha fazendo havia dias, Patrícia correu a abrir a porta para Bianca. A mulher estava mais vulgar do que nunca, causando um certo desconforto em Júlio.

— Como vai, queridinha? — indagou ela, beijando as faces da filha.

— Posso ir pronta, mamãe, posso? — retrucou ela, ansiosa.

— Como assim?

— Papai não deixa eu sair de casa com a fantasia. Quer que eu me vista lá.

— Você vai sair vestida lá de casa. Na concentração, não dá. Tem gente que se troca na frente de todo mundo.

— Vocês vão para lá de ônibus? — intercedeu Júlio, que remoía a raiva.

— Vamos pegar um táxi.

— Viu, papai? Não tem problema nenhum.

— Vá logo apanhar suas coisas — pediu Bianca.

Depois que Patrícia saiu, Júlio censurou-a com irritação:

— Onde você está com a cabeça para permitir que Patrícia desfile daquele jeito? Ela vai ficar quase nua!

— Deixe de besteiras, Júlio. A menina é linda.

— Por isso mesmo. Todo mundo vai querer passar a mão nela.

— Bobagem. Eu estarei por perto. Vou vigiá-la.

— Isso é o que mais me preocupa. Ainda acho mais fácil ela vigiar você.

— Engraçadinho. Mudando de assunto, a audiência do divórcio foi marcada. Você vai?

— O que você acha?

— Está doido para se livrar de mim, não é mesmo?

— Tanto quanto você para se livrar de mim.

— O apartamento vai ficar comigo, você sabe.

— Foi o combinado.

— E a pensão?

— Não creio que você precise.

— Eu preciso e você vai continuar a me dar. Não tem jeito.

Júlio suspirou profundamente, tentando não se aborrecer. Por sorte, Natália voltou do mercado, desviando a atenção de Bianca.

— Filhinha! — falou ela, abraçando a moça.

— Oi, mãe. Chegou há muito tempo?

— Não. Estava aqui conversando com seu pai enquanto sua irmã se veste. E o namorado? Quando é que vamos conhecê-lo?

Natália olhou para Júlio discretamente. Desde o fracasso do jantar da outra noite, não conseguira ainda conversar com o pai, que mudava de assunto sempre que ela tocava no nome de Régis.

— Outro dia — respondeu ela, vagamente.

Enquanto Bianca tagarelava sem parar, Júlio desligou-se da conversa. Seus pensamentos se voltaram para Régis e, por extensão, para Geórgia. Sentiu uma vontade louca de vê-la, de falar com ela. Geórgia era tão diferente de Bianca! Uma moça tão bonita e correta. Meiga, honesta, digna. Por que não se casara com ela?

Porque ela estava grávida daquela aberração. Não fosse o filho bastardo, estariam hoje casados, Natália seria filha deles, e Patrícia... não existiria. Não, de Patrícia não poderia abrir mão. Ela era seu maior consolo naquele mar de insatisfação.

Novamente, a ideia de falar com Geórgia sobre o namoro dos filhos assomou em seus pensamentos. Era a melhor saída, senão a única, para evitar que uma desgraça acontecesse. Sim, faria isso. Conversar com Geórgia era uma excelente opção. Ela sempre fora ponderada. Com certeza, teria pronta a solução para aquele problema.

Agora certo de que deveria procurá-la, Júlio não quis mais adiar o encontro. Naquela noite, quando Natália saísse com Régis, ele iria à sua casa para uma conversa definitiva.

— Vamos? — ele ouviu a voz mimada de Patrícia, que vinha com a fantasia pendurada num cabide.

— Isso é um absurdo! — disparou Júlio, completamente transtornado. — Uma menina de quinze anos vestida como uma vadia!

— Não amole a garota, Júlio — objetou Bianca. — Ela vai ficar linda. Será um sucesso na avenida.

— Ela não vai. Não vou permitir que minha filha seja confundida com uma piranha qualquer. Patrícia não passa de uma criança.

— Não sou criança! — protestou ela, veemente. — E você não pode me impedir.

— Pare com isso, Júlio — falou Bianca, secamente. — Está parecendo um velho bobo. É carnaval, todo mundo se veste desse jeito. E depois, você já tinha concordado. Mandei até fazer fantasia para a menina. Não vá agora estragar tudo. Vamos embora, Patrícia.

Patrícia deu um passo, aproximando-se de Júlio.

— Não se preocupe, papai — disse, beijando-o no rosto. — Vai dar tudo certo. Sei me cuidar.

— Tenho medo de que algo lhe aconteça.

— Não vai acontecer nada. É só um desfile. Depois, volto para casa.

— Você não falou que ia? — lembrou Bianca. — Patrícia disse que tinha até comprado o ingresso.

— Desisti — confessou ele, que não queria deixar o apartamento livre para Natália e Régis.

— Por quê?

— Como você disse, sou um velho bobo. Prefiro ficar em casa e assistir pela televisão.

— Vai perder o dinheiro do ingresso?

— Não me importo. Pode levar e dar para alguém, se quiser.

— Então me dê — pediu Bianca. — Tenho uma amiga lá do salão que está doida para ir. Vou ligar para ela agora mesmo.

— Vamos, mãe — impacientou-se Patrícia. — Está quase na hora.

— Calma, meu bem. Ainda é cedo. Temos muito tempo.

Bianca falou com a tal amiga pelo telefone, desligando em seguida. Júlio apanhou o convite e entregou-o a ela, louco para ficar sozinho. Não suportava nem olhar para a fantasia de Patrícia.

— Até logo, papai — Júlio não respondeu. — Tchau, Natália.

— Tchau.

Elas saíram. Natália foi para a janela observá-las, Patrícia rebolando em cima do salto alto como se já estivesse desfilando. Ainda não havia esquecido seu exibicionismo. Patrícia achava que não havia feito nada de mais, embora Natália não concordasse com isso. Sabia que fora proposital, só para chamar a atenção de Régis. Por sorte, ele não lhe dera a menor atenção.

— Sua mãe não devia ter permitido essa indecência — comentou Júlio, ainda irritado. — Mas sua mãe é outra indecente.

— Deixe, pai. É carnaval, muita gente vai estar igual a ela.

— E você? Vai sair com o Régis hoje de novo?

— Vamos jantar e depois ao cinema. Não gostaria de vir conosco?

— Não, obrigado. Prefiro ficar por aqui e assistir um filme na TV.

— Por que está evitando o Régis, pai? O que foi que ele lhe fez?

— Nada. Acho que vou descansar um pouco.

Era assim que Júlio vinha procedendo desde a noite do jantar. Natália não sabia mais o que fazer. Régis, por sua vez, não insistia, aumentando, cada vez mais, a distância entre eles.

À noite, Natália se aprontou para esperar Régis. Ele gostava de carnaval, mas decidiu não pular para ficar com ela. Natália, por sua vez, nunca fora muito de folia, preferindo viajar. Naquele ano, porém, como o pai e a irmã estavam com ela, não tinha podido se ausentar.

Quando o interfone tocou, Júlio sabia que era ele. Depois que Natália desceu, acompanhou-os da janela. Assim que se afastaram o suficiente, saiu também. Caminhou lentamente em direção à casa de Geórgia, atrasando o passo, com medo do encontro.

Parado em frente ao portão, hesitou em tocar a campainha. Tinha vergonha de encará-la, mais ainda, de enfrentar Cléia, que sempre o tratara como um filho. Achou melhor atravessar a rua para vigiar a casa do outro lado. Permaneceu imóvel, olhos grudados na janela, à espera de um movimento. Após muitos minutos, Geórgia apareceu para fechar as cortinas.

De longe, encoberto pela escuridão, Júlio não conseguiu distinguir o seu rosto. Sabia, porém, que era ela. A janela gradeada não lhe permitia uma visão mais nítida, mas ele não tinha dúvidas. Geórgia continuava a mulher linda que sempre fora. No peito, o coração deu mostras de uma excitação acima do normal. Um palpitar descompassado tornava irregular sua respiração, enquanto um suor frio escorria pelo seu rosto. Estava com medo, mas tinha de falar com ela.

Demorou um pouco a decidir-se. Por fim, saiu do esconderijo na penumbra e atravessou a rua. A passos vacilantes, abriu o portãozinho que levava à varanda. Subiu os degraus que havia mais de vinte anos não pisava. Tocou a campainha e aguardou.

Ouviu passos do lado de dentro. Por instantes, eles se detiveram à porta, provavelmente porque alguém olhava pelo olho mágico. Segundos depois, a porta se abriu, revelando a presença de Geórgia, lívida, assustada, incrédula.

— Júlio! — espantou-se. — O que está fazendo aqui?

Num primeiro momento, ele não conseguiu falar. Entre a vergonha e a ansiedade, permaneceu encarando-a, sentindo que as palavras se atropelavam, na tentativa de saírem todas ao mesmo tempo. Em vez de falar, foram seus olhos que se manifestaram. Brilhantes de lágrimas, em seu silêncio, exprimiram toda sua angústia.

Capítulo 38

Durante o jantar, Régis mal conversava com Natália. Pensava em seu último encontro com Bira. O traficante se mostrava irredutível, pressionando-o cada vez mais. Seu prazo até o fim do carnaval estava se esgotando, de forma que ele não tinha saída. Quanto mais pensava, mais se angustiava. Agora não tinha como voltar atrás.

— O que você tem? — questionou Natália, notando seu distanciamento.

— O quê? Nada. Estava apenas pensando no meu trabalho.

— Por quê? Alguma coisa errada?

— Pelo contrário. Além do comercial, recebi uma proposta de desfile.

— Que maravilha!

— Só que é fora do Brasil.

— Onde?

— Na Espanha.

— Você vai aceitar?

— Não sei. Não gostaria de ficar longe de você.

— Você pode ir e voltar. Vou continuar aqui, esperando você.

— Não gostaria de ir comigo?

— Não posso. Tenho faculdade e trabalho. Mas não me importo que você vá.

— Se eu for, e não estou dizendo que vou, vai ser pelo tempo suficiente para cumprir o contrato e voltar.

— Não se apresse, querido. Se eu escolhi namorar um modelo, tenho que ir me acostumando a essas coisas.

Ele a beijou com carinho. Amava-a cada vez mais, sentia-se grato a ela por ajudá-lo a reavaliar suas atitudes, acreditando que podia ser um homem íntegro. Um pensamento odioso para Atílio, que agora resolvera, ele mesmo, tomar a dianteira na condução de Mizael.

— Demorei tempo demais — disse para si mesmo. — Mizael foi contaminado por essas bobagens de integridade. Isso não existe! — gritou ele, tentando fazer com que o pensamento do rapaz captasse suas sugestões. — Você não nasceu para ser íntegro. Nasceu para conquistar poder! Onde está seu pendor para o tráfico?

Atílio presenciou novo beijo do casal, sentindo-se incomodado pela onda de amor que emanava deles.

— Perdi-a outra vez — ele prosseguiu em seu monólogo, referindo-se a Natália. — De novo, tenho que abrir mão para que você seja dele. Isso não seria difícil, se vocês não resolvessem me trair. Você está me traindo, Mizael, ouviu bem? Isso é traição!

À medida que Atílio se enfurecia, Régis parcialmente captava suas vibrações. Uma curiosidade súbita e violenta de saber o que aconteceria caso ele fizesse a vontade de Bira despontou em seu coração. Não seria divertido ter nas mãos aquelas pessoas que se julgavam tão importantes?

— Olhe só! — continuou Atílio. — Agora sim, estamos falando a mesma língua. O que está esperando para fazer a vontade de Bira? Você vai ser o maioral, não ele.

Como a influência não era suficientemente forte para deixar Régis confuso, a ideia de aliar-se a Bira desanuviou-se de sua mente, agora centrada em Natália. Não. Decididamente, não queria ter nada a ver com o traficante. Queria ser um homem decente.

Uma luz rósea envolvia o casal, empurrando Atílio para longe, bloqueando seu acesso aos pensamentos de Régis. A luz foi se intensificando a tal ponto que ele não aguentou mais. Incomodado, deu as costas aos dois e sumiu praguejando.

Sem de nada saber, Natália continuava a conversa:

— Por que não vamos lá para casa depois do cinema? Podemos assistir o resto do desfile na televisão. Talvez consigamos ver Patrícia.

— Tem certeza de que você faz mesmo questão de ver sua irmã na televisão?

— Não. Mas ela faz.

— Não tenho nada com a vida de vocês, mas você não acha que Patrícia exagera? Ela ainda é uma criança.

— Também penso assim, mas papai é um frouxo. Ele a deixa fazer o que quer. Agora está lá, aborrecido porque ela vai sair quase pelada na escola de samba.

Régis não queria contar-lhe sobre as coisas que Patrícia fazia, para não preocupá-la. Todavia, precisava fazer alguma coisa para que ela não se perdesse nas mãos de Bira.

— Você não acha que seria melhor ela voltar para São Paulo?

— Pois é. Só que agora ela não quer mais. Inventou que quer morar comigo.

— O quê? Essa não!

— Papai não quer deixar. Ela está matriculada num colégio em São Paulo e está perdendo aula. Mas papai não tem força com ela. Aposto como Patrícia vai conseguir o que quer.

— Não tenho nada contra sua irmã, mas ela morar com você não é uma boa ideia. Vai lhe dar muito trabalho. Ela é menor de idade e você não é a mãe dela.

— Eu sei. Não quero isso, mas papai é que tem que impedir.

— E sua mãe?

— Ela mesma é que não fará nada. Mamãe acha graça em tudo que Patrícia faz. Na verdade, não quer esquentar a cabeça. Sei que gosta de nós, mas quer viver a vida dela. Deu graças a Deus quando saímos de casa.

— Você pode vir morar comigo — sugeriu ele, de forma apaixonada.

— É claro que não posso. Você mora com sua mãe e sua avó. Imagine se eu teria o desplante de aparecer de mudança na sua casa.

— Podemos nos casar.

— Ainda é muito cedo.

— Somos maiores, trabalhamos, somos independentes.

— Mais ou menos. O que eu ganho não dá para me sustentar. Papai me manda dinheiro todo mês para complementar as despesas.

— Posso fazer isso no lugar dele. Estou ganhando bem agora. Tenho até pensado em me mudar para a Barra. Você poderia ir comigo.

— Vai deixar sua mãe e sua avó?

— O problema é esse. Não quero deixá-las e elas não querem ir. Mas são a favor de que eu viva a minha vida.

— Pense um pouco mais, Régis. Quando me casar, quero que seja para sempre.

— Será para sempre comigo. Eu a amo. Só se você não me amar.

— Você sabe que o amo. Contudo, há outras coisas envolvidas. Maturidade é uma delas.

— Tudo bem, Natália, não quero pressioná-la. Basta você saber que eu quero me casar com você. Hoje, ano que vem, nao importa. Só o que quero é que estejamos juntos.

— Ficaremos juntos, eu prometo. Mas, por enquanto, não. Quero que tenhamos certeza do que estamos fazendo.

— Você é quem manda.

Régis não podia deixar de dar-lhe razão. Não tinha dúvidas de que a amava, contudo precisava antes resolver aquela pendência com Bira. A última coisa que queria era Natália envolvida com o traficante. E ainda havia Patrícia. Temia pela vida dela, mas também tinha medo do que ela poderia fazer contra ele.

No momento, Patrícia não estava nem um pouco preocupada com Régis. O que agora sentia por ele estava mais próximo do orgulho ferido do que da paixão. Bira, sim, era um homem de verdade, não um garotinho. Tudo bem que Régis era lindo de morrer, mas Bira tinha presença.

— Aonde você vai? — indagou Bianca, vendo que Patrícia se preparava para sair.

— Falar com um amigo.

— Agora? Está quase na hora de sairmos.

— É só um minuto.

Vestida em sua fantasia azul e branca, Patrícia foi ao encontro de Bira. Entrou no carro dele, satisfeita com o efeito que provocou no traficante. Ele a alisou, excitado, beijou-a com ardor, soltando-a a contragosto.

— Você está muito gostosa — elogiou. — A mina mais linda da avenida.

Ela riu gostosamente, perguntando com euforia:

— Você vai estar lá, não vai?

— Não perderia isso por nada.

— E aí? Trouxe o que me prometeu?

— É claro. Não achou que eu ia deixar você de fora desse barato, achou?

Olhando para os lados com cuidado, por detrás do vidro fumê, Bira sacou uma trouxinha do bolso. O comparsa do banco da frente entregou-lhe um espelho, um cartão de crédito e um canudinho de papel. Rapidamente, preparou uma carreirinha de cocaína, entregando a Patrícia o canudo.

— Experimente — incentivou. — Não tenha medo.

— Vou ficar doidona?

— É para isso que serve, não é?

Um pouco insegura, Patrícia experimentou. A sensação de euforia foi imediata. Sob o efeito da droga, julgou-se capaz de qualquer coisa. Nos braços de Bira, sentia-se poderosa, uma rainha.

Amaram-se rapidamente, no banco do carro, sem se importar com a presença dos capangas.

— Chefe, acho melhor acabar com isso — disse um deles, vendo pelo retrovisor uma patrulha se aproximar.

— Vá — ordenou ele, abrindo a porta para ela. — Mais tarde nos encontraremos.

Patrícia saiu meio zonza, desacostumada com os efeitos da coca. Até então, a única droga de que fizera uso fora a maconha, e, assim mesmo, esporadicamente. Pisou no chão, hesitante, ajeitando a fantasia meio amassada. O carro da polícia passou ao lado, mas nenhum dos policiais prestou atenção ao automóvel de Bira. Só tinham olhos para o corpo exuberante de Patrícia.

Foi uma bela jogada mandá-la sair quando a polícia se aproximou. O resultado foi o esperado. Diante de um mulheraço feito Patrícia, quem é que ia prestar atenção a três barbados?

Ela agora estava em suas mãos. Iniciá-la no vício era um truque que ele utilizava para manter as garotas presas a ele. Fissuradas pela droga, faziam tudo o que ele queria. E Patrícia, ainda por cima, serviria de escudo contra a resistência de Régis. Só esperava que ela não seguisse os passos de Gislene. Sentiria muito se tivesse de mandar matá-la.

Capítulo 39

Parado na porta da casa de Geórgia, Júlio não sabia o que dizer. Ensaiara as palavras, contudo elas se atropelavam. Vê-la deixou-o desconcertado. Ela estava ainda mais bonita do que ele se lembrava ou imaginara. Vendo que ele não se decidia, ela repetiu a pergunta:

— O que faz aqui, Júlio?

Antes de responder, ele ouviu a voz de Cléia:

— Quem é, minha filha?

— Um amigo — respondeu ela, passando para o lado de fora e fechando a porta atrás de si. — Muito bem, Júlio, vai me dizer ou não por que veio aqui?

— Eu... — balbuciou ele. — Precisava lhe falar.

— Depois de tantos anos, não imaginava que você ainda tivesse algo a me dizer.

Ele não respondeu. Seus pensamentos rodavam em torvelinho. Queria falar de Régis, no entanto sentia aflorar a velha paixão.

— E então? — prosseguiu ela. — Estou esperando. A que devo sua visita?

— Geórgia, por favor, não me leve a mal. Eu tinha que vê-la.

— Por quê? Não vá me dizer que está arrependido, depois de tantos anos.

— Não se trata disso. Quero dizer, não sei se estou arrependido. Antes de ver você, pensava uma coisa. Agora, estou confuso.

— Não estou entendendo, Júlio. Você está casado, tem uma família. Por que veio me procurar?

— E você? Também se casou?

— Não interessa.

— Sei que você não se casou. Por quê?

— O que você está pretendendo, afinal? Aparece aqui, depois de vinte anos, com perguntas infantis. O que deu em você?

— Precisava vê-la, já disse.

— Por quê? Vai me dizer que se divorciou e quer me compensar por tudo o que fez?

— Não foi isso que vim lhe dizer, mas essa é uma verdade.

— Era só o que me faltava, Júlio.

— Você está linda — comentou ele embevecido, alheio ao espanto dela. — Mais do que nunca.

— Pare com isso. Não quero mais ouvir essa baboseira. E não me leve a mal, mas é muito atrevimento seu aparecer aqui assim, de repente, falando coisas sem sentido.

— Você me odeia, não?

— Não. Mas também não quero me aproximar de você. Seja o que for que veio me dizer, não me interessa.

— Eu a fiz sofrer tanto assim?

Geórgia olhou-o abismada. Não compreendia o que ele estava fazendo. Só podia pensar que Bianca houvesse lhe dado o fora e ele agora corria para ela, na tentativa de reaproximar-se para não ficar sozinho.

— Olhe, Júlio, não sinto raiva de você. Na verdade, não sinto nada. O que se passou entre nós está acabado. Ficou enterrado no passado. Quer saber se custei a me refazer? Custei. Mas o meu filho me deu forças. E, agora que estou refeita, não preciso de você para bagunçar a minha vida.

— Você ainda se importa comigo. Se não se importasse, não teria medo de que eu bagunçasse a sua vida.

— Você está confundindo as coisas. Disse que você poderia bagunçar a minha vida, não os meus sentimentos. Tenho um filho que nada sabe sobre o passado. Por enquanto, gostaria de deixar que as coisas permanecessem assim.

Ela lhe deu as costas, colocando a mão na maçaneta para abri-la. Júlio, porém, percebendo que ia perdê-la, segurou-a pela outra mão e falou emocionado:

— Conheci o seu filho. Na verdade, foi para falar dele que vim até aqui.

Ela estacou assustada. Voltou-se para ele lentamente, tentando imaginar o que ele queria dizer.

— O que isso significa?

— Conheci Régis. É um bonito rapaz.

— Como ousa se aproximar do meu filho? Depois de tudo o que fez, que direito tem de tocar no nome dele?

— O direito de pai.

— Pai? — indignou-se. — Que absurdo é esse agora? Régis nunca foi seu filho.

— Talvez você não saiba, mas Régis está namorando a minha filha.

Foi como se uma montanha inteira desabasse sobre ela. Geórgia sentiu uma tonteira absurda, que a obrigou a sentar-se no degrau para não cair.

— Sua filha? — repetiu atônita. — Natália é sua filha?

— Vejo que a conhece.

— Não é possível. Isso é alguma brincadeira?

— Não é brincadeira. É fato. Assim como você, fiquei surpreso e contrariado.

— Contrariado?

— Acho que esse namoro não é do interesse de nenhum de nós dois. Por isso, vim procurá-la. Talvez você me ajude a separá-los sem que precisemos lhes contar sobre nossa relação.

— Não acredito! Pensa mesmo que eu faria isso? Caso você não saiba, Régis e Natália estão apaixonados. Eles se amam!

— Eles não podem ficar juntos.

— Por que não?

— Você ainda pergunta? Depois de tudo, seria um desastre.

— Por quê? Porque o pai dele era um estuprador que morreu de overdose? Porque você foi preconceituoso o bastante para não aceitar criar o filho desse homem? Porque não me amou o suficiente para respeitar minha decisão? Ou porque não quer admitir que é fraco, covarde e fútil?

— Geórgia, por favor, precisamos ser racionais.

— Quem não está sendo racional é você. Quer interferir no destino de dois jovens para acobertar sua covardia.

— Não posso acreditar que você concorda com esse namoro.

— Não tenho que concordar nem discordar. Eles se escolheram. Não é problema meu.

— Seja razoável, Geórgia. Esse namoro não pode dar certo.

— Você ainda não me apresentou um bom motivo para que não dê certo, além do seu preconceito, da vergonha, do medo. Você me abandonou, Júlio. Foi a sua escolha, e eu aceitei. Agora assuma o que fez. Não me peça para interferir na relação deles só para proteger a sua imagem. Não farei isso.

— Só você não vê que eles vão ser infelizes.

— Você está sendo egoísta. Está pensando em si mesmo, nos seus valores distorcidos. O que aconteceu entre nós não tem nada a ver com eles.

— Minha filha não vai se casar com um rapaz de origem obscura — falou entre os dentes, tentando conter a raiva. — Ela merece alguém à altura, um homem formado, de boa família.

— Você está querendo dizer que minha mãe e eu não somos uma boa família?

— Não é isso. Você entendeu errado. O que quis dizer foi uma família completa, bem constituída.

— Como a sua? Você e Bianca são felizes? Vivem bem? Dão bons exemplos a seus filhos?

— Isso não vem ao caso.

— Por quê? Porque se trata de você? Você é diferente de mim, das outras pessoas? Pois fique sabendo que a minha família é completa e bem constituída sobre valores morais sólidos. E a sua? Se sua moral continua como antes, então sou eu quem deve temer que meu filho entre para a sua família.

— Calma, Geórgia. Não vim aqui para brigar.

— Não estou brigando. Estou sendo sincera. Considero-o um homem fútil, sem valor moral algum, preocupado com as aparências, cheio de preconceitos e ilusões.

— Você está me julgando.

— Pode ser. Mas tenho motivos para isso. E, mesmo assim, não me oponho a que meu filho namore a sua filha.

— Pois eu me oponho. Não o quero perto de Natália nem na minha casa. Diga isso a ele, ou eu mesmo o porei para fora.

Geórgia nunca sentira tanta raiva em sua vida, sentimento com o qual nem estava acostumada. Ouvir Júlio falar de Régis como se ele fosse um marginal era um absurdo tão grande que ela não conseguiu se conter. Mas não era de seu feitio irritar-se. No momento em que percebeu que corria o risco de desequilibrar-se, retrocedeu, fazendo breve oração.

— Não temos o poder de decidir a vida deles — ponderou, um pouco mais calma. — Eles são adultos, têm o direito de escolher o rumo de suas vidas. E colocar Régis para fora de sua casa não me parece coisa de um homem civilizado como você.

Tocado pela vibração energética da oração, Júlio também se recompôs. Respirou fundo, sentindo-se presa de sentimentos contraditórios. Ao mesmo tempo em que gostaria de aproximar-se de Geórgia, sentia imensa repulsa pelo filho dela.

— Desculpe-me, Geórgia, eu me excedi. Não devia ter dito o que disse, muito menos para você, que sempre foi boa e não merece ser desrespeitada.

— Júlio, pense bem. Régis pode não ser o rapaz que você sonhou para sua filha, mas é honesto e trabalhador. E nunca lhe fez nada. Ele não tem culpa do que me aconteceu.

— Você não entende — choramingou ele. — Ele representa tudo o que eu não pude ser.

— Não. Não compreendo o que diz.

— Olhando para ele, tenho que aceitar minha covardia, meu medo, minha vergonha. Todas as coisas de que você falou e estão certas. Se Natália descobrir o que houve entre nós, nunca irá me perdoar.

— Você pretende esconder o seu passado fazendo-a sofrer?

— Não quero fazê-la sofrer. Quero poupá-la.

— Você quer poupar a si mesmo, segundo suas próprias palavras. Não faça isso, Júlio. Você não pode desfazer o que fez, mas ainda é tempo de assumir suas atitudes. Foi a sua escolha, aprenda a conviver com ela. Eu mesma nunca lhe cobrei nada. A cobrança que você faz está aí, dentro de você.

— Você ainda está magoada comigo. E com razão.

— Peço que me perdoe se pareci assim. Por momentos, pode ser que eu tenha fraquejado. Mas reconheço que você não teve culpa de nada. Cada um de nós agiu conforme seu amadurecimento. Não tenho o direito de lhe cobrar uma atitude que você não podia ter, assim como sei que, de alguma forma, atraí o que me aconteceu. O magnetismo que exerci sobre os acontecimentos tem uma razão de ser, embora não a compreenda nesse momento.

— Ah! Geórgia, por que as coisas não puderam ser diferentes? Por que tivemos que passar por tudo isso?

— Nossas opções diante da vida nem sempre estão muito claras. Acredito que, um dia, todas as verdades se revelarão. Por isso, precisamos confiar na sabedoria e no amor de Deus.

— Não sei se conseguiria conviver com isso — confessou ele, com desgosto. — Toda vez que olhar para Régis, me lembrarei de nós dois.

Calou-se, engolindo um soluço. Geórgia sentiu uma certa piedade por aquele homem transtornado pela culpa e pelo remorso, certa de que, no final das contas, fora ela quem menos sofrera.

Ao menos, tinha o coração limpo, acreditava na vida, tinha fé em Deus. E Júlio, o que possuía além de um punhado de ilusão?

— Deixe de lado o orgulho — aconselhou ela. — É por causa dele que você não consegue aceitar. E a culpa não vai fazer diminuir a dor. Arrepender-se sempre é bom, mas deixar-se paralisar pelo remorso não é produtivo.

— Você fala com sabedoria, mas eu não estou à sua altura. Por isso, recolho-me à minha condição de homem mundano e aceito minha imperfeição. Eu ainda dou valor às aparências, sim, porque considero importante ter uma posição de respeito dentro da sociedade.

— O respeito se conquista pelas boas atitudes, pela dignidade, não pelas aparências, que são ilusórias, falsas. E quando reveladas, produzem resultados avassaladores.

— Gostaria de pensar como você, mas não consigo. Não quero perder o respeito da minha filha, por isso Régis deve se manter longe dela.

— Sinto muito. Se você insiste nisso, não posso ajudá-lo. Adeus.

Dessa vez, Júlio não a impediu. Não tinha mais o que dizer. Sofria imensamente. Vê-la causou-lhe uma comoção inesperada. Não fosse aquele filho, arriscaria reconquistá-la. Por um momento, perguntou-se o porquê de tudo aquilo. Régis nunca lhe fizera nada, por que tanta repulsa? Não sabia. Simplesmente, se acostumara a odiá-lo.

Capítulo 40

Logo após o carnaval, o clima na casa de Natália era dos mais tensos.

— Você vai voltar comigo para São Paulo! — esbravejava Júlio. — As aulas já começaram, você não tem mais o que fazer aqui.

— Você não pode me obrigar a ir — rebateu Patrícia. — Meu lugar é aqui.

— Não era o que você pensava até há bem pouco tempo. Por que mudou de ideia?

— Gosto de morar com Natália. E ela não se importa, não é, Natália?

Natália ergueu as sobrancelhas, contrariada por ter sido envolvida na conversa.

— Acho que papai tem razão — ponderou. — Você está perdendo aula. E, a essa altura, é tarde para encontrar um novo colégio.

— Que nada! — objetou, irritada. — Pagando, papai arranja vaga em qualquer escola. E vou escolher uma aqui perto.

— O que não entendo é esse seu súbito interesse. Logo você, que sempre gostou de coisas finas. Não seria mais lógico ir morar com mamãe na zona sul?

— Não tem nada de bom lá. Aqui é muito mais divertido.

— Não importa onde é mais divertido — contrapôs Júlio, com veemência. — Você vai embora comigo e pronto. E se Natália não estivesse com emprego e faculdade, iria também.

— Eu?! — espantou-se. — Que novidade é essa agora?

— Em São Paulo você poderia arranjar coisa melhor.

— Está se referindo ao Régis? O que foi que ele lhe fez para você não gostar dele?

— Nada. Só que você merecia um rapaz à sua altura.

— Também acho — concordou Patrícia, irônica. — Régis é bonito demais para você.

O olhar de reprovação de Natália a fez calar-se. Júlio, porém, continuou a falar:

— Não sei onde errei com vocês duas. Minha filha mais velha se apaixonou por um joão-ninguém, e a mais nova está querendo se perder. O que está acontecendo?

— Deixe de dramas, papai — protestou Patrícia. — Natália e eu estamos apenas querendo viver as nossas vidas. Você é muito careta, acha que tudo está errado.

— Chega dessa discussão! Em Natália, não posso mandar, mas em você, Patrícia, mando, sim. Você vai voltar comigo para São Paulo e pronto!

Encerrada a discussão, Patrícia foi para o quarto, batendo a porta. Na mesma hora, veio a vontade da droga. Será que estava se viciando? Tinha medo de se viciar, contudo Bira lhe garantira que aquilo não aconteceria. Dera-lhe a coca para cheirar algumas vezes, mas ele mesmo não a usava.

"Acho melhor resistir", pensou. "Se usar toda hora, vou acabar me viciando".

Pelas paredes, ainda ouvia partes da discussão entre Natália e o pai. Aproveitando que eles não prestavam mais atenção a ela, saiu de mansinho. Ninguém a viu passar pelo corredor em direção à cozinha. Abriu e fechou a porta com cuidado, para não atrair a atenção dos dois. Assim que saiu do elevador, viu Régis pela vidraça da portaria. Antes que ele apertasse o botão do interfone, ela abriu a porta para ele.

— Olá, Régis — cumprimentou com um sorriso sedutor. — Veio ver a Natália?

— O que você acha?

— Ela está discutindo com papai por sua causa.

— Por minha causa?

— Não sabe que papai não gosta de você?

— E você conhece o motivo?

— Nem desconfio. Mas, se você quiser, posso descobrir.

Ela disse isso com um olhar malicioso, aproximando dele os lábios em chamas. Régis a repeliu com impaciência, porém sem agressividade.

— Aonde você vai? — questionou sério.

— Dar uma volta.

— Sozinha?

— Eu nunca ando sozinha. Mas, se você quiser vir comigo, posso trocar a companhia.

— Vou lhe dar um conselho, Patrícia. Afaste-se de Bira. Ele é perigoso.

— Bira é um amor. Me trata feito uma rainha.

— Já vi rainhas mais bonitas do que você acabarem mortas, largadas na sarjeta. É o que quer?

— Quanto drama! Bira jamais faria isso comigo. Ele gosta de mim.

— Bira não gosta de ninguém a não ser de si mesmo. Ele usa as pessoas, está usando você. Quando enjoar, vai descartá-la. E, se ele achar que você sabe muito dos negócios dele, vai mandar apagar você. Quer correr esse risco?

— Não acredito. Está falando isso porque está com ciúme.

— De você? Não seja ridícula.

— Posso ser ridícula, mas é de mim que Bira gosta. E você? O que tem a ver com ele?

— Nada que lhe interesse.

— Imagino que sejam negócios bem mais escusos do que o meu. Bira me disse que você trabalha para ele.

— Ele está mentindo.

— Será? Minha irmã sabe de sua amizade com ele?

— Não tenho amizade com Bira, portanto não há nada que Natália deva saber.

— Nossas vidas são cheias de mistério — ironizou. — Vamos fazer o seguinte: você não conta o meu segredo, e eu não conto o seu. Ficamos quites.

— Não me importo com segredos, mas me importo com você. Não quero que nada de mau lhe aconteça.

— Por quê? Gosta de mim?

— Você é irmã da mulher que eu amo. Natália gosta de você, e isso é suficiente para eu me preocupar.

— Quanta gentileza. Mas não precisa. Dispenso a sua preocupação. E agora, se me der licença, preciso ir. Bira está me esperando.

Com seu jeito provocativo, Patrícia passou, roçando de leve o corpo no dele. Régis queria impedi-la, contudo não tinha mais o que fazer. De onde estava, ficou olhando-a se afastar. Em seguida, entrou no elevador para subir. Tocou a campainha e esperou até que a própria Natália veio abrir.

— Régis! — surpreendeu-se. — O que faz aqui?

— Não posso mais visitar minha namorada?

— É claro que pode — tornou ela, confusa.

— Não vai me deixar entrar?

Natália chegou para o lado, dando-lhe passagem. Júlio ainda permanecia na sala, agora em conversa mais amena com a filha. Ao ver Régis, seus ânimos se atiçaram. Tentou não deixar transparecer a raiva e falou com o máximo de educação que conseguiu:

— O que faz aqui?

— Bom-dia para o senhor também, seu Júlio — disse Régis, com uma pontada de arrogância. — Vim ver Natália.

— A portaria estava aberta? — indagou ela, para esfriar um pouco os ânimos. — Essa gente não tem cuidado. Na hora em que entrar um ladrão...

— Patrícia abriu para mim — interrompeu ele.

— Patrícia? — espantou-se Júlio. — Ela saiu?

— É o que parece.

— Onde será que essa menina foi? Ela estava aqui agorinha mesmo!

— Deixe-a, pai — aconselhou Natália. — Ela está aborrecida. Daqui a pouco passa, e ela volta.

— Vou atrás dela.

O que Júlio queria era evitar um confronto com Régis, temendo que ele estivesse ali por causa de seu encontro com Geórgia.

— Seu pai não gosta mesmo de mim — comentou Régis, que nada sabia da conversa dele com sua mãe.

— Ele está com ciúme. Sabe como os pais são ciumentos com as filhas.

— Não sei, não. Acho esse ciúme um pouco exagerado.

— Você ainda não me respondeu por que veio aqui.

— Estava morrendo de saudade de você. Não a vi o dia inteiro e queria ver se conseguia me entender com seu pai, mas já percebi que não dá.

— Papai está preocupado com Patrícia. Ela agora cismou que não vai voltar para São Paulo. Essa menina é um problema.

— Você sabe quem são as amizades dela?

O tom de voz dele lhe causou estranheza. Régis falava como se conhecesse fatos que ela desconhecia.

— Não — respondeu ela, desconfiada. — Por quê? Você sabe de alguma coisa?

— Não. Perguntei por perguntar.

— Pelo amor de Deus, Régis, se você sabe de alguma coisa errada que Patrícia esteja fazendo, por favor, me conte! Papai precisa saber.

Contar sobre a amizade dela com Bira era muito perigoso. Provocaria sérios questionamentos para os quais ele não teria respostas satisfatórias. E colocaria tudo a perder.

— Não sei de nada — respondeu, tentando parecer firme. — Eu só falei porque Patrícia me parece uma menina ingênua e deslumbrada, que poderia facilmente ser enganada por qualquer malandro.

— Você está me enganando — afirmou ela, categoricamente. — Sabe de alguma coisa e não quer me contar.

— Não é nada disso. E seu pai não foi atrás dela? — Natália assentiu. — Então, você não tem com o que se preocupar.

— Acho que tem razão. Estou me preocupando à toa. Patrícia é desmiolada, mas é boa menina. Não se meteria em encrencas.

Régis não disse nada. Abraçou-a com força, temendo que ela sofresse ao descobrir a verdade.

— Minha querida, você nada conhece de mim — afirmou ele, alisando seus cabelos. — Tenho medo de lhe causar alguma decepção.

— Por que está me dizendo isso? — estranhou ela, fitando-o com ar de assombro. — O que está acontecendo?

— Nada. Mas a vida é cheia de surpresas, algumas ruins. Se algo me acontecer, quero que saiba que a amo muito.

— O que poderia lhe acontecer? — Ele não respondeu. — Por Deus, Régis, está me assustando!

— Não quero assustá-la. Quero apenas que você esteja preparada para o futuro.

— Que futuro? Não entendo o que você está falando.

— Deixe para lá.

— Não. Quero saber. Que conversa é essa?

— Nada... É que eu não sou tão bonzinho como você pensa.

— Como assim? Você é algum marginal, por acaso? É bandido e está me enganando?

— Não. Só que fiz algumas coisas no passado das quais hoje me arrependo.

— Seu passado não pode estar tão longe assim. Você é muito jovem, portanto, seja lá o que for que tenha feito, foi praticamente no presente. O que foi? O que você fez?

— Nada. Esqueça.

— Não dá para esquecer. Você começou a falar, agora termine.

Ele a olhava com desespero, arrependido por ter tocado naquele assunto. Mas andava agoniado com a pressão de Bira, vendo aproximar-se o momento em que teria de fazer o que ele queria. Temia que algo saísse errado, que Natália descobrisse seu envolvimento com o traficante, que ele levasse um tiro da polícia. Era uma atividade arriscada, contudo Bira não lhe deixava escolha.

— Não pense mais nisso — pediu ele, beijando-a levemente nos lábios. — Eu a amo. Haja o que houver, sempre irei amá-la.

— Agora estou realmente assustada. Se você me ama de verdade, vai confiar em mim e me contar tudo.

Ele hesitou. Por mais que a amasse, tinha medo da reação dela.

— Não posso lhe contar — gaguejou ele. — Peço apenas que confie em mim. Eu jamais faria qualquer coisa que pudesse magoar você.

— Não estou gostando nada disso, Régis...

— Tenho que ir. Perdoe-me, Natália, mas preciso ir embora. Eu a amo. Sempre a amarei.

Com um abraço apertado, despediu-se, deixando-a parada no meio da sala, totalmente atônita. Saindo do apartamento dela, voou para casa com os olhos rasos d'água. Bira o procurara de novo na véspera, insistindo na intermediação da venda da droga ainda naquela semana. Ele estava desesperado, sem saída. Pressionado, temia por sua vida e pela vida das pessoas que ele amava.

Régis entrou em casa como se estivesse retornando de um enterro. Logo que o viu, Cléia se assustou:

— O que foi que houve, Régis? Por que essa cara?

— Nada, não, vó. Está tudo bem. E mamãe, onde está?

— Foi à farmácia e ao mercado. Não quer me contar o que aconteceu?

— Não foi nada, já disse. Está tudo bem — ele a beijou na testa. — Não se preocupe.

Sem saber o que fazer, tornou a sair. Ainda era sábado, mas Bira o pressionava desde a quarta-feira de cinzas. Precisava dar uma volta para esfriar a cabeça. Enquanto caminhava, viu Alex no centro da praça, gargalhando com sua turminha de viciados. Para seu desagrado, Alex o avistou, vindo em sua direção.

— E aí, sumido? — cumprimentou. — Tudo bem?

— Tudo.

— Bira está meio chateado com você.

— Problema dele.

— Eu não falaria assim, se fosse você. Bira é um cara legal, está lhe dando um monte de chances. No seu lugar, eu não as desperdiçaria.

— Ótimo. Peça a ele para tomar o meu lugar.

— O que deu em você, Régis? Ficou mal-humorado de repente. É aquela garota? — Ele não respondeu. — Mulher é um problema. É por isso que não me amarro em nenhuma. Elas só servem para transar. Você devia fazer a mesma coisa. Livre-se dela. Bira agora está com uma guria gostosinha. Aposto como arranjaria uma igual para você.

— Escute aqui, otário — revidou com fúria, agarrando-o pela gola da camisa. — Nunca mais pense em falar da minha garota outra vez. E a menina de Bira é só uma criança. Não quero nada com crianças.

— Tudo bem — tornou Alex, tentando soltar os dedos dele de sua camisa. — Não precisa ficar irritado. Eu só não compreendo o que deu em você para mudar tanto.

— Mudei, sim, e daí? Sou outro homem agora. Não quero mais saber de traficantes.

— Está perdendo uma grande oportunidade. Não sei por que, mas Bira se amarra em você.

— Ele não se amarra em ninguém. Ele usa todo mundo, assim como está me usando, como usa você. Já estou farto disso.

— Devia ter mais cuidado com o que diz. Bira pode ficar sabendo e não gostar.

— Só se você for correndo contar para ele. Vamos, pode ir. Não é isso que quer? Cair nas boas graças do chefão?

— Você pensa que é melhor do que nós, não é mesmo? — retrucou com raiva. — Só porque é modelo, se julga importante. Pois fique sabendo que você não tem nada de especial. É só um garotinho arrogante e cheio de pretensões. Pensa que é muito bom, mas é um marginalzinho disfarçado. E, no dia em que sua namorada descobrir, adeus paixão.

Por pouco, Régis não acertou um murro na cara de Alex. Teria mesmo feito isso se não avistasse a mãe passando pelo outro lado da rua, carregando duas sacolas de compras. Não queria que ela percebesse o que estava acontecendo.

— Suma da minha vista! — disse irritado. — Você não é ninguém para falar assim comigo.

Régis afastou-se de Alex, atravessando a rua em direção à mãe. Do outro lado, Alex o fitava com um sorriso irônico nos lábios. Se continuasse daquele jeito, Régis poderia dar adeus à família. Depois que perdesse tudo, se despediria também da vida. Era assim que Bira trabalhava, e era bem feito.

Régis alcançou a mãe em instantes, tomando as sacolas de suas mãos.

— Com quem estava falando, meu filho? — indagou ela.

— Com Alex.

— Sei que você conhece Alex a vida inteira, mas ele não é companhia para você. Acho lamentável que ele tenha se entregado ao vício.

— Não se preocupe com isso, mãe. Alex e eu não somos mais amigos.

— Sinto pena dele, mas não acho que você deva se envolver. Tenho orado bastante para que ele encontre o caminho certo.

A bondade da mãe encheu Régis de vergonha. O que ela diria se soubesse? Mas Régis não era o único que tinha coisas a esconder. Geórgia também amargava a dúvida se devia ou não contar a ele a verdade sobre seu passado. Desde que Júlio a procurara, alguns dias antes, vivia imenso conflito. Cléia a aconselhara a se abrir, contudo não tinha coragem.

— Como está indo seu namoro com Natália? — perguntou.

— Bem — respondeu ele, inseguro.

— Não senti firmeza na sua voz. Aconteceu alguma coisa?

— Não. É só que o pai dela não gosta de mim.

— Por quê?

— Não sei ao certo. Parece que tem preconceito contra modelos. Queria que ela namorasse um doutor.

— Você gosta mesmo dessa moça, não é?

— Eu a amo.

— Você ainda é muito jovem para saber o que é o amor.

— Está enganada. Meu amor por Natália é verdadeiro. Parece que a amo há muito tempo.

— Pode ser. Mas, se o pai dela não gosta de você, será que é boa ideia vocês continuarem namorando?

— Não acredito que você vai dar razão a ele!

— Não vou. Só não quero que você sofra.

— Vou sofrer muito mais se me afastar de Natália.

— Está bem, meu filho. Não precisa se aborrecer.

— Eu nunca me aborreço com você, mãe. Amo-a demais.

— Sei disso. Também o amo muito. É por isso que fico preocupada.

— Se você arranjasse alguém, talvez não se preocupasse tanto.

— Que história é essa agora?

— Sério, mãe! Você é uma mulher bonita. E jovem ainda. Nem parece que tem quarenta e cinco anos.

— Não precisa espalhar — gracejou ela.

— Você passou a vida inteira cuidando de mim. Está na hora de pensar um pouco em si mesma.

— Não posso, Régis. Desiludi-me com a vida, ao menos no que diz respeito à paixão.

— Você amava meu pai?

— Não — disse ela, após alguns minutos.

— Então, por que se envolveu com ele?

Ela não respondeu. Não conseguiu. Falar de Tácio ainda doía muito. Queria dizer alguma coisa para satisfazer a curiosidade dele, mas só o que conseguiu extravasar foram lágrimas.

— Não chore, mãe — arrependeu-se ele. — Não queria trazer-lhe lembranças dolorosas.

— Ah! Régis! Se você soubesse o que eu passei...

— Eu sei, compreendo. Olhe, mãe, desculpe-me. Que droga, não queria fazê-la chorar!

— Deixe para lá.

— Esqueça o que eu disse, está bem? Não tem importância.

— Eu o amo, meu filho. A gente se arrepende de muitas coisas na vida, menos do amor que dá e recebe. E não me arrependo, nem por um minuto, de ter tido você.

— Eu sei. Você foi muito corajosa. Criou-me sozinha, só com a ajuda da vovó. Admiro-a e respeito-a por isso.

Silenciaram, cada qual imerso em seus próprios segredos.

Capítulo 41

Logo na segunda-feira seguinte, Júlio voltou sozinho para São Paulo. Seus esforços para levar Patrícia foram todos em vão. A menina se mostrava irredutível, ele não tinha força com ela. Por mais que esbravejasse, Patrícia sempre conseguia o que queria. E ainda contava com o apoio da mãe, que não via nada de mais no fato de a filha estar perdendo dias preciosos de aula.

— Deixe de frescuras, Júlio — dissera Bianca. — Patrícia é inteligente, logo recupera o tempo perdido.

— É, pai, quero ficar no Rio. Mamãe está vendo escola para mim aqui perto.

Quem não ficou nada satisfeita foi Natália. A última coisa que desejava era a irmã em sua casa. Não tinha, contudo, motivos para expulsá-la. O apartamento era do pai, que acabou cedendo, como sempre fazia.

— Está bem — resignou-se ele. — Já que não tem jeito, pode ficar. Mas quero-a de volta à escola o mais rápido possível.

— Pode deixar — afirmou Bianca. — Ainda essa semana ela já estará matriculada.

— Acho uma loucura o que vocês dois estão fazendo — protestou Natália. — Trabalho o dia todo, tenho faculdade à noite. Quem vai ficar de olho em Patrícia?

— Ninguém — ela apressou-se em responder, levemente irritada. — Sei cuidar de mim mesma.

— Sua irmã já não é mais criança — ponderou Bianca. — E depois, eu moro aqui. Qualquer problema, é só me ligar.

— Por que não vai morar com mamãe, então? — insistiu Natália. — Ela não trabalha, pode cuidar de você.

— Porque não quero — objetou Patrícia, com veemência. — Quero ser independente como você. E depois, pensei que você gostasse de mim.

— Eu gosto. Mas é que você ainda é menor de idade. É muita responsabilidade.

— Vai dar tudo certo, querida — intercedeu Bianca. — E você pode me telefonar a qualquer hora. Ainda sou mãe de vocês duas.

Ficou acertado. Júlio retornou a São Paulo, e na segunda-feira, embora houvesse perdido vários dias de aula, Patrícia já frequentava uma nova escola. Finalmente, estava livre para fazer o que quisesse.

Régis também não recebeu bem a notícia. Vivia um momento de angustiante pressão e a última coisa que desejava era ver Patrícia nas mãos de Bira, manipulada para convencê-lo a agir. Sentia-se, cada vez mais, premido pelas circunstâncias. Assim que saiu do estúdio, viu o carro de Bira estacionado no meio-fio. A contragosto, encaminhou-se para lá. Para seu alívio, o traficante estava sozinho.

— Cadê a Patrícia? — questionou Régis.

— Não se preocupe com ela — foi a resposta fria. — Aliás, quero que você pare de importuná-la. Não gosto que interfiram nas minhas relações amorosas.

— Por favor, Bira, ela é só uma criança. Já não vou fazer o que você quer? Por que não a deixa de lado e arranja outra? Qualquer mulher ficaria louca por você.

— Acontece que eu gosto da menina. Agora pare com isso. Patrícia não precisa de babá, nem eu, de conselheiro amoroso. Meu negócio com você é outro. E então? Tudo pronto?

— Acho que sim.

— Quantos você conseguiu?

— Quase todo mundo. Fiquei de olho, joguei umas indiretas e conquistei muita gente. O pessoal ficou doido para receber a droga sem sair de casa.

— Você falou que é coisa boa?

— Falei.

— Ótimo. Você foi muito eficiente. Quando poderemos fazer a primeira entrega?

— Isso depende de você.

— Quero que seja para logo. Acho que amanhã está bom.

— Você vai trazer a coca para mim, aqui?

— Não seja idiota. Não vou dar bandeira desse jeito. Se aparecer a polícia, estamos fritos. Vamos marcar em um lugar seguro.

— Na sua casa?

— Está ficando bobo, Régis? Na minha casa é que não. Ou você acha que eu vou arriscar expor meu esconderijo?

— Onde, então?

Bira olhou para o capanga da frente, que assentiu. Apanhou um papel no porta-luvas, escreveu um endereço e estendeu-o a Régis.

— A que horas?

— Hum... Deixe ver — Bira consultou o relógio. — São dez para as seis. Acho que à meia-noite está bom.

— Combinado. Meia-noite, em ponto, estarei lá.

— Até lá então. E, Régis, não tente me enganar. Tenho sua avozinha na mira.

Régis desceu do carro, trêmulo de medo. Não temia por si, mas pela vida de seus familiares.

— E então, chefe? — questionou o capanga. — Acha que ele fez o troço direito?

— Não confio nele, mas vai fazer, com certeza. Ainda tenho um trunfo nas mãos.

Os capangas riram debochadamente. Bira podia não confiar em Régis, mas estava certo de que o prendia pelo medo. Em pouco tempo, todos os idiotas com quem ele trabalhava estariam em suas mãos também. Poderia, então, começar seus planos de campanha. Esperava lançar sua candidatura já nas próximas eleições.

A caminho do ponto de encontro, Régis refazia toda a sua vida, maldizendo o dia em que conhecera Bira. Mais ainda, a hora em que resolvera ajudá-lo a se livrar da polícia. Agora, estava preso a ele pelo resto da vida. Imaginava como faria para que sua família e Natália jamais descobrissem em que ele andava metido.

Chegou ao local cinco minutos antes da hora aprazada. Mal se percebia movimento na casa abandonada que serviria de encontro. Era um casarão antigo, numa rua praticamente deserta. No andar de cima, luzes de vela eram o único sinal de vida.

Régis sentiu um arrepio. Em uma situação como aquela, alguns meses antes, Bira podia ter sido preso. Não fosse sua intervenção, a polícia teria concluído seu trabalho, prendendo o traficante e evitando que ele agora tivesse de passar pelo que estava passando.

A passos hesitantes, Régis bateu na porta. Um dos capangas abriu-a parcialmente, mandando-o entrar.

— Onde está o Bira? — questionou, desconfiado.

— Lá em cima. Estávamos esperando você.

Iluminando o chão com uma lanterna, o capanga conduziu-o por um corredor comprido. Régis não estava gostando nada daquilo. O lugar era ermo, sem vizinhança por perto. A casa imensa, cheia de salas escuras. Régis seguiu o outro por uma escadaria sinistra, chegando até o segundo andar, onde novo corredor se estendia.

O capanga conduziu Régis até um quarto amplo, cheirando a mofo e poeira. Havia muitos anos que ninguém morava ali. O cômodo estava praticamente desguarnecido de móveis, fazendo ecoar suas vozes no vazio. Uma mesa de madeira fora colocada bem no centro. Ao redor, cadeiras de praia haviam sido armadas para dar lugar aos homens do traficante.

— E o Bira? — insistiu Régis, constatando que ele não estava ali.

— Ele já vem. Está resolvendo um probleminha.

Os homens riram ao mesmo tempo, deixando Régis ainda mais desconfiado. Temia uma armadilha. Mas por que Bira se daria o trabalho de armar uma arapuca para ele se podia matá-lo em qualquer lugar e a qualquer momento?

Na angústia da espera, mil situações passaram pela sua cabeça. Os capangas o olhavam com ar enigmático, sem deixar transparecer nenhuma emoção. Régis começou a impacientar-se. Um nervoso atroz fez sua testa suar frio. As mãos também transpiravam, revelando o temor que a situação lhe infligia. Não sabia o porquê da demora nem o que estava acontecendo.

De repente, uma porta lateral se abriu. Era um quarto com ligação, de onde surgiu Bira, apertando o cinto das calças. Atrás dele, veio Patrícia, rindo maliciosamente, a blusa torta deixando à mostra parte de seus seios rígidos.

— O que significa isso? — indagou Régis, atônito. — O que ela está fazendo aqui?

— Calma — pediu Bira. — Ela está me fazendo companhia.

— Você devia estar em casa — censurou, dirigindo-se à menina. — Como veio parar aqui?

— Bira me trouxe, ora — esclareceu ela, divertindo-se com o desespero dele. — Natália estava dormindo, nem me viu sair.

— Vá embora — rosnou ele, segurando-a firmemente pelo braço. — Saia daqui imediatamente.

— Me solta! — gritou ela. — Está me machucando.

— O que deu em você, Régis? — enfureceu-se Bira. — Solte a menina.

Um dos capangas se aproximou, forçando Régis a largar o braço de Patrícia. O homem puxou-a gentilmente, conduzindo-a para fora.

— Aonde a está levando? — questionou Régis, apavorado.

— Preciso falar-lhe em particular — avisou Bira. — Daqui a pouco, ela volta.

— O que está pretendendo? Não fiz o que você queria? Por que a trouxe aqui?

— Você é um idiota, sabia? Acha mesmo que eu precisava disso tudo só para lhe passar umas trouxinhas de coca? Marquei esse encontro aqui só para lhe mostrar que eu estou no comando. A menina está nas minhas mãos. Tenho todas as mulheres da sua vida sob o meu domínio. Mãe, avó, namorada... e amante.

— Patrícia não é minha amante.

— Não é o que ela diz.

— Ela está mentindo.

— Pode ser. Patrícia é uma menina tola, mas muito experiente quando se trata de dar prazer a um homem. Acho que você sabe disso, não?

— Não sei de nada. Já disse que ela não é minha amante.

— Deixe de bobagens. Pensa que não sei que você já dormiu com ela?

— Você está sendo irracional. Se eu houvesse dormido com ela, não precisaria de Natália.

— Natália é boazinha, mulher para se casar. Mas Patrícia, não. É mulher só de cama, não de mesa.

Ele riu de si mesmo, saboreando o pânico que nublava os olhos de Régis. Bira fez um sinal para outro de seus capangas, que se levantou e voltou momentos depois, com Patrícia e o outro sujeito.

— Muito bem. Agora vamos aos negócios. Já que está aqui, não precisamos perder a oportunidade de você levar a encomenda, não é? — ele estalou os dedos, e a droga logo apareceu em suas mãos. — Coisa boa. Seus amigos não vão se arrepender.

No momento em que Bira entregava o pacote a Régis, ele lançou um olhar de desespero a Patrícia. Ia gritar para que ela fugisse, mas não teve tempo. A porta do quarto se escancarou com o pontapé da polícia, parecendo que um batalhão inteiro entrava de armas em punho.

— Polícia! Todo mundo no chão!

Mãos na cabeça! Mãos na cabeça!

A reação da quadrilha foi inesperada. Sentindo que nada mais tinham a perder, os homens de Bira responderam com fogo. Balas espocaram, ricocheteando por todos os lados. Vidros estilhaçados, cheiro de pólvora queimada, gritos de morte se misturando no caos da guerrilha. No cômodo, apertado demais para servir de campo de batalha, corpos começaram a tombar, ora da polícia, ora dos traficantes.

Régis só teve tempo de se atirar no chão, protegendo a cabeça com as mãos. Sentiu que um policial o segurava pelas pernas, tentando puxá-lo para longe do fogo cruzado.

— Não! — esperneava. — Não! Patrícia! Onde está ela? Patrícia!

Não ouviu mais nada. Só o que sentiu foi uma ardência nas costas, bem no momento em que erguia o corpo para escapar das mãos do homem que o segurava. A vista nublou de repente, a respiração tornou-se difícil. Em poucos segundos, tudo pareceu parte de um sonho.

Capítulo 42

Era um longo percurso até a ravina seca em que Damien se escondera. Se quisesse, Tácio poderia ultrapassá-la com facilidade, só usando a força do pensamento. Uriel havia passado horas ensinando-lhe a fazer isso. Não queria, porém, intimidar o companheiro.

O lugar estava praticamente deserto. Os espíritos que ali se refugiavam eram arredios, assustados. Sempre que alguém aparecia, eles fugiam apavorados. Demorou um pouco até Tácio alcançar o esconderijo de Damien: uma caverna pequena, quase imperceptível, perfurada na rocha úmida. Tão logo entrou, percebeu que Damien não estava por ali.

Resolveu esperar. Algum tempo depois, Damien apareceu, carregando nas mãos um punhado de coisas sujas e aparentemente apodrecidas. Reparando melhor, Tácio descobriu que se tratava de restos de trabalhos de magia que ele, provavelmente, recolhera pelas esquinas.

Assim que entrou, Damien deu de cara com ele. Estacou rapidamente, mas não se deteve no olhar. Passou por ele, depositou as coisas em cima de uma mesa tosca e sentou-se de costas para ele.

— Por que voltou? — indagou, organizando suas novas posses.

— Vim ver como você está.

— Como achou que eu estaria?

— Na mesma. Por isso estou aqui. Quero levá-lo comigo.

— Só porque você se bandeou para o lado de lá não quer dizer que tenho que fazer o mesmo — revidou com raiva, agora encarando-o com uma certa fúria.

— Não, claro que não. Mas eu não me bandeei para o lado de lá. Fui atacado por Atílio e seu bando. Tive que fugir.

— Viu só? Não lhe falei que era perigoso sair por aí sozinho?

— Aconteceu algo inusitado, Damien. Você nem imagina.

— O quê?

— Entrei na casa de Geórgia.

— Como é que é?

— Entrei na casa dela. Para fugir de Atílio, consegui atravessar aquela barreira energética.

— Não me diga! — tornou, agora interessado. — Como isso foi possível?

— Até agora não compreendi muito bem, mas acho que minha energia se modificou, entrando em sintonia com a da casa.

— Eu devia imaginar uma coisa dessas. Sabia que você era diferente.

— Somos todos diferentes. E podemos mudar. Por que você não muda?

— Eu?! Era só o que me faltava. Há muitos séculos estou condenado. Você sabe disso.

— Ninguém está condenado. Tenho aprendido tantas coisas com Josué. Ele é um espírito de muita bondade e sabedoria. E sabe aquela coisa de ter que reencarnar aleijado ou louco? — Ele assentiu. — É tudo mentira. A gente é que escolhe como quer renascer.

— Se fosse assim, ninguém escolheria ser deficiente nem pobre.

— Não é bem assim. Existe todo um aparato espiritual para nos ajudar a escolher a melhor forma de aprender a lidar com as nossas dificuldades. Opções nos são apresentadas, e nós escolhemos a que mais convém a nossa consciência. Aprendi que os que vivem situações difíceis na Terra ainda não conseguiram se perdoar.

— E você acha que eu vou conseguir me perdoar? Depois de tudo o que fiz em vida e mesmo depois de morto?

— Nós podemos tentar alguma coisa juntos. Podemos ser irmãos. Não precisamos reencarnar com nenhuma doença. Podemos escolher um caminho de mais esforço, com mais luta pela sobrevivência, mas não de sofrimentos físicos ou mentais.

— Você seria meu irmão? — Damien surpreendeu-se.

— Seria, sem problemas.

A descoberta emocionou Damien, que olhou para ele com olhos úmidos. Tácio sempre o surpreendia.

— Até que não seria má ideia — devaneou. — Voltar à Terra como seu irmão pode ser bom.

— Mas eu quero ser o mais velho. Senão, você vai querer me dar ordens.

Damien jogou a cabeça para trás e soltou uma gargalhada. Era a primeira vez em muito tempo que ria com vontade.

— Imagine se alguém ia querer ter nós dois como filhos — duvidou.

— Isso a gente arranja. Podemos voltar junto de Régis. O que você acha?

— Eu, hein! Atílio vai perturbar todo mundo, inclusive nós dois.

— Acho que não. Atílio está perdendo poder. E, se você se aliar a nós, acho que conseguiremos vencê-lo.

— A nós? — repetiu surpreso.

— A Josué e a mim.

— Você agora virou amigo de Josué?

— Virei. Ele é muito legal, como já lhe falei.

— Legal, sei.

— Por que não acredita? Acha que eu mentiria para você? Depois de todos esses anos juntos, ainda não confia em mim?

— Confio — respondeu sem titubear. — Se há alguém nessa vida em quem confio é em você.

— Então? Vamos tentar. Tenho certeza de que nossos projetos para uma nova vida serão aprovados.

— Você ainda não me respondeu quem serão nossos pais. Mizael e Natália é que não.

— Você sabia que Natália é a mesma Nora que Atílio o mandou procurar?

— O quê? Ela estava ali o tempo todo, perto de nós? — Tácio assentiu. — E eu nem desconfiei.

— Pois é. Nora e Mizael se amam há muitas vidas. Mas é cedo para retornarmos junto a eles. Podemos marcar para a geração seguinte. Que tal sermos seus netos?

— Estranho, Tácio. Qual é a sua relação com Mizael?

— Sou o pai dele.

— Não. Quero dizer, de outra vida. Que ligação tem com ele?

— Nenhuma. Conheci-o quando ele nasceu. Por quê? Isso é importante?

— Acho que não. Também não conhecia você antes e nos demos muito bem.

— Podemos construir uma vida para o futuro. O que você acha?

— Pode ser uma boa ideia. Só não sei o que Atílio pensa disso.

— Deixe Atílio para lá. Ele já era.

— Como assim, já era? Quando ele souber que vamos ser irmãos, vai fazer de tudo para nos prejudicar.

— Só se permitirmos. Mas, se nos ligarmos às forças do bem, ele nada poderá contra nós.

— Parece que você já está convencido disso. A mim, ainda me falta coragem.

— Seu problema é que você se acostumou a temer Atílio. Se ele fosse tão poderoso assim como você pensa, teria me prendido lá na Terra e já teria mandado buscar você. No entanto, nada tem feito contra nós.

— E se ele estiver planejando alguma coisa? Você não acha que ele vai aceitar passivamente a derrota, acha? Pensa mesmo que ele vai entregar o queridinho dele de mão beijada para o pessoal da luz?

— Ele não tem que entregar ninguém. Caso ele ainda não tenha percebido, Régis não lhe pertence mais. Na verdade, nunca pertenceu.

— Por que será que ele mudou tanto? Atílio o preparou tão bem!

— Atílio não contava com uma coisa fundamental. Mandou-o para a luz, onde ele teve contato com a sabedoria que vem de Deus. Já meio balançado pelas culpas, intimamente desejando se modificar, Mizael retornou à Terra com a semente dos novos valores prestes a brotar em seu coração. Envolvido, primeiramente, pelo amor da mãe e da avó e, agora, pelo de Natália, foi aos poucos se distanciando de Atílio e de seus planos malignos. Régis não se harmoniza mais com ele.

Damien estava chorando, surpreso não apenas com a transformação de Mizael, mas com sua própria mudança. Se antes desejava levar o outro ao fracasso, agora só pensava em ajudar a si mesmo.

— Quero ir com você — afirmou, ainda meio indeciso. — A seu lado, sinto-me fortalecido para enfrentar Atílio e sua horda de assassinos.

— Não se esqueça de que já pertenceu a essa horda. E lembre-se: não subestime o inimigo. Respeite-o, mas não o tema.

— Você está ficando sábio, Tácio. É Josué quem anda lhe ensinando essas coisas?

— Pode-se dizer que sim. De resto, a vida aos poucos se encarrega de clarear as verdades.

— E está ficando engraçado também. São as drogas?

— Não tenho mais sentido necessidade de me drogar. Faz algum tempo que deixei de lado esse vício. Você sabe.

— Isso é muito bom. Você tem força de vontade.

— Temos que ter. Do contrário, o desânimo nos domina. E você não quer ser dominado por ele, quer?

— Não.

— Então vamos. Já perdemos muito tempo aqui.

Tácio puxou-o pela mão, mas Damien não se levantou, olhando discretamente para os elementos que havia recolhido.

— O que faço com tudo isso? — indagou.

— Sinceramente, Damien, para que você quer isso? Não passa de lixo astral, nada que lhe faça bem.

— Tem energia aí. Pouca, mas tem.

— Você quer continuar mendigando? Isso são migalhas. Podemos conseguir energia pura, limpa, reparadora, sem termos que nos humilhar. Lá onde estou, todo o ar rescende à pureza. Naturalmente, vamos alimentando nosso corpo de energia límpida. Vamos, deixe isso aí. Logo tudo vai se desmanchar mesmo. — Ele hesitou, e Tácio prosseguiu: — Você fala do meu vício, mas está agindo igualzinho a um viciado.

— Não sou viciado — protestou irritado.

— Então vamos embora. Largue essa porcaria aí. É só energia, vai se dissipar.

— Tem razão. Não serve para nada.

Damien deu um esbarrão na mesa, que virou, derramando as coisas no chão. Aos poucos, a energia condensada dos elementos foi se desprendendo, retornando ao cosmo em forma de átomos astrais.

— Venha — chamou Tácio. — Chegou a minha vez de acolher você.

Com a mão sobre o ombro dele, Tácio conduziu Damien para fora. Depois de alguns passos, seu pensamento os levou para junto de Josué, que os aguardava num posto de auxílio próximo, certo do sucesso da missão de Tácio. Antes de esvanecerem no ar, Damien ainda conseguiu ouvir as últimas palavras de Tácio naquele submundo de sombras:

— Vamos embora, irmão.

Foi a última e melhor lembrança que Damien guardou daquela vida.

Seria preciso passar por um processo de recuperação para reequilibrar o corpo fluídico de Damien, cuja vibração de sutileza permanecia no campo mais denso da matéria astral. Mas Tácio tinha razão. O ar ali em cima era mais benéfico, límpido. Quase um banho de energia pura. E Josué se mostrava disposto a ajudá-lo a restabelecer a autoestima e a compreender suas ilusões.

Mais do que tudo, o que estimulava Damien era a esperança de reencarnar como irmão de Tácio. Só agora se dava conta do quanto aprendera a amá-lo. Ser irmão dele seria uma experiência gratificante, muito além do que julgava merecer.

No momento, ele e Tácio dividiam o mesmo quarto numa espécie de alojamento. Tudo era muito claro, limpo, fresco. Damien estava gostando imensamente daquela nova vida, evitando pensar em Atílio para não cair em depressão.

Ele abriu os olhos em seu leito macio, de lençóis alvos e perfumados. A cama ao lado estava vazia, sinal de que Tácio havia saído. Damien espreguiçou-se e olhou pela janela, surpreso com o sol brilhante e morno que se derramava sobre as flores do jardim. Tudo ali era tão bonito, tão claro, tão diferente do submundo governado por Atílio. Não se arrependia de ter partido. Um lugar abençoado como aquele não se comparava às trevas amaldiçoadas em que se permitira aprisionar.

Em poucos instantes, Tácio apareceu. Sorriu para ele, afagou seus cabelos.

— Como se sente hoje? — indagou.

— Otimamente. Nunca vou deixar de lhe agradecer pelo bem que está me fazendo.

— Não pense nisso. Você também me ajudou quando desencarnei.

— Não fiz nada — tornou de olhos baixos, ruborizado. — Acolhi-o por interesse.

— Ainda assim, me acolheu. Pode não parecer, mas foi a melhor coisa que você podia ter feito por mim. Você não faz ideia do quanto me ajudou. Isso nos tornou amigos. Somos amigos, não somos?

— Por toda vida.

— Viu só? Conquistei o seu amor. Não é melhor se aliar a pessoas pelo amor do que pelo medo?

— Sem dúvida.

— Muito bem. Mas agora preciso sair. Vim lhe avisar que tenho que retornar à Terra.

— Por quê?

— Régis foi baleado.

— O quê? Como?

— Num confronto entre a polícia e os traficantes.

— Ele vai sobreviver?

— É o que veremos agora. Estou indo com Josué e Uriel ao hospital onde ele está internado.

— Quer que eu vá junto?

— Não precisa. Fique e descanse. Atílio deve estar por perto também, e não queremos provocar uma guerra.

— Está bem. Mas tome cuidado.

A primeira coisa que Tácio viu quando chegou ao hospital foi Atílio parado ao lado de Régis. O espírito não se deu conta da sua presença. Agora vibrando numa frequência superior à do ser das sombras, não era por ele percebido.

Do outro lado do leito, Geórgia e Cléia oravam em silêncio. Estranhamente, a oração não incomodou Atílio, parecendo mesmo que o confortava.

— O que está acontecendo? — Uriel indagou a Josué. — Atílio parece estar gostando da prece.

— E está — esclareceu Josué. — Mesmo que disso não se dê conta, a sensação de paz que está sentindo vai penetrando todas as suas células astrais, injetando-lhe novas energias.

— Mas ele sempre detestou qualquer coisa que venha do lado divino.

— Atílio pode se julgar perverso e durão, mas é uma entidade humana, tem sentimentos e desejos. Seu amor por Régis é verdadeiro. Nesse momento, não está interessado em conduzi-lo pela estrada do crime. Está mais preocupado em salvar-lhe a vida.

— Não seria melhor para ele que Régis desencarnasse? — questionou Tácio. — A missão que lhe confiou está fracassada. Tê-lo de volta talvez seja de seu interesse.

— É e não é. Primeiro, porque Atílio não acredita no fracasso. Segundo, e mais importante, é que o sofrimento de Régis o faz sofrer. E tem a Natália. Ele a viu ainda há pouco, tão abalada que tocou seu coração. Agora venha, Uriel, vamos ajudar como pudermos.

Enquanto Tácio se acomodava a um canto, Josué e Uriel passaram a energizar o ambiente, espargindo no ar folículos de um tom suave de verde, quase translúcido. Imediatamente, os presentes foram atingidos por uma chuva de esmeralda, que fez dissipar parte do esgotamento nervoso a que vinham sendo submetidos nas últimas horas.

Tocado pelo efeito calmante da luz verde, Atílio começou a chorar. Um pouco de longe, Josué fez chegar até ele formas energéticas de revitalização. Percebendo a mudança no astral do ambiente, Atílio levantou a cabeça, certo da presença invisível de espíritos iluminados. A inquietação o fez recuar em direção à parede, numa atitude claramente defensiva. No entanto, não se sentia com ânimo para enfrentar nenhum espírito de luz. Por isso, de forma inesperada, pousou um beijo delicado na testa de Régis e saiu.

Do lado de fora, os policiais se revezavam na vigília de Régis. Embora não acreditassem em represálias, o mínimo que podiam fazer era dar àquela mãe a certeza de que o filho não seria atacado por nenhum marginal remanescente da quadrilha de Bira.

Joel entreabriu a porta lentamente, fazendo sinal para que Geórgia saísse. Ela deixou Régis em companhia da mãe para atendê-lo.

— Como ele está? — indagou, realmente preocupado.

— Ele foi operado, mas os médicos ainda não sabem se vai se recuperar. Se ele conseguir passar dessa noite, tem boas chances de sobreviver.

— Dona Geórgia, estou aqui em nome da corporação para lhe prestar nossa solidariedade. Todos reclamam da polícia, mas há no nosso meio bons policiais que dão a vida no cumprimento do dever. É em nome destes últimos que venho lhe falar e demonstrar nossa eterna gratidão. Seu filho foi um verdadeiro herói. Arriscou a vida para colocar na prisão um perigoso traficante, atrás do qual estamos há muito tempo.

Enxugando as lágrimas em um lencinho de papel, Geórgia encarou-o com a dor estampada no olhar. Quase sem voz, conseguiu retrucar:

— Será que eu devia mesmo me sentir orgulhosa por isso? Não quero um filho herói. Quero um filho vivo.

— Compreendo a sua dor. Mas ele nos ajudou a desbaratar uma quadrilha perigosíssima de traficantes de drogas.

— Se isso servir para que outras mães não passem pelo que estou passando, então talvez eu sinta algum conforto. Do contrário, não.

— Seu filho é um rapaz muito corajoso. E não digo isso apenas pelo risco que correu ao delatar o traficante, mas pela coragem que teve de assumir que foi o responsável pelo fracasso de outra ação da polícia, que levou à morte, inclusive, uma mulher inocente, nossa informante.

— Foi por isso que Régis fez o que fez? Porque se sentia culpado pela morte da moça?

— Exatamente. A senhora devia considerar isso como um ato duplo de bravura.

Ela balançou a cabeça. Conhecia toda a história.

— Ele vai ser preso por isso?

— Não. Apenas eu ouvi essa parte da história e não vou contar a ninguém. O que Régis fez compensou a inconsequência do passado.

Geórgia silenciou. Não sabia ao certo o que pensar. Por mais que a quadrilha de Bira houvesse sido desfeita, havia consequências que não poderiam ser apagadas. Nada jamais seria como antes.

— Obrigada pelo seu apoio — finalizou Geórgia. — Mas agora preciso voltar para junto do meu filho.

— Está certo. Estarei por perto, se precisar. Aqui tem o meu telefone.

Geórgia apanhou o cartão que ele lhe ofereceu. Com um aceno de cabeça, rodou nos calcanhares e voltou para o quarto.

— Vá para casa, mãe — disse ela a Cléia. — Deixe que eu ficarei aqui com ele.

— Não vou deixá-la sozinha.

— Nosso plano de saúde só dá direito a um acompanhante.

— Bom, se é assim, eu vou, mas só quando terminar o horário de visitas.

— Isso vai ser daqui a menos de cinco minutos. Não se preocupe comigo, vou ficar bem. Mas vou me preocupar com você se não souber que está no conforto da sua cama. Você não tem mais idade para esses sacrifícios.

— Não é sacrifício nenhum. E não sou tão velha assim.

Uma enfermeira apareceu na porta, anunciando o fim do horário de visitas.

— Viu? — prosseguiu Geórgia. — Eu não falei?

Embora contrariada, Cléia foi para casa, não sem antes fazer milhares de recomendações para que Geórgia lhe telefonasse em caso de qualquer alteração. Acomodada num pequeno sofá embaixo da janela, Geórgia custou a adormecer. Não parava de pensar na tragédia que havia acontecido. Pensou em Natália, em Júlio, em Bianca. Não gostava de Bianca, mas, como mãe, podia imaginar o seu sofrimento.

Varou a noite pensando essas coisas, atormentada pelo medo de que o filho morresse. Depois de tudo o que ela sofrera para que ele nascesse, não poderia perdê-lo. A toda hora, rezava para que Deus se apiedasse dela e de Régis, permitindo que ele continuasse na vida. O dia já estava quase amanhecendo quando ela, finalmente, pegou no sono. Mal havia cerrado os olhos quando uma voz fraca e quase inaudível ecoou ao longe. Praticamente imperceptível, teria passado despercebida, não fossem os ouvidos treinados de toda mãe para reconhecer a voz de seus filhos:

— Mãe...

Geórgia abriu os olhos, logo se dando conta de que Régis a chamava baixinho. Ela deu um salto do sofá e aproximou-se dele, segurando-lhe a mão estendida para fora da cama.

— Graças a Deus, Régis! Você voltou.

— Que lugar é esse, mãe? — prosseguiu ele. — É um hospital?

— Sim.

— Fui ferido? — Geórgia assentiu. — E Bira? Foi preso?

— Ele foi morto. Junto com todos do seu bando.

— Morto... Como aconteceu?

— Foi uma troca de tiros. Não se lembra?

— Lembro... mais ou menos...

— Não importa, querido. Procure descansar. Acho que não é bom você falar muito. Melhor chamar o médico.

— Espere um instante. Cadê a Natália?

— Esteve aqui mais cedo, mas precisou ir para casa. Disse que vai voltar amanhã.

— E Patrícia? Ela também estava lá.

Geórgia não respondeu.

— Vou chamar o médico — falou laconicamente e saiu.

Capítulo 43

Dentro do avião, Júlio não parava de chorar. Devia imaginar que algo assim acabaria acontecendo. Não devia ter deixado Patrícia sozinha no Rio de Janeiro. E logo com quem! Embora não soubesse o que havia acontecido, tinha certeza de que a culpa era toda de Régis. Corria sangue de viciado em suas veias. Duvidava muito que ele não fosse viciado também.

Quando finalmente conseguiu chegar à casa de Natália, ela e Bianca choravam abraçadas na sala. Em sua profunda dor, juntou-se a elas.

— Onde está minha menina? — indagou com voz pungente. — Quero vê-la.

— Ela está no IML[21], pai — esclareceu Natália. — O corpo ainda não foi liberado.

Ouvir Natália falar de sua filha como um simples corpo morto lhe causou um desespero insuportável.

— Isso não pode ser verdade. É um pesadelo. Como uma coisa dessas foi acontecer justo com a minha filha? Minha pequena Patrícia, tão jovem, tão pura!

---

21 Instituto Médico Legal.

— Por favor, pai, procure se acalmar. Por enquanto, ainda não sabemos de nada. Um policial ficou de vir aqui conversar conosco. Estamos aguardando-o.

— Que policial, que nada! Quero ver a minha filha!

— Não adianta se desesperar — intercedeu Bianca. — Pensa que já não fiz isso? Pedi, implorei, ameacei. Ainda devem estar fazendo a autópsia.

— Como é que você consegue falar uma coisa dessas assim, tão friamente? Será possível que nem a morte da sua filha faz você se emocionar?

— Eu me emociono à minha maneira. Por que pensa que você é o único que está sofrendo? Ela era mais minha filha do que sua.

— Isso é que não! — rugiu ele. — Você nunca a amou como eu. A nenhuma das duas. Nem a Natália, que é nossa.

Na mesma hora em que falou, Júlio se arrependeu. Olhou de Bianca para Natália, torcendo, desesperadamente, para que ela não o tivesse ouvido. Tarde demais.

— O que isso quer dizer? — sondou ela, desconfiada. — Por acaso Patrícia não era filha de vocês?

— Que bobagem, filhinha — intercedeu Bianca, chorosa. — É claro que Patrícia era nossa.

— Por que então papai falou que eu sou de vocês. Dá a entender que Patrícia, não. Por acaso ela era adotada?

— Não.

— Vocês estão me escondendo alguma coisa. Patrícia não era sua filha, pai? É isso? Ela era filha de outro homem?

Com o desespero descendo em forma de lágrimas, Júlio encarou a filha e rebateu amargurado:

— Não quero falar sobre isso agora. Eu não suportaria... — calou-se, engolindo o pranto.

— Deixe estar, Natália. Estamos todos abalados, sofrendo.

Natália não disse mais nada. Em respeito aos pais, achou melhor se calar. Permaneceu com eles num silêncio torturante, interrompido, de vez em quando, por soluços dolorosos.

— Vou tomar um comprimido e me deitar — informou Júlio, pesaroso. — Não suporto mais essa agonia.

Bianca aguardou até que Júlio se retirasse para conversar a sós com Natália. Esperou até que o pranto silenciasse, apanhou a mão dela e começou a dizer com tristeza:

— Quero que você saiba, Natália, que sempre amei você e Patrícia.

— Por que está dizendo isso?

— Posso ter sido uma mãe negligente, mas não foi falta de amor. Depois que Patrícia nasceu, eu simplesmente não consegui mais conviver bem com seu pai e fui me afastando.

— Por quê? O que provocou isso?

— Acho que você já sabe — ela encarou Natália com tristeza e confessou: — Patrícia não era filha de seu pai.

— Você dormiu com outro homem? — Bianca assentiu, em lágrimas. — Quem é ele?

— Você não o conhece. Nunca mais nos vimos depois que eu engravidei.

— Papai sempre soube?

— Desde que Patrícia nasceu.

— E ainda assim, ele a amou. Talvez até mais do que a mim.

— Por favor, filhinha, não fique triste. Seu pai amava vocês duas.

— Não estou triste, não por isso. Minha tristeza é pela morte da minha irmã. Sinceramente, mãe, eu até já desconfiava, dadas as diferenças físicas entre nós duas. Cheguei a considerar a hipótese de adoção, mas, como vocês nunca falaram nada, fiquei na minha. Não era meu direito questioná-los.

— E agora? Como se sente? Vai me condenar?

— Quem sou eu para condenar alguém? A vida é de vocês, não tenho nada com isso. Se alguém tinha do que reclamar era papai. Mas, se ele nunca disse nada, não sou eu que vou dizer. Sempre amei Patrícia como minha irmã. Isso não vai mudar agora.

Emocionada com a reação de Natália, Bianca abraçou-se a ela e disse comovida:

— Ah! minha filha, você é uma alma tão nobre! Por que Patrícia não era como você? Por que teve que ser sempre tão desajuizada?

— Ela não merecia isso, mãe. Ninguém merece.

— O que será que aconteceu? Por que Patrícia estava no meio de traficantes com o seu namorado?

— Régis tentou me alertar sobre as companhias dela, mas o que eu poderia fazer?

Natália atirou-se nos braços da mãe, chorando junto com ela. Acabaram adormecendo ali mesmo, no sofá.

O policial chegou bem cedo na manhã seguinte. Despertos, todos o aguardavam ansiosos. Joel sentou-se defronte a eles, constrangido por ter de tocar em assunto tão delicado como era o envolvimento dos filhos com o mundo do crime. Ele pigarreou, ajeitou-se entre as almofadas e começou:

— Primeiramente, quero que saibam o quanto lamento tudo isso.

— Nós sabemos — cortou Júlio. — Mas queremos que nos diga o que aconteceu e por que minha filha estava no meio daquela gente. Foi o Régis, não foi?

Antes que Natália pudesse contestar, Joel pigarreou novamente e esclareceu:

— Na verdade, não era para a menina estar lá. Era uma operação da polícia para prender um traficante perigoso. O único civil que pensávamos estar envolvido era Régis.

— Por que Régis? — questionou Natália. — Por acaso ele é algum agente disfarçado?

— Na verdade, Régis era nosso informante.

— O quê?! — surpreendeu-se Júlio.

— Foi graças a ele que chegamos até Bira e seu bando. Infelizmente, as coisas não saíram como gostaríamos. Houve troca de tiros e muitas baixas de ambos os lados. Sua filha foi uma delas.

— É isso que minha filha representa para vocês? — esbravejou Júlio. — Uma baixa? Uma estatística nos seus arquivos corrompidos?

— Por favor, senhor, procure se acalmar. Não era para sua filha estar lá.

— E por que ela estava? — perguntou Bianca, quase sem conseguir falar. — O que Patrícia fazia com esse traficante?

— Sei que é difícil aceitar certas coisas — disse ele, com cuidado. — Mas sua filha se encontrava com Bira regularmente.

— Mentira! — rugiu Júlio, quase agarrando o outro pelo colarinho. — Patrícia não passava de uma criança. Não ia se envolver com gente daquela espécie.

— Infelizmente, foi isso que aconteceu. Nossos agentes a viram várias vezes em companhia dele.

— Se isso aconteceu, ela não chegou até ele sozinha. Alguém a apresentou a ele. Quem? — Joel deu de ombros. — Foi o Régis, não foi?

— Não temos essa informação. Pode ser que sim, pode ser que não. O fato é que Patrícia se envolveu com Bira, contrariando o próprio Régis. Ele fez questão de frisar que ela não tinha nada com as atividades do traficante e nos fez jurar que nada faríamos contra ela.

— Quanta nobreza! — desdenhou Júlio. — Um viciado, alcaguete da polícia. E, ainda por cima, corruptor de menores.

— Régis não é nada disso! — defendeu Natália, exaltada. — Correu grande perigo ao trabalhar para a polícia. Não é todo mundo que se arriscaria assim.

— Por que ele fez isso? — tornou Júlio. — Que interesse ele tinha em desmantelar aquela quadrilha? Por acaso esse tal de Bira era inimigo dele? Os dois estavam disputando algum ponto de drogas?

— O senhor não sabe o que diz — irritou-se Joel. — Não posso contar detalhes sigilosos de nossas operações. Basta saber que Régis foi muito corajoso, procurou-nos oferecendo ajuda, sem que tivéssemos nada contra ele.

— Ninguém faz uma coisa dessas de graça.

— Já lhe passou pela cabeça que ele talvez quisesse proteger sua filha? Prender Bira seria uma boa maneira de afastá-la dele.

— O senhor ainda não respondeu a minha pergunta — insistiu Júlio. — Como Patrícia chegou até Bira?

— Já disse que não sabemos. Mas, se eu fosse o senhor, experimentaria conversar com Régis. Talvez se surpreenda com a sua filha e perceba que realmente não a conhecia.

— Nossa filha era só uma menina — choramingou Bianca. — Não estaria lá se alguém não a tivesse levado.

— Bom, senhora, essa e outras perguntas devem ser feitas ao Régis. Talvez ele seja o único que conheça as respostas. Eu, de minha parte, cumpri minha missão. Aguardem agora novo telefonema, informando da liberação do corpo.

Júlio mal conseguiu se despedir do policial, tamanha sua revolta. Quanto mais o ouvia falar, mais se convencia de que fora Régis o responsável por tudo aquilo.

— Aonde você vai? — perguntou Bianca, vendo que ele se preparava para sair.

— Tenho uns assuntos para resolver.

De cara fechada, Júlio bateu a porta e saiu. Ninguém iria impedi-lo de descobrir o responsável pela morte de sua filha. Ninguém.

Capítulo 44

A recuperação de Régis era excelente. A cirurgia fora um sucesso, ele reagia muito bem aos medicamentos e os passes de Josué contribuíam para que se sentisse cada vez mais fortalecido. Acordou bem-disposto, embora dolorido e cansado. A mãe não saía do lado dele. Precisava ir a casa tomar um banho, mas só sairia quando Cléia chegasse.

— E Natália? — indagou ele. — Ela não veio me ver?

— Ela ainda não sabe que você acordou. Vou telefonar para ela daqui a pouco.

— Você não me respondeu sobre Patrícia. Ela está bem?

O médico havia lhe dito que ela poderia dar-lhe a notícia, pois ele era jovem e forte o bastante para aceitá-la.

— Meu filho, as notícias não são muito boas. Patrícia não sobreviveu.

— Não sobreviveu? Como assim? Ela foi atingida no tiroteio?

— Infelizmente.

Ele cerrou os olhos por uns segundos, remoendo a dor da tragédia.

— É por isso que Natália não veio me ver? Ela pensa que o culpado sou eu?

— Não. Mas o pai dela estava para chegar de São Paulo, e parece que o policial ia à sua casa hoje de manhã. Vamos aguardar.

— Natália não vai me perdoar.

— Ela não sabe de nada, não é? — Régis assentiu. — Pois acho que o melhor que você tem a fazer é contar-lhe a verdade. Desde o princípio, desde antes de Gislene. A sinceridade é o melhor caminho para a aceitação. Se você mentir, ela vai se sentir traída e nunca vai confiar em você. Seja franco, conte-lhe tudo.

— Farei isso, mãe. Não poderia mesmo viver carregando esse peso. Natália merece saber a verdade. Sei que não agi corretamente no caso de Gislene, mas tentei me redimir fazendo exatamente o que ela ia fazer. Só que deu tudo errado.

— Não pense assim. Todo mundo faz escolhas na vida. Você escolheu se acertar com a polícia, Patrícia escolheu se envolver com o traficante. Os riscos para cada um são previsíveis.

Ele não disse nada. No fundo, ela tinha razão, mas ele também não era nenhum santo. Tudo começara no dia em que acompanhara Alex àquela boca de fumo. Mas, se não tivesse passado por aquilo, como teria amadurecido e se modificado? Agora, o que mais lamentava era a morte de Patrícia.

Batidas na porta atraíram a atenção de ambos. Geórgia se levantou para abri-la, assustando-se imensamente ao ver que era Júlio.

— O que faz aqui? — balbuciou ela, aturdida.

— Quero falar com Régis. Preciso saber o que aconteceu.

— Esse não é o melhor momento. Lamentamos o que houve com sua filha, mas Régis não teve nada a ver com isso.

— Quero que ele me diga, olhando nos meus olhos, que não foi ele quem a levou para a droga.

— Não posso permitir. Régis está convalescendo.

— Por favor, Geórgia, deixe-me passar.

— Não, Júlio. Em nome de tudo o que vivemos, se você ainda tem um mínimo de respeito por mim, vá embora.

— Mãe? — Régis chamou. — O que está acontecendo? Você e seu Júlio se conhecem?

Geórgia virou-se para ele com os olhos úmidos, os lábios tremendo ante a iminência da revelação.

— Júlio era o meu noivo na época em que engravidei de você.

Um pedregulho na cabeça teria causado menos estrago. A surpresa foi tão grande que Régis quase caiu da cama, literalmente, ao tentar se levantar. A tonteira causada pela forte medicação o fez tombar de volta sobre o leito. Agora compreendia tudo. Sabia por que Júlio não gostava dele, por que não o queria perto de Natália.

— Pelo amor de Deus! — suplicou Júlio, aproveitando-se da distração de Geórgia para passar. — Eu preciso saber. O que foi que você fez com a minha filha?

Régis não sabia se o odiava ou sentia pena dele. Por que precisava ter consideração pelo homem que abandonara sua mãe no momento mais difícil de sua vida?

— Saia, Júlio! — exigiu Geórgia, retornando de seu torpor. — Você não tem o direito de vir aqui perturbar o meu filho.

— Não fiz nada com a sua filha, seu Júlio — falou Régis, fazendo sinal para que a mãe se acalmasse. — Ao contrário, tentei, de todas as formas, afastá-la de Bira. Mas ela não quis me ouvir.

Júlio estacou abismado, enquanto Geórgia corria para o lado de Régis, como se quisesse protegê-lo.

— Ela não conheceu o traficante sozinha. Alguém teve que apresentá-los. Foi você, não foi?

— Tem certeza de que quer descobrir a verdade? Existem coisas que é melhor não saber.

— O que está insinuando? Que minha filha era cúmplice de um traficante?

— Cúmplice, não diria. Mas ela e Bira estavam... namorando.

— Mentira! Minha Patrícia era inocente. Jamais namoraria um criminoso.

— O senhor não conhecia sua filha. Patrícia podia ser tudo, menos inocente. E, se quer mesmo saber a verdade, posso lhe contar.

— Conte-me o que sabe. Vamos, eu exijo!

— O senhor não está em condições de exigir nada. Sua filha não era quem o senhor pensa. Ela se envolveu com Bira porque quis. Atirou-se para cima dele, assim como havia se atirado para cima de mim. No começo, foi para me fazer ciúme. Mas, depois, ela se interessou por ele. Viviam juntos, para lá e para cá.

— Você ainda não me disse como ela o conheceu. Foi você, não foi?

— Bira andava atrás de mim. Queria que eu fizesse um serviço para ele. Um dia, quando ele parou para falar comigo, sem que eu percebesse, Patrícia entrou no carro dele. Dali em diante, não se largaram mais. Ele a iniciou no uso da cocaína...

— Minha filha não era viciada! — esbravejou. — Isso é uma infâmia! Você está querendo denegrir a imagem dela.

— Estou lhe contando a verdade porque o senhor pediu. Patrícia estava iludida. No dia em que fui pegar a droga, a polícia pronta para dar o flagrante, qual não foi a minha surpresa ao encontrar Patrícia com Bira. Quis dizer-lhe para fugir, mas não tive tempo. Os policiais entraram gritando, os traficantes responderam com fogo. Foi uma gritaria, tiros para todo lado. Lutei desesperadamente para encontrá-la e afastá-la dali, mas, de repente, fui atingido por uma bala e não vi mais nada.

— Minha filha morreu, desgraçado! — rugiu, tentando puxar Régis pela gola da camisola do hospital. — Por sua causa, ela morreu.

— Sua filha era uma perdida, para não dizer coisa pior.

— Desgraçado!

Subitamente, Júlio sentiu que mãos o agarravam por trás. Assustada com o rumo da discussão, Geórgia saiu do quarto sem ser percebida, correndo a pedir ajuda ao policial de plantão. O guarda puxou Júlio, forçando-o a soltar a roupa de Régis. Saiu arrastando-o do quarto, enquanto Júlio esbravejava, fora de si:

— Você a matou, canalha! Por sua culpa, ela morreu! Isso não vai ficar assim. Você me paga!

As enfermeiras entraram correndo, preocupadas com o estado de exaltação de Régis. Por pouco o policial não prendeu Júlio.

Só não o fez em respeito a sua dor de pai. Levou-o para fora do hospital, dando-lhe ordens para não retornar.

Júlio voltou para casa arrasado. Ouvir aquelas mentiras sobre sua filha querida era quase tão terrível quanto o fato de ela estar morta. Abriu a porta do apartamento e entrou alquebrado.

— Pai! — exclamou Natália, preocupadíssima com ele. — Onde esteve? Tentei ligar para o seu celular, mas você não atendeu.

— Fui ver o seu namoradinho — comentou com raiva. — O homem que foi o responsável pela morte da sua irmã.

— Você foi ao hospital? Régis acordou da cirurgia?

— Está vivo. Que direito ele tem de viver enquanto minha filha está morta? E foram tantas mentiras... Quantas infâmias ele inventou de Patrícia! Por isso, você não deve mais vê-lo. Aquele sujeito é um canalha, aproveitador de criancinhas. Sabia que ele tentou seduzir a sua irmã?

— Quem lhe disse isso?

— Ninguém precisou me dizer. Ele acusou o traficante para tentar se safar. Mas eu sei que era ele quem estava se aproveitando dela.

— Isso é um absurdo! — protestou Natália. — Régis não faria uma coisa dessas.

— O que você sabe sobre Régis? Nada. Pois eu sei muito a seu respeito. Conheci a mãe dele, fui noivo dela antes de me casar com sua mãe.

— O quê?! — disseram Natália e Bianca ao mesmo tempo.

— Que história é essa agora, Júlio?

— É isso mesmo, Bianca. Geórgia é a mãe de Régis.

— Pai! Não vá me dizer que Régis e eu somos irmãos!

— Não — disse Bianca. — Na verdade, seu pai deixou Geórgia porque ela estava grávida de Régis, que é filho de outro homem.

Natália olhou-o, surpresa. Aquela história parecia repetição de uma outra, bem próxima.

— Geórgia foi estuprada — contou Júlio, rememorando momentos difíceis. — Por um antigo colega de trabalho.

Falar do passado aliviou um pouco sua dor. Quando terminou a narrativa, Natália chorava de mansinho. Era uma história muito triste, comovente.

— Por que não se casou com ela? — questionou, quase acusando-o. — Se a amava tanto, por que a abandonou?

— Como eu poderia criar o filho de outro homem?

— Você não fez isso? — rebateu, fazendo Júlio ver que ela já conhecia a história. — Não criou Patrícia, que era filha de outro homem? E dona Geórgia nem teve culpa do que lhe aconteceu.

Calou-se, olhando a mãe de soslaio. Não queria fazer-lhe acusações. Pretendia apenas compreender onde estava a diferença.

— Nada disso importa agora — tornou Júlio. — Mas você está proibida de tornar a ver Régis. Ele é um marginal, não serve para você.

— Sinto muito, pai, mas você não tem autoridade para me proibir de ver Régis. Sou adulta, tomo minhas próprias decisões.

— Não acredito que você ainda pretende se encontrar com ele. Não depois de tudo o que ele fez à nossa família.

— Seu pai tem razão, filhinha — concordou Bianca. — Não conheço Régis, mas não acho direito ele ter envolvido sua irmã com traficantes.

— Vocês é que estão dizendo isso — objetou ela. — A polícia diz o contrário.

— Ele é informante da polícia — considerou Júlio. — É claro que vão fazer de tudo para preservá-lo.

— Mesmo assim. Não vou condenar Régis sem antes ouvi-lo. Não acredito que ele seja o que vocês estão falando. Ele é um bom rapaz.

Para Natália, estava encerrada a discussão. Ela não queria mais ouvir o pai dizer que Régis não prestava, até porque, não era aquilo em que acreditava. Mesmo que não o conhecesse havia muito tempo, sentia em seu coração que ele era sincero. Foi para o quarto, contrariada. De lá, ligou para o celular de Geórgia. Ela mesma atendeu, sem saber ao certo o que dizer. Depois da visita de Júlio, não sabia o que esperar de Natália.

— Estou indo para aí — informou Natália, saindo em seguida.

Natália chegou ao hospital envolta em uma aura de tristeza, embora se esforçasse para não deixar transparecer nada a Geórgia. Aproveitando a presença da moça, Geórgia resolveu dar um pulo até sua casa, prometendo retornar em breve.

— Seu pai esteve aqui — comentou Régis.

— Eu sei.

— Fez-me acusações infundadas sobre a morte de Patrícia.

— Régis, por favor, tenha um pouco de paciência. Meu pai está confuso, sofrendo. Ele não sabe o que diz.

— Ele sabe, sim. Seu pai me odeia, e agora descobri por quê.

— Por quê?

— Você sabia que ele e mamãe foram noivos? E que ele a deixou quando ela engravidou de mim?

Todas as verdades se desvendavam ao mesmo tempo. Era como a linha de um bordado desfiando-se rapidamente, sem poder ser contida. Natália percebia, contudo, que Régis não sabia sobre o estupro e não disse nada. Não lhe cabia fazer revelações a respeito do passado de Geórgia.

— Todas essas coisas pertencem ao passado — ponderou ela. — Nada disso tem importância agora.

— Seu pai me acusa de ser o responsável pela morte de Patrícia. Acredite-me, Natália, fiz de tudo para afastá-la de Bira. Mas Patrícia era teimosa.

— Não precisa se justificar. Acredito em você. Papai está sofrendo e quer encontrar alguém para culpar.

— Não me importo com seu pai. Você acredita em mim?

— Acredito.

— Para mim, é o que basta. Só não quero que seu pai a faça mudar de ideia.

— Isso não vai acontecer. Amo você, sabia?

— Também a amo. E gostava de Patrícia. Queria salvá-la, mas não pude... — ele enxugou as lágrimas, reunindo coragem para prosseguir: — E isso não é tudo.

— Como assim?

— Não quer saber como me tornei informante da polícia?

— Confesso que tive essa curiosidade.

— Vou lhe contar, mas, por favor, não se apresse em me julgar. As pessoas mudam. Eu mudei.

Calma e pausadamente, Régis contou tudo a Natália, sem omitir nenhuma passagem ou detalhe, desde o dia em que experimentara um cigarro de maconha até o derradeiro momento em que Patrícia perdera a vida. Natália ouviu tudo em silêncio, chorando em alguns momentos, surpreendendo-se em outros. Era uma história terrível.

— Por que não me disse isso antes? — indagou ela, sem conseguir ocultar uma pontada de mágoa.

— Você teria me aceitado se eu lhe contasse? — Ela não respondeu. — Não teria.

— É complicado, Régis. Você se envolveu com gente da pesada.

— Foi imaturidade. Mas a morte de Gislene me fez refletir. E, quando conheci você, vi que não era essa a vida que eu queria para mim.

— Não sei o que pensar. Não imaginava que houvesse uma outra história por detrás dessa. Estou confusa, surpresa.

— Não quero pressioná-la, mas pense bem. O que eu poderia fazer?

— Para começar, nunca deveria ter se envolvido com Bira.

— Nunca mesmo. Mas me envolvi. Foi uma estupidez que quis remediar. Uma pessoa não tem o direito de errar e tentar corrigir o seu erro?

— Tem. Só que o seu erro levou à morte de uma garota. E agora Patrícia...

— Você está me acusando pela morte de duas mulheres. É isso, Natália? Já não pensa mais que não sou responsável pela morte da sua irmã?

— Não é isso. É complicado.

— Você já disse isso. Perdoar é complicado?

— Não tenho que perdoar você.

— Se você me acusa, então acredita que eu errei. Se errei, tenho que lhe pedir perdão.

Por uns momentos, Natália chegou a acusá-lo mentalmente. No entanto, refletindo melhor, chegou à conclusão de que ele não tinha saída. Tomara a decisão certa.

— Tem razão, meu amor — disse ela, para alívio de Régis. — Você não teve outra alternativa. Estou orgulhosa por você ter feito a coisa certa.

— Fui um tolo, iludi-me com coisas fúteis. Graças a Deus e a minha mãe, consegui retornar ao caminho do bem.

— Sua mãe sabe de toda essa história?

— Não há nada sobre mim que minha mãe não saiba. Foi ela quem primeiro me incentivou a mudar. Depois, veio você. Quero ser um homem de bem, Natália. Quero viver ao seu lado para sempre.

— Você é um homem de bem, Régis. E muito corajoso. Admiro-o pelo que fez. Muitos, no seu lugar, teriam cedido às facilidades e ao vício, mergulhando de cabeça no crime.

— Só há duas coisas que lamento: as mortes de Patrícia e de Gislene. Não queria que terminasse assim.

— Você não foi responsável por nenhuma das duas. Não sabia que Bira ia matar Gislene nem que Patrícia estaria lá na hora em que a polícia chegou. Foram fatalidades cujo motivo é apenas do conhecimento de Deus.

— Minha querida! — emocionou-se ele, estendendo os braços para ela. — Amo você cada vez mais.

— Também o amo. Agora descanse. Senão, quando sua mãe chegar, vai brigar comigo.

— Não vai, não. Minha mãe gosta de você.

— Mesmo sabendo de quem sou filha?

— Minha mãe não liga para essas coisas. Avalia as pessoas pelo que elas têm no coração, não pela sua procedência, muito menos pelas aparências.

— Sua mãe é especial. E você, tão especial quanto ela. Agora vamos, chega de falar. Daqui a pouco o médico vai entrar aqui e me colocar para fora.

Régis estava realmente cansado. Sentia o peito dolorido, cansava-o falar em demasia. E ele falara demais. Não custou muito a pegar no sono. Olhos fixos em Natália, deixou as pálpebras caírem e adormeceu agarrado à mão dela.

Capítulo 45

Auxiliada por Cléia, Geórgia terminava os últimos retoques na faxina do quarto de Régis. No dia seguinte ele teria alta, e era importante que voltasse para um ambiente limpo e arrumado. Natália estava com ele no hospital, dando-lhes tempo de aprontar tudo. Na véspera, Geórgia comprara uma televisão para colocar no quarto dele e aguardava a entrega para qualquer momento. Fora um sacrifício, teria de pagar doze parcelas no cartão de crédito, mas ele merecia.

Quando a campainha da frente tocou, Geórgia anunciou:

— Deve ser a TV chegando. Vou atender.

Cléia assentiu e continuou a arrumação, enquanto Geórgia se dirigia para a porta. Ao olhar pela janelinha, uma surpresa a abalou. Não era o entregador, mas Júlio, que a encarou com ar de desespero.

— O que faz aqui? — indagou ela, mal contendo a irritação.

— Quero falar com você.

— Não tenho mais nada a lhe dizer.

— Por favor, Geórgia, é só um minuto.

— Muito bem. O que você quer?

Demorou alguns instantes até que ele tivesse coragem de falar. Quando conseguiu, sua voz saiu estrangulada, súplice, quase um sussurro:

— Vim aqui lhe pedir perdão. E a sua ajuda...

— Você não precisa me pedir perdão por nada. Quanto a minha ajuda, nada tenho a lhe oferecer além de piedade.

— Você me odeia.

— Não. Tenho pena de você, do que se transformou, das ilusões que alimentou por toda a vida e que não o levaram a nada.

— É compreensível que você pense assim. Fui egoísta, insensível, só pensei em mim. Mas isso passou. Você teve seu filho, sei bem o que você teve que enfrentar para ficar com ele. Mas não é possível que você concorde com o que está acontecendo.

— O que está acontecendo não é culpa de Régis. O que ele fez foi tentar ajudar a polícia.

— Minha filha morreu. Isso não conta nada?

— Conta. É lamentável, uma tragédia. Imagino o que você está sentindo, mas nada posso fazer. Tenho rezado por todos vocês, para que encontrem paz e força para superar este momento. Mais do que isso, não posso lhe dar.

— Patrícia não era minha filha — confessou subitamente. — Era filha de Bianca, mas não minha. Será que Deus está me punindo por tê-la amado tanto e não ter conseguido sentir o mesmo por Régis?

Foi uma surpresa e tanto ouvir aquela revelação. Em outros tempos, Geórgia podia até se sentir traída, mas agora nada disso tinha importância.

— Deus não pune ninguém. Muito menos sacrificaria uma menina inocente só para castigar você. A razão do que aconteceu a Patrícia está no domínio da consciência dela. Nós não temos como avaliar isso.

— É fácil para você falar, pois seu filho continua vivo, ao passo que minha filha morreu — revidou com raiva. — E agora, todo mundo quer transformá-lo em herói.

— Por que não esquece isso, Júlio? Você ainda tem uma filha, concentre-se nela.

— Foi justamente pensando nela que resolvi procurá-la. Você tem que afastar Régis de Natália.

— Não vou ficar aqui ouvindo isso. Você sabe que não vou interferir, e aconselho-o a fazer a mesma coisa. Deixe-os em paz.

— Não posso! Quero Régis longe de nossas vidas. Você precisa convencê-lo a deixá-la.

Notando que ele começava a se exaltar, Geórgia recuou.

— Não temos mais o que conversar, Júlio. Sinto muito.

Ela rodou nos calcanhares e já ia bater a porta quando ouviu novamente a voz dele:

— Régis sabe do estupro? Sabe que foi gerado num ato de violência?

Na mesma hora, Geórgia estacou. Ao se virar para ele, tinha nos olhos lágrimas de revolta e medo.

— Você não desceria tão baixo. Não se atreva a lhe falar nada. Você não tem o direito!

— Manterei seu segredo se você me ajudar. Régis não precisa saber quem foi o pai dele. Basta você convencê-lo a terminar com Natália. No começo, ela vai sofrer, mas depois me dará razão.

— Você é desprezível, Júlio! Faça como bem entender, da forma como mandar a sua consciência. Se quiser contar a Régis, vá correndo. Conte!

Geórgia não ficou para ouvir a resposta. Estava tão indignada que mal podia suportar a presença de Júlio. Entrou correndo em casa, indo direto ao encontro da mãe. Cléia já havia terminado a arrumação quando Geórgia a encontrou na cozinha. Ela arriou numa cadeira, apoiou a cabeça nos braços cruzados sobre a mesa e chorou.

— O que foi que houve, minha filha? — indagou Cléia, aproximando-se. — Quem tocou a campainha? Foi o Júlio, não foi?

— Ah, mãe... Foi horrível!

Ela contou tudo o que se passara. Ao final, Cléia foi categórica:

— Você tem que contar tudo ao Régis. Não permita que Júlio faça isso na sua frente. Régis vai se sentir traído se souber do estupro por intermédio do homem que o odeia.

— Tem razão. Não dá mais para adiar essa conversa. Vou agora mesmo ao hospital.

— Quer que eu vá com você?

— Não precisa. Fique aqui e termine tudo.

Rapidamente, Geórgia se arrumou e saiu. No hospital, qual não foi a sua surpresa ao se deparar com Júlio no corredor, contido pela atitude decidida de Natália.

— O que está acontecendo aqui? — exigiu saber.

Os dois se assustaram, mas foi Natália quem falou:

— Nada, não. Meu pai já estava de saída. Não é, pai?

Júlio não ouvia. Tinha os olhos presos em Geórgia

— Geórgia, por favor — choramingou ele. — Estou implorando.

Ela não respondeu. Passou por ele a passos firmes, entrando no quarto do filho.

— O que você fez? — questionou Natália.

— Nada — foi a resposta seca.

Júlio deu-lhe as costas, sumindo no fim do corredor. Ela esperou alguns minutos antes de entrar no quarto. Queria falar com Geórgia, mas tinha medo de se intrometer onde não era chamada. Depois de refletir, foi ao encontro dela.

— Tudo bem? — perguntou Natália baixinho.

— Tudo — ela se afastou um pouco e indagou ressentida: — Seu pai lhe contou?

— Contou.

— Foi o que imaginei. O que você acha?

— Acho que a senhora foi muito corajosa.

— Obrigada, mas não é a isso que me refiro. Você acha que devo contar ao Régis?

— Sinceramente, dona Geórgia, acho que sim. Essas coisas nunca ficam ocultas a vida inteira, e, se Régis souber por outra pessoa, vai ficar profundamente decepcionado.

— Acha que ele vai entender?

— Régis é inteligente e a ama muito. E depois, que culpa a senhora teve?

— Passei a vida toda omitindo-lhe isso.

— O que é justificável, mas agora é o momento de falar a verdade. Acho que a senhora irá se surpreender.

Geórgia abraçou Natália emocionada. Ela tinha razão. A verdade permanecera oculta por tempo demais. Era chegada a hora da temida revelação. Estranhamente, Geórgia se sentiu confiante. Em seu íntimo, não duvidava do amor de Régis.

O enterro de Patrícia foi doloroso para todos. Parentes e amigos choravam e lamentavam o destino de uma menina linda, jovem e mal orientada. Muitos se recusavam a acreditar que ela se envolvera com um traficante, outros a julgavam uma perdida. Os olhares se revezavam entre a crítica e a compaixão, levando Júlio e Bianca a se aproximar para enfrentar aquele momento tão difícil.

Após o funeral, Júlio seguiu para a casa de Bianca com Natália. As lágrimas da mulher eram tão pungentes que ele sentiu que devia se fazer forte para confortá-la. Se para ele não era fácil, para a mãe, então, parecia quase insuportável. Ao ver o corpo baixar à sepultura, Bianca refez todos os passos de sua vida, acusando-se por não ter tido uma atitude mais severa com Patrícia. Sabia o quanto ela era volúvel e fútil, mas, em vez de impor-lhe limites, achava graça em seus modos precoces de mulher.

Júlio também se sentia culpado. Fora permissivo demais. Amava-a tanto que não sabia dizer-lhe *não*. Para não a contrariar, deixava que ela fizesse o que bem entendesse, preferindo acreditar na inocência dela a admitir o quanto era dissimulada.

Já era fim de tarde quando chegaram. No trajeto entre o cemitério e a casa de Bianca, ninguém disse nada. Sentaram-se na sala, ligaram a televisão, fingindo assistir ao programa que ninguém via.

— Vou preparar algo para a gente comer — anunciou Natália, agoniada com a tristeza que reinava no ambiente.

Como nenhum dos dois respondeu, ela partiu para a cozinha. Após alguns minutos, sem tirar os olhos da TV, Bianca desabafou:

— Não sei se vou suportar viver aqui. Todos os cantos me lembram Patrícia. A fantasia dela ainda está pendurada na porta do armário...

Calou-se, sufocada pelo pranto que a consumiu vorazmente. Aturdido, Júlio aproximou-se, enlaçando-a com um abraço em que procurava transmitir-lhe apoio e segurança.

— Nós vamos passar por isso. Sei que é difícil, mas ainda temos uma filha.

— Que está apaixonada pelo homem que desgraçou a vida da nossa Patrícia. Como poderei suportar isso também?

— Temos que esquecer. Pelo bem de nós dois, deixemos Natália resolver a vida dela. Já me desgastei demais com esse assunto, não tenho mais forças.

— Ah! Júlio! O que farei da vida sozinha?

— Você é uma mulher jovem e bonita. Em pouco tempo terá refeito sua vida.

— Não quero mais homem nenhum, se é a isso que está se referindo. Talvez, se eu tivesse me dedicado mais a minhas filhas, isso não tivesse acontecido.

Embora Júlio concordasse, não queria lhe dizer. Ao menos, não naquele instante. O momento era de apoio mútuo, não de acusações.

— Você diz isso agora. Mais tarde, você esquece e vai ver como tudo volta ao normal.

— Você conseguirá esquecer? — Ele não respondeu. — Pois eu, não. E sei que você também não. Ninguém esquece uma coisa dessas. Por toda minha vida, essa lembrança vai doer.

— Eu sei... — concordou ele, a voz embargada, extravasando as lágrimas que tentava, a todo custo, conter.

Do abraço que se seguiu, surgiu o beijo. Não um beijo apaixonado, mas amigo, acolhedor, sincero.

— Não me deixe, Júlio — suplicou ela. — Você é meu marido, é o único com quem posso contar.

— Vá para São Paulo comigo — propôs ele. — Podemos recomeçar.

— E Natália?

— Ela já é adulta, não depende mais de nós. Estaremos juntos e não precisaremos nos envolver no relacionamento dela com Régis.

— Tem razão. Jamais poderei aceitar que ela se case com aquele homem.

— E então? O que você decide? Sim ou não?

— Sim — falou sem titubear. — Vou com você para São Paulo. Não há mais nada para mim aqui.

Quando Natália reapareceu na sala, informando que o jantar estava pronto, todas as decisões haviam sido tomadas.

— Você pode se mudar para cá, se quiser — sugeriu Bianca.

— Agradeço, mas não quero — protestou Natália. — Gosto do lugar onde moro.

— Você é quem sabe — disse Júlio, aliviado. — Vamos alugar a casa, então.

— Por mim, tudo bem. Façam como acharem melhor.

— Não vai ficar chateada, filhinha? — indagou Bianca.

— Não. Somos todos adultos e acho importante cada um seguir a sua vida do jeito que achar melhor.

— Não vai se amigar com aquele sujeito, vai?

— No momento, não. Mais tarde, tudo é possível.

— Pense bem no que vai fazer — alertou Júlio, com raiva. — Você vai se juntar ao homem que desgraçou a vida da sua irmã.

— Por favor, não vamos recomeçar com isso. Patrícia mal foi enterrada, será que dá para não discutirmos?

— Acho que não tem mais sentido eu continuar mandando-lhe mesada — anunciou ele.

— Tudo bem. Não pago aluguel, e o condomínio é barato. Posso economizar.

— Tem certeza? Olhe que seu padrão de vida vai cair.

— Tenho certeza. Não preciso de luxo para viver. O apartamento de vovó é confortável, tem tudo. Vou ficar bem.

— Está certo. Você é quem sabe.

Jantaram em silêncio, evitando tocar no nome de Patrícia ou de Régis. Nos dias que se seguiram, Bianca preparou tudo para a viagem. Chamaram uma imobiliária, colocaram a casa para alugar. Quando partiram de volta para São Paulo, Natália sentiu imenso alívio. Amava os pais, mas a perseguição deles a Régis a estava deixando cansada.

Torcia e rezava para que eles se acertassem dessa vez, muito embora não acreditasse no futuro dos dois. Ela não sabia, mas dali a alguns meses, superado o trauma da morte de Patrícia, ambos retornariam aos velhos costumes, passando, cada qual, a seguir sua vida como se o outro não existisse, limitando-se a dividir o mesmo teto, manter as aparências e não repartir os bens.

Capítulo 46

Assim que seus olhos se abriram, Patrícia estranhou imensamente o lugar em que se encontrava. Era uma espécie de enfermaria de guerra, suja e desagradável. Nos leitos a seu redor, reconheceu a figura adormecida de Bira e de seus capangas.

— O que aconteceu? — indagou ela, tentando levantar-se.

Uma mulher se aproximou. Tinha o rosto sujo, as roupas esfarrapadas. Sem dizer nada, empurrou-a de volta ao leito e saiu, trancando a grade que servia de porta.

— O que é isso? — gritou Patrícia. — Que lugar é esse? Estamos presos?

Ouvindo seus gritos, Bira e seus comparsas também despertaram. Estavam todos assustados, sem nada entender. Neles, as marcas dos tiros ainda se faziam visíveis, sanguinolentas. Logo a porta se abriu, dando passagem à criatura mais assustadora que já haviam visto.

Atílio caprichara na indumentária. Vestia uma roupa toda negra, que é a cor eleita pelos encarnados para representar o mal, sem que, necessariamente, tenha esse significado. Mas como todo mundo teme as criaturas de preto, lá se foi Atílio trajado de luto. Um capuz encobria parcialmente seu rosto, propositalmente moldado com feições cadavéricas, olhos vermelhos, dentes e unhas plasmados como se fossem presas e garras. Bem horripilante, para impor medo e respeito.

Entrou fazendo ressoar as botas no chão, produzindo som de cascos. Puxou uma cadeira com os dedos esqueléticos, exibindo as unhas longas e sujas. Sentou-se defronte a eles, fixando em Patrícia um olhar lúbrico, aterrador. Todos se encolheram, tão aterrorizados que nada conseguiam falar.

— Prestem bem atenção no que vou lhes dizer, porque vou dizer uma vez só — ele começou a falar, com voz cavernosa, meticulosamente ensaiada para sair naquele tom. — Vocês morreram num tiroteio com a polícia. São bandidos, traficantes, prostitutas — e encarou Patrícia. — Por isso, senti-me no direito de reclamá-los. De agora em diante, trabalharão para mim.

A notícia de que haviam morrido causou um certo mal-estar no grupo. Como se sentiam vivos, os espíritos não compreendiam a morte.

— O senhor é... o diabo? — Patrícia ousou perguntar, tremendo de medo.

A gargalhada de Atílio foi estrondosa, fazendo arrepiar os cabelos dos presentes.

— Pode me chamar assim, se quiser. A ignorância do homem põe rótulos naquilo que não compreende — disse, mais para si mesmo. — O que chamam de diabo, na Terra, nada mais são do que espíritos feito eu, que se aproveitam do medo para infligir mais medo. Por isso, nos chamam de legião. Somos muitos. Mas nada disso importa. Vocês morreram, ponto final. Agora me pertencem. Preciso de homens sob o meu comando.

— Para fazer o quê? — arriscou Bira.

— O mesmo que vinham fazendo quando encarnados. Vocês só mudaram de lado, agora estão mais livres para agir. É claro que não podem mais segurar armas físicas, mas podem intuir os fracos e levá-los a agir conforme a nossa vontade, matando, roubando, estuprando, se drogando e coisas do gênero.

— Como faremos isso? — perguntou Bira, interessado.

— Vou ensiná-los. E você, particularmente, pelo seu histórico, se me servir bem, poderá ser promovido. Perdi, recentemente, dois importantes colaboradores, e a vaga de segundo em comando está em aberto.

— E quanto a mim? — interrompeu Patrícia. — Não entendo nada disso.

— Você me servirá de outras maneiras, por um tempo. Depois, veremos.

Ela sentiu que lágrimas lhe subiam aos olhos. Abaixou a cabeça, tentando fugir do olhar invasivo de Atílio, mas não conseguiu.

— Oh! A menininha mimada vai chorar? — debochou ele. — Quer correr para os braços do papai, quer?

— Estou com medo — balbuciou ela. — Quero ver o meu pai.

— É bom mesmo que esteja. Esqueça a família, você não vai mais tornar a vê-la. Você agora me pertence. Vai fazer o que eu mandar.

— O quê?

— O que sabe fazer melhor. Ser prostituta.

Embora assustada com a perspectiva de servir àquele demônio horrendo, Patrícia não ousou contestar. Não sabia que, por detrás daquela fantasia energética, havia um homem atraente, embora nada gentil. Os bandidos, porém, pareciam não apenas satisfeitos, mas muito à vontade naquele submundo de sombras. Tal qual agiam em vida, continuariam a agir depois da morte, só que sem a polícia em seu encalço. Receberiam orientação para fugir dos seres de luz, mas isso não seria problema para eles, já que espíritos iluminados não costumam perseguir ninguém.

— Não seja tola, Patrícia — censurou Bira, cada vez mais entusiasmado. — Vamos nos dar muito bem aqui. Se fizermos tudo direitinho, aposto como seremos bem recompensados.

— Gosto de gente que aprende rápido — tornou Atílio, satisfeito.

— Não quer saber os nossos nomes? — indagou, timidamente, um dos homens de Atílio.

— Não precisa. Sei o nome de todos. Vocês é que não sabem o meu. Sou Atílio, dono e senhor de todo este lugar e dos espíritos que aqui vivem.

— Que lugar é esse, exatamente? — quis saber Patrícia, cada vez mais assustada. — E como foi que viemos parar aqui? Foi porque fomos maus em vida?

— O que você acha? Vocês foram tão maus que ninguém quis salvar a alma de vocês. Só eu me interessei. Vocês foram punidos, e, por causa da sua maldade, não têm mais como sair daqui.

Atílio mentia deliberadamente, para infligir-lhes terror. Não queria dizer que todos haviam sido atraídos para aquele submundo por afinidade de pensamentos e sentimentos. Seu baixo padrão energético bloqueou o acesso dos seres de luz, que os teriam convidado a partir com eles, se conseguissem alcançá-los.

Quando o tiroteio se armou, alguns chefões das sombras se candidataram a assistir o desenrolar dos acontecimentos, à espera do desencarne de seres comprometidos que pudessem recrutar. Como, porém, Atílio vinha acompanhando Bira e seu bando havia algum tempo, conseguiu intimidar os invasores e reclamou para si a posse daqueles espíritos. Sem saber que Atílio perdia o poder, os espíritos desistiram.

Foi uma grande sorte para ele. O fracasso de Mizael, o reencarne de Nora e a traição de Damien foram golpes dolorosos, duros de superar. Podia considerá-los perdidos, sabia que nunca mais os teria de volta. Sem contar a interferência de Josué, que quase o derrubara. Mas não podia se permitir enfraquecer. O recrutamento de Bira representava uma importante aquisição para o seu bando. E talvez conseguisse usar Patrícia para manipular alguém. Ainda não sabia como, mas ela podia ser-lhe útil. Tinha medo, achava que fora má e merecia o castigo. Nada melhor do que esses elementos para manter seu espírito preso ali.

Depois de se apresentar aos recém-chegados, Atílio foi indagado por seus subordinados sobre como proceder com relação a Mizael.

— Não façam nada — respondeu simplesmente. — Esqueçam-se dele. Vamos achar outra pessoa que nos sirva.

— Não vamos revidar? Vamos permitir que ele nos traia e saia impune?

— Ninguém toca nele! É uma ordem. Ou alguém aqui vai querer me enfrentar?

Ninguém se atreveu, como sempre. Sinal de que Atílio ainda guardava resquícios de seu antigo poder, que ele pretendia, em curto tempo, recuperar.

— E os novatos? O que faremos com eles?

— Quero que os treinem bem. Foram homens perigosos em vida, continuarão sendo aqui.

— Treiná-los para quê? Nossa missão era Mizael. Agora que ele se foi, a quem iremos influenciar?

— Aos políticos, idiota! Temos que revelar nosso poder através da política. Políticos corruptos são excelentes instrumentos de disseminação das forças da treva. Acho que fracassamos porque escolhi mal nossa frente de atuação. Se tivesse mandado Mizael para a política, talvez ele não tivesse mudado de lado.

— Vamos nos concentrar só nos políticos?

— Não necessariamente. Já temos influenciado muitos agentes, inclusive juízes e policiais, em todas as esferas do Poder Público, mas a corrupção na política está em alta, o que nos favorece. Muitos espíritos partiram daqui com a falsa ilusão da tal última chance, mas prontos para reincidir nos vícios tão logo estimulados. Creio que vocês não encontrarão dificuldades, porque eles estão em sintonia direta conosco. Vocês não precisarão gastar muita energia para convencê-los a se corromper. Basta um empurrãozinho.

— Parece fácil.

— Cuidado apenas para não esbarrarem nos políticos honestos. Podem não ser muitos, mas ainda existem. Evitem-nos a qualquer preço, pois eles poderão lhes trazer embaraços.

— Tudo bem, chefe, pode deixar.

— Levem Bira com vocês, já que ele queria ser vereador. Pode ser que ele seja útil.

— Sim, chefe.

— E tragam Patrícia aqui. Quero me divertir com ela.

Assim ficou decidido o destino dos desencarnados. Até que conseguissem despertar para as verdades do espírito, muito tempo iria se passar. Patrícia foi levada à presença de Atílio morrendo de medo de seu ar feroz. Contudo, ao descobrir que sua aparência não era exatamente aquela com que se apresentara, o medo cedeu lugar à admiração. Em pouco tempo, estava tão acostumada a Atílio que quase não saía mais do seu lado, sentindo até mesmo prazer em sua companhia. Não tinha mais saudade de casa.

Epílogo

Totalmente recuperado, Régis caminhava de mãos dadas com a mãe, sem saber exatamente aonde ela o levava. Geórgia seguiu com ele pela rua, até a praça que fora palco de toda a sua desgraça. Ela estava diferente agora. Após a morte de Bira, a polícia montara uma guarita em uma das pontas, e a prefeitura investira na revitalização da área. Havia homens plantando flores, fazendo canteiros, aparando arbustos e podando árvores. Um parquinho seria montado a um lado, o calçamento, refeito, com novos bancos e mesinhas de concreto. Ainda não estava pronta, mas dava para perceber que ficaria muito bonita.

Segurando-o pela mão, Geórgia sentou-se em um banco próximo ao local em que Tácio a atacara. Sentiu um nó na garganta, uma vontade louca de fugir, mas resistiu. Estava na hora de superar o passado.

— O que foi que houve, mãe? — indagou Régis, olhando ao redor, como se esperasse ver os costumeiros viciados e traficantes.

— Preciso lhe contar uma história. Foi ali que tudo aconteceu...

Ela apontou para um local entre os arbustos, mas Régis não compreendeu.

— Aconteceu o quê? — espantou-se ele.

— Quero que me ouça com atenção. O que vou lhe contar é profundamente doloroso, mas você tem que saber. Por favor, não me julgue, procure compreender. Você não faz ideia do quanto sofri todos esses anos. Jamais se esqueça de que sempre amei você, desde quando ainda era uma sementinha no meu ventre.

— Por favor, mãe, o que você quer dizer? Está me deixando preocupado. Diga logo: o que foi que aconteceu aqui?

Ela respirou profundamente, fechou os olhos e disparou:

— Foi aqui que você foi concebido, pois este foi o lugar onde seu pai me estuprou.

Régis olhou para ela sem saber se compreendia ou não.

— Meu pai a forçou a transar com ele?

— Sim.

— Mas por quê? Vocês não estavam namorando?

— Não, Régis, não estávamos. Eu mal conhecia seu pai. Vira-o apenas uma vez no churrasco do banco em que Júlio trabalhava. Eles eram colegas de trabalho. Soube que perdeu o emprego, viciou-se em cocaína. Não sei se foi por isso ou não, mas ele... ele... — engoliu o choro, até terminar de dizer o que queria: — ele me surpreendeu uma noite, me atacou... me bateu muito, me machucou de verdade, até que me estuprou. Foi assim que engravidei.

Régis estava assombrado. Jamais poderia esperar por uma coisa daquelas.

— Um estupro? — espantou-se ele. — Foi assim que eu fui concebido? Numa onda de ódio e violência?

— Não posso dizer que foi ódio. Foi medo. Quando soube que estava grávida, meu mundo desabou. Júlio queria que eu abortasse, mas essa foi uma ideia que eu jamais tive. Para mim, a única solução seria ter o filho e criá-lo com amor. Mas Júlio não aceitou. Sugeriu adoção, que eu recusei. Queria ficar com você. Amava-o, você não tinha nada a ver com o homem que me estuprou.

— O que você estava fazendo sozinha num lugar como esse? — tornou ele, com uma certa raiva.

— Eu voltava de um curso que fazia à noite. Uma tempestade se aproximava, por isso cortei caminho pelo meio da praça. Foi quando seu pai me atacou.

— Não o chame de meu pai! — revoltou-se ele. — O monstro que lhe fez isso não é meu pai!

— Ele é seu pai, Régis. Poucos dias depois, foi encontrado morto em casa, vítima de overdose. Seu nome era Tácio. Estava desesperado, havia perdido tudo.

— Você ainda o defende? — retorquiu com fúria, dando um salto do banco. — Por quê? Gostou do que ele lhe fez?

A agressão gratuita a fez chorar de forma sentida. Na mesma hora em que falou, Régis se arrependeu. Não sabia que, a seu lado, o espírito de Tácio acompanhava o desenrolar dos acontecimentos.

— Você não tem o direito de julgá-la — afirmou ele, a mão pousada sobre a testa de Régis. — Ninguém nunca o amou tanto quanto ela. Por você, ela enfrentou todas as adversidades, renunciou ao homem que amava. E foi você quem escolheu nascer assim.

Embora Régis não o ouvisse, conseguiu captar a intenção das suas palavras. Arrependido, voltou para onde ela estava, ajoelhando-se ao seu lado:

— Perdoe-me, mãe, pelo amor de Deus! Eu não queria dizer isso. Sei que deve ter sido horrível. Quem sou eu para julgá-la, justo você, que enfrentou o mundo para que eu nascesse?

— É isso mesmo — incentivou Tácio, a seu lado. — Se fosse outra, teria tomado o caminho mais fácil e abortado. E com permissão legal!

— Você podia ter me abortado, me dado para adoção. Mas não, ficou comigo. Como posso recriminá-la? Perdoe-me, mãe, perdoe-me!

Ele se agarrou a ela, chorando copiosamente. Os dois choravam muito. Geórgia alisou os cabelos dele, fez com que tornasse a se sentar ao lado dela. Em seguida, contou toda a história, em seus mínimos detalhes. Régis não conseguia parar de chorar. Tácio também não. Foi preciso que Josué interviesse para levá-lo dali. A emoção foi demais, principalmente porque, havia anos, não revivia a cena do estupro.

— Vamos embora — chamou Josué. — Você já fez o que devia fazer. Aconselhou seu filho a compreender a mãe. Eles vão ficar bem agora.

— Pensei que tivesse superado — afirmou Tácio. — Mas ainda dói em mim, talvez mais do que doa nela.

— A dor da culpa é pior do que a dor da agressão. Mas você está se recuperando bem. Aceite sua ignorância e esforce-se para melhorar.

— Estou fazendo isso.

— Então, não exija muito de si mesmo. Aguarde, que o tempo irá ajudá-lo. O tempo é nosso maior aliado na luta contra a culpa. Ele nos traz oportunidades que, se formos sábios, não deixaremos passar. Agora venha. Eles ficarão bem.

Realmente, Régis e Geórgia se abraçavam com tanto amor, que uma luminosidade rósea os envolvia suavemente, intensificando-se na altura do cardíaco. Guiado por Josué, Tácio se foi.

— Mãe — chamou Régis. — Quero que você saiba que eu só não me perdi no crime por sua causa.

— Como assim?

— Por amar muito você e vovó foi que resisti a fazer muitas coisas erradas, embora tenha feito tantas outras.

— Você resistiu porque seu caráter é íntegro, embora você pensasse que não. Sua avó e eu podemos ter servido de estímulo, mas o esforço foi seu. Acredito que você queria mudar e se apegou ao que há de bom dentro de você para lhe dar forças. E não existe nada melhor do que o amor.

— Tem razão. Como amo você, mãe! Como pude me deixar levar pela revolta e acusá-la, ainda que por um ínfimo momento?

— Não se culpe. Ninguém deixa de reagir ante uma notícia dessas.

— Mas já passou. Quero que saiba que a admiro muito. Você é uma mulher corajosa e determinada. E íntegra. Muito mais do que eu serei um dia.

— Não diga isso. Você agora tem um emprego, com chances de fazer sucesso. Se tiver juízo, vai longe.

— Eu tenho juízo. Aprendi com você.

Ela riu, tornando a abraçá-lo.

— Nunca me arrependi, nem por um minuto sequer, de não ter abortado nem dado você para adoção.

— Nem quando eu fazia besteiras?

— Não. Você é e sempre será o amor da minha vida. Quero que seja feliz.

— Eu vou ser. Recebi um convite para desfilar na Espanha. Estou pensando em aceitar. Vou e volto em seguida.

— Natália já sabe? — Ele assentiu. — E não se importou?

— Não. Ela sabe que a amo. Minha carreira vai deslanchar, vou me casar com ela e encher você de netinhos.

Ela sorriu, ao mesmo tempo em que o celular de Régis tocou. Vendo que era Natália, ele atendeu.

— Oi, meu amor. Estou na praça, com minha mãe — pausou, olhando para Geórgia. — Está na minha casa? Ótimo, estamos indo para aí. Beijo.

Desligou, encarando a mãe com admiração. Estava ali uma mulher única, singular, inigualável. Ele se levantou e estendeu a mão para ela, passando o braço por seus ombros. Geórgia deu um passo na direção dos arbustos em que fora estuprada, passando por eles de cabeça erguida, sem medo das lembranças difíceis. O que conquistara na vida fora muito mais importante do que o sofrimento que vivera ali.

Por onde passavam, um rastro de luz os seguia, consolidando a vitória do bem sobre as forças das sombras. Régis, ou Mizael, jamais retornaria às hordas de Atílio, que os observava a distância, incapaz de se aproximar. Perdera-se para sempre do espírito que um dia fora seu irmão. Nos anos que viriam à frente, Régis continuaria íntegro, embora de temperamento estouvado, pouco dado à caridade, mas honesto, sincero, digno. Percebendo isso, Atílio rilhou os dentes, com raiva de si mesmo, de sua estupidez, imaginando quantos séculos levaria até que encontrasse o irmão novamente.

Os dois agora se aproximavam da beira da praça, onde, do outro lado, Natália os aguardava. Atílio viu quando eles atravessaram a rua e Régis beijou Natália, colocando-se entre as duas mulheres, que o abraçavam felizes. Ali havia amor. Reconheceu isso. Remoeu a revolta, repensando sua vida. Revolta? Talvez não. Inveja? Era possível. Mas não. O que sentia mesmo era cansaço, dúvida, frustração.

Não os seguiu. Permaneceu onde estava, vendo-os sumir no fim da rua, um turbilhão de questionamentos atravessando seu cérebro astral. Olhando para eles e para si mesmo, imaginou com quem estaria o poder. Lutando ainda para alimentar essa ilusão, que agora sentia esvanecer-se ante a inevitável descoberta, abaixou os olhos e, com um gesto de desânimo, fez o corpo dissipar-se.

Fim

Romances de

MÔNICA DE CASTRO

Pelo espírito Leonel

Jurema das matas

Com inigualável simplicidade e franqueza, Jurema desvenda quatro de suas encarnações, na tentativa de mostrar como o ser humano se ilude com falsos valores de conquista e poder. Da trajetória sangrenta e sofrida, surge uma criatura dócil e infinitamente sábia.

Uma história de ontem — nova edição

Abandonada pelo homem que ama, Rosali luta para criar seu filho sozinha e vencer o preconceito da sociedade carioca do início do século vinte. Esta é uma história em que as paixões se chocam em meio aos falsos padrões de comportamento, e as aparências ditam as normas.

De frente com a verdade

Sem o amor de Luciana, Marcela pensa que não vale a pena viver, até encontrar em Flávio o verdadeiro amor. E agora, o que fazer para ocultar a verdade sobre si mesma? Por caminhos tortuosos, Marcela descobrirá que a vida não compactua com a mentira e a verdade sempre prevalece.

De todo o meu ser

A sensibilidade exacerbada de Marianne é um problema. Os pais, desconhecedores dos processos mediúnicos, não sabem o que fazer. Resolvem então adotar medidas perigosas e extremas. Serão suficientes para conter os inimigos espirituais e trazer Marianne de volta à lucidez?

A atriz

Tudo que Amelinha queria era ser amada pela mãe. Mas sua mãe, apegada às dificuldades de vidas passadas, via na filha a rival de outros tempos. Amelinha cresce e se transforma em Tália Uchoa, deixando para trás um passado de abusos e dor. Será, contudo, possível fugir de si mesma?

Gêmeas

Duas irmãs, gêmeas idênticas, são separadas ao nascer. Anos depois, uma sucessão de coincidências traz a desconfiança, aproximando-as da surpreendente revelação. Poderão as meninas superar a dor e encontrar a felicidade na nova realidade que a vida lhes apresenta?

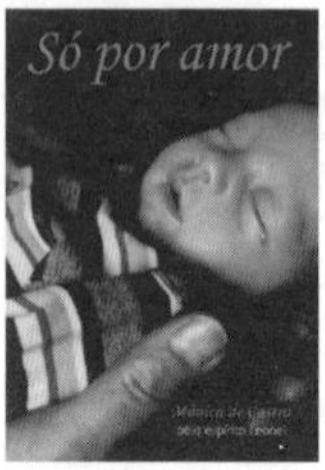

Só por amor

Januário nunca deu valor à vida. Até o dia em que, inexplicavelmente, uma criança desconhecida despertou o amor que nem ele sabia existir. A partir daí, Januário tudo fará para ocultar seus crimes, sem saber que o passado tem seus próprios métodos para se revelar.

Lembranças que o vento traz

A vida de Clarissa sofre uma reviravolta. O amor e a verdade se transformam, fazendo da morte um mistério que Clarissa será chamada a desvendar. Este extraordinário romance encerra a trilogia iniciada com *Sentindo na própria pele* e *Com o amor não se brinca*.

Giselle - A amante do inquisidor

Na Espanha do século quinze, Giselle torna-se amante do inquisidor Esteban, seduzindo pessoas para entregá-las ao Tribunal do Santo Ofício e, com isso, enriquecer. De repente encontra um homem que a desperta para um grande amor, inspirando a mudar de vida.

Segredos da alma

Vivian quer ser escritora na Londres do século dezenove, mas tem que enfrentar o preconceito da sociedade machista, ao mesmo tempo em que luta pelo seu verdadeiro amor. Diante disso ela aprenderá que o segredo para um destino feliz é acreditar no seu melhor.

Greta

Em consequência de um acidente, uma babá, esmagada pela culpa, não consegue mais emprego e se vê obrigada a entregar-se à prostituição para sobreviver. Por que uma criança saudável, alegre, morre de repente? Como vencer a dor da perda e continuar vivendo?

O preço de ser diferente

Romero descobre a homossexualidade e tem que lutar contra o preconceito e a intolerância. Este livro mostra que os escravos do preconceito estão se candidatando, no futuro, a experimentar as mesmas experiências que criticaram, a fim de aprender a conviver com as diferenças.

Até que a vida os separe

O que fazer quando você ama um filho e rejeita outro, mergulhando na culpa sem encontrar explicações para seus sentimentos? A causa vai além da simples troca de energias do cotidiano e está oculta em problemas mal resolvidos de outras vidas que voltam em busca de solução.

Com o amor não se brinca

Quando ser feliz passa a ser um objetivo sério, logo percebemos que com o amor não se brinca. Os gêmeos Rodolfo e Fausto são o oposto um do outro: enquanto Rodolfo vibra em ódio, Fausto se consome em ciúmes, nessa envolvente história que dá continuidade a *Sentindo na própria pele*.

Sentindo na própria pele

No início do século dezenove, Tonha é trazida da África como escrava para servir Aline, filha de um rico fazendeiro. Este romance mostra que, ao nos apressar em julgar as atitudes alheias segundo nossos próprios padrões, acreditamos estar de posse da verdade. Será?

VIDA & CONSCIÊNCIA
GRÁFICA

Rua Agostinho Gomes, 2.312 – SP
55 11 3577-3200

grafica@vidaeconsciencia.com.br
www.vidaeconsciencia.com.br